U0450339

上海市义务教育项目化学习三年行动计划丛书
丛书主编　上海市义务教育项目化学习三年行动计划项目组

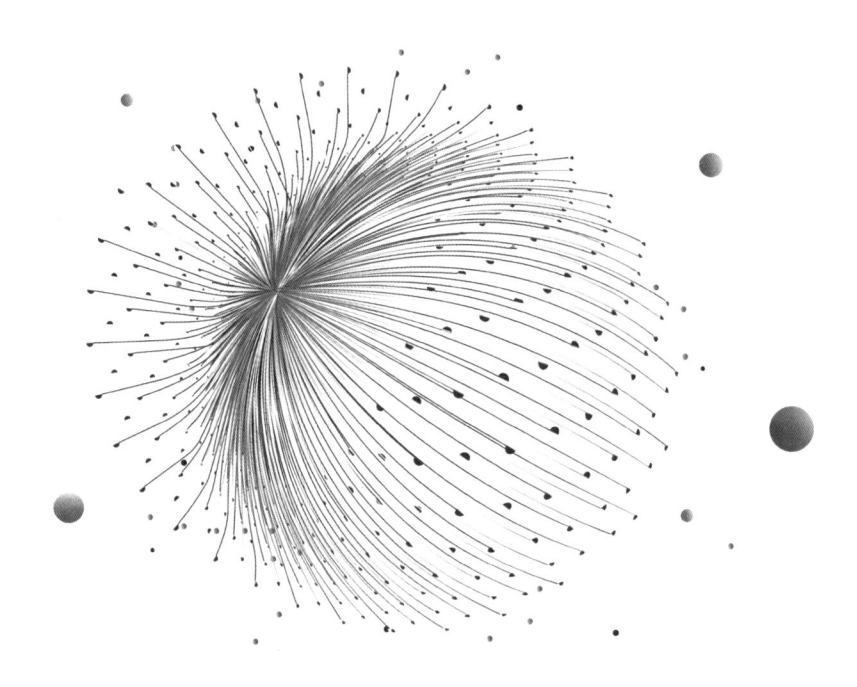

预见"新学习"

徐汇区小学项目化学习的探索与实践

钱佩红 ◎ 编著

华东师范大学出版社
·上海·

图书在版编目(CIP)数据

预见"新学习".徐汇区小学项目化学习的探索与实践/钱佩红编著.—上海:华东师范大学出版社,2024.—(上海市义务教育项目化学习三年行动计划丛书).—ISBN 978-7-5760-5040-0

Ⅰ.G622.0

中国国家版本馆 CIP 数据核字第 2024ZL3236 号

上海市义务教育项目化学习三年行动计划丛书
预见"新学习":徐汇区小学项目化学习的探索与实践

编　　著　钱佩红
责任编辑　彭呈军
特约审读　洪晖健
责任校对　李琳琳
装帧设计　卢晓红

出版发行　华东师范大学出版社
社　　址　上海市中山北路3663号　邮编 200062
网　　址　www.ecnupress.com.cn
电　　话　021-60821666　行政传真 021-62572105
客服电话　021-62865537　门市(邮购)电话 021-62869887
地　　址　上海市中山北路3663号华东师范大学校内先锋路口
网　　店　http://hdsdcbs.tmall.com

印 刷 者　上海展强印刷有限公司
开　　本　787毫米×1092毫米　1/16
印　　张　18
字　　数　273千字
版　　次　2024年6月第1版
印　　次　2024年7月第2次
书　　号　ISBN 978-7-5760-5040-0
定　　价　78.00元

出版人　王　焰

(如发现本版图书有印订质量问题,请寄回本社客服中心调换或电话021-62865537联系)

上海市义务教育项目化学习三年行动计划丛书

编 委 会

张民生	尹后庆	贾 炜	崔允漷	杨向东	纪明泽	周增为
汤林春	徐士强	夏雪梅	崔春华	王晓华	吴宇玉	杨金芳
钱佩红	李 娟	鲍 洁	沈子兴	颜 清	刘文杰	邢至晖
高永娟	季晓军	徐 颖	陈久华	章卫华	汤丽红	居晓波

目 录

序一 与课改同行：项目化学习的研究与实践	1
序二 让素养在课堂上真实地生长	3
前 言	7

第一部分 区域视角：共同研修 指向素养

1. 组成"研究共同体"，指向素养培育	3
2. 重构区校研修机制，提升教师素养	4
3. 搭建科研团队，引领项目前行	5
4. 调整区域评价指标，改变课堂样态	6

第二部分 学校视角：学校推进项目化学习中的多样设计

第一章 高一小学:项目化学习融入国家课程的学校课改实践	9
第二章 上海小学:聚焦微项目设计与开发的学校项目化学习管理实施路径	21
第三章 西位实验小学:新进项目校如何创生项目化学习的课程基因？	33
第四章 康健外国语实验小学:以表现性评价促进学生能力发展	41

第三部分 教师视角：项目化学习的设计与实施

第一章　如何形成与完善驱动性问题与子问题？　　　　　　　　　　61
　　1. 如何设计驱动性问题及子问题？　　　　　　　　　　　　　62
　　2. 如何进行驱动性问题的迭代设计？　　　　　　　　　　　　69

第二章　如何进行知识与能力建构？　　　　　　　　　　　　　　77
　　3. 项目化学习中的知识与能力建构课与传统讲授课有什么不同？　78
　　4. 如何在科学项目中进行知识能力建构？　　　　　　　　　　85

第三章　如何设计学习支架支持学生项目化学习？　　　　　　　　97
　　5. 如何支持学生在数学学科项目化学习中的学习实践？　　　　98
　　6. 如何根据学生需求设计适合的学习支架？　　　　　　　　107
　　7. 学习支架如何助力学生理解复杂性问题？　　　　　　　　114

第四章　如何支持团队合作与观照学生个体差异？　　　　　　　122
　　8. 如何通过学习活动中的信息技术和学习工具有效赋能学习支架？　123
　　9. 如何在项目化学习中支持学生团队合作？　　　　　　　　130
　　10. 项目实施如何观照学生的个体差异？　　　　　　　　　　136

第五章　如何评价学生的项目化学习成果与学习过程？　　　　　142
　　11. 如何与学生一起制作语言运用成果的评价标准？　　　　　143
　　12. 如何开展促进成果改进的评价？　　　　　　　　　　　　152

第四部分　典型案例:项目化学习课堂样态

第一章　活动项目:教室灯光真的影响了学生的视力吗?　　　　　163

第二章　音乐学科项目:丝竹声声话江南　　　　　178

第三章　学科项目:延长面包保质期的策略研究　　　　　191

第四章　跨学科项目:打造一条炫彩几何走廊　　　　　216

第五章　跨学科项目:"护冰"行动　　　　　229

第六章　跨学科项目:襄园里的昆虫朋友　　　　　252

后　记　　　　　270

序一　与课改同行：项目化学习的研究与实践

2014年,教育部发布了关于课改的重要文件,文中首次提出要制定中国学生发展核心素养体系。教育部随后启动了新一轮国家高中课程方案和课程标准的修订工作,我有幸参与其事。随后在2015年,在上海市教委的支持下,上海市教育科学研究院普通教育研究所成立了学习基础素养项目组,这是上海基础教育综合改革和深化基础教育课程改革的重点项目,也是上海市教育科学重大项目。在当时,我知道中国学生发展核心素养体系正在研究中,学习素养肯定会包含在内,所以我觉得这个课题带有超前性,很有价值。

由此开始,我看着学习素养项目组逐渐成长,有时也参加他们的一些活动。项目组从研究学习素养的内涵开始,到提炼出来学习素养的模型。然后针对素养的培育,深入到学与教方式转变的研究。由此确定实验学校,扎扎实实开展实验研究。开始是几所实验学校,积累了初步的经验,实验扩大到10多所学校。继续做,从理论到实践,从实践到理论,随之又扩大到几十所学校。只要浏览他们的公众号,就能看到研究人员跟一线老师亲密无间的合作,分享和研讨,以及认真研究中才会有的探理精神和实作的作风,从中我体会到一种感动。

项目的研究是开放的,在开始的四五年的时间里,大大小小的研讨会,有各方面专家的参与,我也参加了几次,很有收获。有了相对全面的思考和提炼,项目组接受上海市教委的委托,起草了上海市推进项目化学习的三年行动计划。2000年,三年行动计划获得批准并正式实施,项目组也进入了研究与推进并重的新的阶段。

在这段时间里面(2019—2022),国家发布了有关高中与义务教育深化改革的一系列重要文件,以及高中与义务教育的新课程方案与课程标准,其中充分肯定了项目化学习的价值。结合课程改革,在三年行动计划的实施中,项目组创造性地提出活动项目、学科项目以及跨学科项目三种类型的项目化学习,并在资源建设、推进策略及骨干队伍建设等方面,做了大量的工作,这对推进课程改革实现育人方式转变,起到积极的作用。

纵观7年来项目组的研究和实验的历程,以下几点给我以深刻的印象。第一,敢为改革先。这在前面已经说到,2015年提出学习素养的研究,随后提出项目化学习,从时间上来讲是跟国家课程改革的研究同步。国家正式发布新的课程方案与课程标准时,项目组的成果也形成了,这对新课程的推进,是十分及时的。第二,整个研究以项目化学习为主题,其本质是抓住了教与学方式变革这个核心,而且实验由点到面,由浅入深,学段由小学到初中,扎实推进。实验效果是可信的。第三,项目研究既有理论上的建树,更有大量的实践成果。如开发了供一线教师用的工具、案例、指南、量规等资源,这使实验结果可推广。第四,最有价值的是,项目组与学校之间建立了一种伙伴式的合作关系。他们共同研究,共同实验,共同总结,带出(培养)了一批勇于改革、勇于探索、勇于实验的教师、校长和学校。我在研讨会和公众号上,真切地感受到他们的成长。

本书是上海市义务教育项目化学习三年行动计划在实施中积累的优秀案例集。书中按照活动项目、学科项目、跨学科项目来组织框架,包含对三类项目的导读(涵义、特征、设计关键要素、实施关键要素等),以及与之匹配的9个优秀案例。它生动地呈现了项目组和学校、教师探索的实践,是推广项目化学习十分有价值的资源。期待以此书为起点,项目化学习的研究和实践将得到进一步深化与推广,从而为每一个学生带来新的学习体验和经历,为新课改作出新贡献。

张民生

国家教育咨询委员会委员,原国家督学,原上海市教委副主任

序二　让素养在课堂上真实地生长

素养的落地需要教育实践中实实在在的"行动",当前最紧迫、最需要的是把理念转化为行动。所谓"行动",指的是所有在日常课堂上每天与学生互动的老师们,在其主导的教学中的具体行为。这是关系到课程改革理念和方案能不能真正落地、能不能达到预期效果的关键。

教育中的行动最关键的是体现在学习方式和教学模式上。这种行动需要深刻理解人是如何学习的,需要回归学习的本质,回归学习是对于问题的探求。在这个过程中,既使得学习者能够对外部世界有一个深入的探求,同时也实现对自己精神家园的一种建构,这应该是我们学习的本意。项目化学习正是体现这种学习本质的方式之一。

项目化学习要引导学生在真实情境中发现问题,解决问题,在这个过程中让学生探究并体验包括学科知识在内的外部世界,发展对学科以及外部世界的内在兴趣。项目化学习最重要的价值是对于问题的持续不断的探求精神。这种探求不仅仅是对外部世界的探索,而且在外部世界探索中不断点燃自己的学习热情,不断在认识外部世界的过程中形成自己的价值观念,形成自我的精神世界。

今天在我国的教育背景中探讨项目化学习,要立足于我们国家的基础教育课程变革的现实环境。项目化学习的探讨和推进不是孤立的,而是要上联对立德树人的思考,下接对学生学习质量的追求,考虑学生的知识学习逻辑和项目逻辑之间的关系。项目化学习是有思维含量和思维发展意义的学习,要让学生透过问题的情境看到问题的本质,要在实际问题的探究和解决中,调动和激活相关的知识,并且形成可迁移的思维方式,在项目参与中实现对学科知识的深度理解。

项目化学习要让学生热情而有创意地生活。学生不能只是学科知识的复制者,而更是一个有灵动生命的生活者。项目化学习真实性情境的特征联结了生命、学科和世界,促进学生更有热情、更富有创造性地投入到对生活世界的探索中。项目化学习要让学生感受到学习的意义。我们的老师经常会问一个问题,我花比较少的时间就把知识教给孩子了,让他自己去探究需要花很长时间,教学有效性体现在什么地方？其实,现有知识传授过程中的"有效"和"无效"之上还应该有一项"意义"原则。所谓"意义",就是人生活的目的,即谋求人与世界更好地相处,具体就是谋求完善自我、完善与他人及社会的关系、完善人与自然的关系。这个意义是在所谓"有效"与"无效"之上的,更好地实现这个意义才是有效的。当这个意义无法实现的时候,拥有再多记忆符号表达的知识,意义还是缺失的。

项目化学习的过程和成果都应该让学生获得学习的意义。在这样的学习中,教师的责任是什么？教师要在教学中创造鲜活的、智慧的、符合人的学习成长规律的生态,而不是把教学作为一套机械、僵化、背离人的学习和成长规律的操作程序。

在这样的学习中,学校的责任是什么？学校要为教师和学生创造一种宽容、持续探索、以人为本的文化氛围和制度,让教师安心教学,勇于求新求变,让学生喜欢学校,乐于学习,敢于提出问题并解决问题。

在这样的学习中,研究者的责任是什么？研究者应该贴地而行,尊重实践逻辑,到教育的现场中去,用新的眼光洞察问题,从常见的现象中挖掘出问题,说实践者听得懂的话,与实践者建立起良性的互动,共同解决问题,形成普适性的解决问题的思路和方法。

本书是上海市项目化学习三年行动计划的阶段性成果,体现了学生、教师、学校和研究者之间不断发现问题,共同解决问题的思路。要推动项目化学习这样一种新的学与教的方式落地,只有研究者的理论构想是不行的,需要实践者与研究者相互之间的磨合与互动。我们看到,不同的学校和教师呈现出了项目化学习的不同样态,多样的样态与教育实践的融合并进体现了中国文化"和而不同"的精神。

在实践中,每往前走一步,每形成一种新的理解,每开展一种新的探索,都很不容易。本丛书能够汇聚一批学校和教师聚焦这一领域持久地进行探索,体现了他们的坚韧和对教育理想的追求。

  在复杂的、变动不羁的时代,教育有自己的使命、理想和追求。素养导向的教育变革是这个时代的一项伟大而艰巨的使命,需要我们安静、专业、持续地去迎接挑战。需要有更多的前行者和探索者,不畏艰辛,勇于思考,积极开拓,让这场静悄悄的、意义深远的变革在更多的课堂里生根、开花、结果。以本书为起点,希望这套丛书能够汇聚这一领域中更精彩、更持久的深耕与思索,为后来者树起引路的灯塔。

尹后庆

中国教育学会副会长、上海教育学会会长、原上海市教委副主任

前　言

近年来,在政策引导下,项目化学习已成为基础教育深化课程教学改革、落实实践育人要求的重要方向。2022年修订的义务教育新课标在深化教学改革方面明确要求:"积极开展主题化、项目式学习等综合性教学活动。""要大力推进教学改革,转变育人方式,切实提高育人质量。"

在这样的背景下,项目化学习正逐渐成为引领教育创新的重要方向。随着时代的变迁,传统的教学模式已难以满足当今社会对人才的需求。项目化学习是一种以学生为中心的教学方式,它以真实的项目为载体,通过引导学生解决真实、复杂的问题,使学生在实践中学习知识、提升能力。这种学习方式对于培养学生的创新思维、团队协作能力以及应对未来挑战的准备都具有重要意义,符合国家发展对人才培养的基本需求。

作为现代化国际大都市的一流中心城区,上海市徐汇区一直致力于推进区域义务教育教与学方式的变革,进一步激发学校的办学活力,提高区域义务教育质量,打造与"高品质建设教育强区"相匹配的"卓越教育"。自2016年3月以来,徐汇区在上海市教科院普教所的指导下,开启了学习基础素养研究的区域推进。2020年,徐汇区又成功申报成为上海市"项目化学习三年行动计划"实验区。八年间,越来越多的教师在研究中逐渐体悟到了教学方式应如何变革、可怎样变革,将挑战转变成学习成长的契机。

在项目化学习实践研究的过程中,徐汇区做了多方面的尝试和实践,着力培养学生创造性解决问题的能力,深化项目化学习的实践和探索,成效显著,这也成为区域在教学变革中的宝贵经验。回顾徐汇区项目化学习的实践和探索历程,主要分为三个阶段。

2016年—2020年,我区以"三级课堂"为载体,参与"学习基础素养项目"的探索，旨在促进基础型课程向素养培育转型，初步形成了以高安路一小为核心的由十多所学校构成的"1+9+X"项目研究小组，确定了以研究共同体为核心的共研共修的推进模式。

2020年—2022年，我区成为项目化学习实验区，以"学习实践集群"的形式开展新探索，以种子校带项目校，再吸引更多的学校来参与，建立紧密型协同互助的伙伴关系。研究共同体通过校长沙龙、深度经历、教师论坛、组团研修、项目校展示等各种形式，提升教师开展项目化学习的能力。

2023年，市教委发布《实施项目化学习推动义务教育育人方式改革的指导意见》，在继续深入推进三个学习共同体的研修展示工作的同时，开展了全区层面的项目化学习系列培训活动。通过邀请多位来自项目化学习实验校的资深校长，为全区教导人员做项目化学习专题培训，通过案例剖析的形式分别聚焦：学科项目、跨学科项目、活动项目，阐述项目设计的一般路径，通过管理清单逐步分析学校项目化学习推进管理工作中的细枝末节。活动受到了与会专家和学校的一致好评，形成了全区共进的项目化学习研究共同体。

自2020年我区成为项目化学习实验区以来，我们在项目化学习探索与实践方面也取得了丰硕的成果。在近三年的实践与探索中，各中小学也涌现了一大批优秀的项目化学习实施案例。基于此背景，为进一步提炼已有的实践成果，为全区各校常态化实施做好清晰指引，本书应运而生。我们希望通过本书的介绍和阐述，能够激发读者对项目化学习的兴趣和热情。

教育是一项伟大的事业，只有不断地探索和创新，才能更好地服务于学生和社会。我们相信，项目化学习作为学科走向实践的一种迭代学习方式，是学生实现知识学习向素养生成的转换过程与方式，将会为教育带来更多的可能性和发展空间。在课程改革的浪潮里，项目化学习是这洪流巨变的一个载体，而对项目化学习的探索实践是我们渡过洪流波涛的一条船，我们相信只要将教育价值作为共同的追求，这条船能带领我们继续前行，推进育人方式的变革，为徐汇教育的高质量发展助力！

上海市徐汇区教育局
钱佩红

第一部分
区域视角：共同研修　指向素养[1]

---

[1] 作者：徐汇区教育学院　桑嫣

面对指向核心素养的教育教学生态变化,新问题、难问题是普遍现象,何为项目化学习?项目化学习的达成目标究竟为何?实施项目化学习的时空、资源从哪里生发?这些问题是区域项目化学习推进过程中不可回避的问题。不同于过去以专家引领为核心的自上而下的研究模式,我们以项目实验校为核心,组建研究共同体,专家和教师围绕问题共同开展实践研究,效果更为显著。

如何寻找项目化学习与学科的结合点?如何灵活整合项目化学习与国家课程学习?这些问题是面对项目化学习这一新生事物,区域学校、教师、学科专家所要思考和探索的问题。因此,重构传统的教、研、修的关系,结合课改转型的实践探索,建立项目实施与教师研修"双轨融合"的区校联动,明确研修活动设计与开展的整体思路和路径是关键。

如何处理项目化学习在学校落地中的真实问题?这是区内大多数学校都要走的一条必然路径,将项目中的难点问题转化为研究课题是方向。围绕课题研究,不同的学校充分发挥团队协作,在课题研究中结合学校实情与特色,形成了保证课题研究实效的多元方式。

项目化学习如何真正在课堂中生根发芽?评价是引领,用新型课堂评价进行引领,逐渐形成区域课堂教学变革"新样态"。

2016年3月,徐汇区在上海教科院普教所的指导下,开启了学习基础素养研究的区域推进。2020年,徐汇区又成功申报成为市教委上海市义务教育项目化学习三年行动计划(2020—2023年)实验区。随着参与面不断扩大,越来越多的教师在研究中逐渐体悟到了教学方式应如何变革、可怎样变革,将挑战转变成学习成长的契机。到今天,项目化学习、跨学科综合实践学习、数字技术支撑下的学习等逐渐为广大教师接受,我们庆幸从2016年就开始与这个项目共同成长。

总结项目研究过程,有下列几条经验值得分享。

1. 组成"研究共同体",指向素养培育

面对指向核心素养的教育教学生态变化,新问题、难问题是普遍现象,何为项目化学习?项目化学习的达成目标究竟为何?实施项目化学习的时空、资源从哪里生发?这些是摆在项目领导组和参与者面前的问题。但是我们始终坚定项目化学习是培养学生核心素养的重要路径之一,所以把项目化学习目标和学生素养相勾连,是整个项目实施过程中不变的靶向。

素养的生成在于学生,因此指向素养培育的实践主体始终是学校。不同于过去以专家引领为核心的自上而下的研究模式,我们以项目实验校为核心,组建研究共同体,专家和教师围绕问题共同开展实践研究,上下交融,经过实践证明,效果显著。

研究共同体由三方组成——项目领导小组、项目实验校、专家指导群。领导小组由教育局分管领导、职能科室科长、教院分管领导、教研室学段主任、实验校校长共同组成,对项目的实施方向、推进计划、资源调动和经验总结提炼、辐射推广等,进行顶层谋划布局、中层推进实施,对项目起到了关键性作用。

2016年—2020年,我们以促进基础型课程的课堂向素养培育转型为目标,积极参与"学习基础素养项目"的探索。经教育局部署和学校自愿参与的双向选择,形成了由十多所学校构成的"1+9+X"项目研究小组,这是我们的第一批研究共同体。1就是徐汇区高安路第一小学,在滕平校长的带领下,高安路第一小学的老师们研究得深、开展得实,形成项目研究的集聚高地,因此以该校为核心,又带动了其他9所学校一起开展实践研究,以实践者带动实践者,再通过9所学校去辐射带动更多的学校,就是X,从而形成了以研究共同体为核心的共研共修的推进模式。

2020年—2022年,徐汇区成为项目化学习实验区,我们就以"学习实践集群"形式开展新探索,以种子校带项目校,再吸引更多的学校来一起参与,建立紧密型协同互助的伙伴关系。从项目初期的16所学校,扩大到24所学校。这是我们的第二批研究共同体。为切合不同学校的实际情况和需求,组建了"小学1组""小学2组""中学组"三个学习共同体,每个学习共同体每月组织一场研修活动,通过校长沙龙、深度经历、教师论坛、组团研修、项目校展示等各种形式,提升教师开展项目化学习的能力。

2. 重构区校研修机制,提升教师素养

面对项目化学习这样的新生事物,实验校教师和教研员专家们都是"吃螃蟹者"。项目化学习是一种比较复杂的学习设计。怎样是好的学科项目,项目化学习与学科结合点如何设计,项目化学习与国家课程学习如何灵活整合,面对这些没有标准答案的问题,在市项目组的指导下,实验校的教师们、区域的学科专家们是共同的实践探索者和问题解决者,教师和教师、教师和专家共研共修,角色可以互换。

但打破了过去指导与被指导的关系后,教师和专家急需一种更有效的机制来开展上下融合的研修。而我区当时正在开展市级重点项目"基于标准的区域转化指导与实践",不仅提出了"三位一体,四元协同"的研修结构模型,对传统的教、研、修的关系进行了重构,还结合课改转型的实践探索,建立了项目实施与教师研修"双轨融合"的区校联动,明确了研修活动设计与开展的整体思路和路径(图1)。

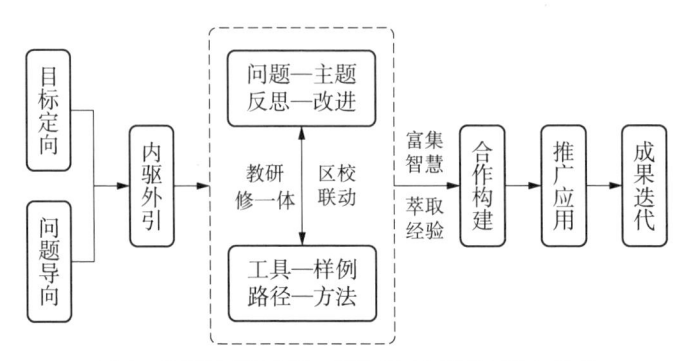

图1 徐汇区项目化学习研修活动设计的思路与路径

借助这一研修实践路径,教研员和实验校教师们更加精准聚焦现实场景中面临的真问题,通过共同研讨、开发适切的学习支架,并把这些问题和创造性的开发提炼生成资源进行推广应用,不仅使专家和教师均深度参与到问题解决中,还能使问题破解的方法、对项目化学习的认识不断迭代更新。借助一次次项目设计、研讨、展示,教研员不仅负责对课程和教学进行把关,同时又借助区域研究共同体,观察收集更多的优秀案例,提炼总结形成策略,通过更高的站位和更宽大的课程视野,指导更多的教师正确有效地开展项目化学习。可以这样说,在共同体中,市项目组专家是共同体的"专业引领者",区域教研员是共同体的"标准解读者",校长是共同体的"核心驱动者",实验教师是共同体的"主体实践者",专家的引力、教研员的给力、校长的定力、老师们的努力,共同凝聚成研究实践的"合力"。

3. 搭建科研团队,引领项目前行

项目化学习本身就是一个项目,项目开展中自然会产生不少"真问题",将项目中的难点问题转化为研究课题,是我区大多数学校都走的一条必然路径,几乎每所学校都立项了校级课题,其中还有几所立项了区重点课题,甚至市级课题。

围绕课题研究,就更能充分发挥团队协作的合力。例如有的学校在课题研究实施中组建了三支实践团队,一支是核心研究团队,职责是整体规划课题,制定学期课题推进计划,领导项目开展;第二支是重点项目指导团队,其职责是针对重点项目、关键问题带领实验教师进行合力攻关;第三支是常规项目实施团队,参加课题的教师尝试在国家课程中融入项目化学习。三支团队依据项目、任务、要求,各司其职。这种涉及课程发展的多主体参与的实践研究团队组建策略,能让课题研究更好地产生研究成效。

西位实验小学在课题开展中为确保跨学科在教学中的落实,提出了"三颗种子"的概念,即种子教师、种子家长、种子学生。种子教师引领项目的方向并推动项目的进程。种子家长配合宣传项目充当教师的助手,给孩子们做关于项目要求的解释,组织组内孩子共同讨论或动手实践。种子学生组织同伴自主开展项目活动,发挥他们在项目化学习中的自主管理作用。这样的三颗种子构成了一个引领项目前行的团队,是学校项目实施过程中的一种创造性做法。

4. 调整区域评价指标，改变课堂样态

项目化学习以项目整合学科逻辑和生活逻辑，在学习过程中要求学生将所学知识与社会链接，通过跨越情境思考，去解决问题。这使得学习与生活关联大，学习同时发生在课堂内外。实施项目化学习并不是我们的目的，而是要通过这种学习方式，使课堂生态逐渐良性发展，使学生素养发生肉眼可见的变化和成长。因此，实施教学的过程中，教师并不是围着项目转，而是所有的设计、实施、调整都是以学生的发展为准绳。

在项目研究中，当我们看到学生变得更自信了，学习更富有主动性了，我们就能意识到我们做对了。于是我们把这样的经验提炼，写进了督导课堂教学评价标准中，用可观测的评价指标来引领面上所有的学校课堂转向素养培育。

评价是引领，我们也理解和允许不同层次的学校和不同层次的教师的存在，我们立足学校实际分层递进，用新型课堂评价进行引领，逐渐形成区域课堂教学变革"新样态"。

几年来，徐汇区在市、区项目组专家和共同体成员的努力下，积极探索项目化学习方式对教学变革的促进作用。

总结一下自2016年以来的经验，教育局、教院、学校三位一体，职责清晰，分工明确，但我中有你、你中有我，上下融合。领导、校长既是行政推动者也是专家引领者，教研员和教师既是实践者也是研究者。形成的项目成果再次成为区域课程、教学的评价要求，通过督导等形式进行推广，从而各方协作形成合力，由点及面，使核心素养培养真正走进教学日常。

在课程改革的浪潮里，项目化学习是这洪流巨变的一个载体，而对项目化学习的探索实践是我们渡过洪流波涛的一条船，相信只要将教育价值作为共同的追求，这条船能带领我们继续前行。

第二部分
学校视角：学校推进项目化学习中的多样设计

在中国教育情境中,国家课程的高质量实施奠定了课程的根基,项目化学习的方式也为国家课程的实施注入新的活力。那么在勇于进行项目化学习探索的学校中存在着各种类型的学校,他们结合学校的具体特征形成了不同的项目化学习学校探索之路。

高安路第一小学:作为一所传统优质名校,学校从国家课程与教学入手,以课堂为支点,开展以学习为中心的课堂变革,在项目化学习的实践探索中,形成了学校层面项目化学习融入国家课程的推进方式与机制。

西位实验小学:作为新办校,从建校伊始全力探索国家课程的项目化实施,在融入学习素养培育的基础上稳中求变,给整个课程体系注入项目化学习的基因。

上海小学:结合学校的实际需求以及师生发展需求,围绕项目化学习的关键问题,聚焦微项目设计与开发形成学校项目化学习探索与实践的特色的推进路径与策略。

康健外国语实验小学:学校在项目化学习中倡导自主、合作与探究,促进学生在解决实际问题的探究实践过程中,全面发展综合能力。因此,在经历了项目化学习后,学生能力发展了吗?得到了怎么样的发展?到底该怎样评价?这些是学校想要回应的问题,关注表现性评价在项目化学习中的作用是学校的特色。

不同学校结合自身学校的项目化学习重点与特色,形成了相应的推进策略、机制与路径。

第一章　高一小学：项目化学习融入国家课程的学校课改实践[①]

新一轮义务教育课程标准的修订版本（以下简称新课程标准）将直面如何培育学生素养这一问题。这给学校发展带来新的挑战，即如何变革学与教的方式，借助启发式、探究式、开放式教学，保护学生的好奇心、求知欲、想象力，让学生在学科实践的过程中发展批判性思维、团队协作等21世纪技能。同时，这也是学校课程改革的新机遇。学校如能抓住这一机会，将有利于实现学校课程模式的创新，促进学生综合运用知识及深度学习的能力，转变教师教育教学观念，激发学校办学活力，彰显学校特色。

一、项目化学习是应对新课程标准的一种重要载体

什么是项目化学习？项目化学习是指学生在一段时间内对与学科或跨学科有关的驱动性问题进行深入持续的探索，在调动所有知识、能力、品质等创造性地解决新问题、形成公开成果的过程中，形成对核心知识和学习历程的深刻理解，并能够在新情境中进行迁移。[1]

2019年6月，中共中央、国务院出台了《关于深化教育教学改革全面提高义务教育质量的意见》（以下简称《意见》），强调优化教学方式，切实提高课堂教学的质量，包括探索基于学科的课程综合化教学，开展研究型、项目化、合作式学习。[2]《意见》也提出项目化学习能够作为学校探索学与教变革的一种载体。

众所周知，当前课堂中还存在把知识切割成零碎的知识点、知识脱离真实情境、忽视学生沟通与合作的社会性技能发展等问题，而项目化学习作为学与教变

---

① 作者：上海市徐汇区高安路第一小学　滕平

革的方式之一,强调的是对核心知识的理解和应用、对知识和真实结合的关联,以及对学生与他人合作解决真实问题的关注。项目化学习作为课程的一种组织形态,能够将项目逻辑分解为学科逻辑和生活逻辑,从而让学生在真实问题解决中感受知识与技能的价值、培养批判性思维和团队协作等学习素养。这种素养培育导向的课程改革适应新课程标准的理念和要求。

二、项目化学习作为落地义务教育课程标准的重要载体,融入国家课程的流程设计

上海市徐汇区高安路第一小学(以下简称高一小学)将项目化学习作为落地义务教育课程标准的重要载体是有一定变革基础的。2016年,高一小学成为上海市"指向终身发展的儿童学习基础素养的课程与教学培育研究"项目的市级项目校。近年来,学校从国家课程与教学入手,以课堂为支点,开展以学习为中心的课堂变革,为学生的学习基础素养奠基。

在项目化学习的实践中,学校从语文、数学两门主要学科切入,进一步延伸到自然、美术、音乐等学科。学校也进行了跨学科项目的实践。在推进过程中,学校根据《项目化学习设计:学习素养视角下的国际与本土实践》[3]中提出的关于项目设计的框架,形成了学校层面项目化学习融入国家课程的设计流程:确立项目目标—预设项目成果—设计探究历程—搭建学习支架—设计项目评价。

(一) 依据课程标准和教材,确立项目概念和目标

项目化学习的设计与实施,需要依据课程标准和教材提炼项目中的关键概念或核心能力,然后结合学生认知发展特征,形成指向学科素养和学习素养双线并进的项目目标。学科素养要关注学生对学科上位知识或概念的理解,而不是停留在琐碎的知识上。

以语文学科为例。"衡复印象"项目是基于语文部编版第七册第一单元开发的。语文要素是"推荐一个好地方,写清楚推荐的理由"。在结合语文课程标准和单元要素、教材内容分析的基础上,项目确立了"景与文化"这个概

念。因为景与文化之间有着千丝万缕的联系。要推荐一个地方,写清楚推荐的理由,就是要能够把对这个地方的感受和理解向对方清晰、明确地表达出来,而这种感受和理解其实也就是对这个地方人文或自然景观的一种解读。

但仅将"景与文化"作为概念,会引发学科风险。由此,针对语文课程标准、单元学习要素,在概念统摄下,确立了学科素养目标,从而避免项目化学习脱离学科本质。

该项目学科素养目标为:

1. 能在语境中读准字音,理解生字新词,并有感情地朗读课文,背诵指定段落。
2. 能边读边想象文章画面,并说出印象深刻的画面,感受自然的美好。
3. 能仿照文中的相关段落,对事物进行适当的描述。
4. 向别人推荐一个地方,抓住特点写清楚推荐理由。

从学生在项目中的学习经历角度,项目组提出了跨学科的共通的学习品质、学习能力目标:

1. 能多途径查阅资料,收集信息。
2. 积极接受学习挑战,认真独立地思考,坚持参与学习的整个过程。
3. 能与伙伴合作分享,能分工并合作完成学习任务,解决问题。

这一项目基于国家课程标准,结合教材单元内容分析,以"景与文化"概念统摄学科素养目标和跨学科素养目标,从而确保项目化学习能在国家课程标准的框架下实施。

(二) 基于学科概念,预设项目化学习成果

"成果"是项目化学习六个维度之一,项目化学习质量的高低应看最后的成果是不是指向了学生对概念的深度理解和迁移。因此,在项目化流程设计的过程中,预设什么样的"成果"往往是明确项目概念和目标之后要考虑的关键一步。

鉴于不同学科的特性,指向概念的成果类型是不一样的,语文作为工具类学科,在项目成果的设计上,往往会考虑其工具性和适用环境、语言实践能力的掌握。

仍以"衡复印象"语文学科项目为例,围绕"景与文化"之间关系的理解,教师设计了学生个人成果和团队成果。

个人成果:介绍"衡复印象"保护区中令你最难忘的一地一景。

要求:把这个地方的特点写清楚。

团队成果:举办"衡复风貌"推荐会,按"同一印象不同地点"和"同一地点不同印象",自由组队,进行推介。

要求:用多样的方式把推荐的地方说清楚,让人心向往之。

项目成果的设计既展现出了学生对所学概念的理解和把握,又在真实的语言环境中运用了语言,提升了自己的语言表达能力。同时,在推荐过程中,通过与他人的互动,促进学生对自己的学习成果有进一步的认识、反思与修正。

而对数学、自然和艺术类学科,成果更多以产品、小制作等形式呈现,从而反映学生对科学原理的掌握以及体现孩子美的表现能力等。

如美术学科项目"一片树叶的旅行",其成果设计便是让学生将树叶的旅行经历编成一本绘本,用美术的语言和形式来表达秋冬季节的特征;数学学科项目"是实力还是运气"则通过设计一副游戏棋,让学生在玩的过程中理解"可能性"。

(三) 基于国家教材内容,设计学生探究历程

明确了项目的概念和目标后,如何引导学生通过持续有意义的探究历程,促进学生对概念的深化理解是项目化学习过程中的一个关键环节。

项目化学习一般引导学生经历入项、探究、出项等多个阶段。在这些阶段中,教师应根据项目主题,利用好国家教材,并根据探究的需要适当对教学内容进行压缩、补充和重组。整个项目学习过程通过入项阶段驱动性问题的导入,激发学生投身项目学习的积极性,并将问题转化为一个个子问题,让孩子依据提供的学习材料,历经多样探究,实现对概念的新的理解。

如在语文"古诗中的情与景"项目中,教师在引导学生理解"寓情于景,情景交融"这一概念时,紧密结合第九册第七单元教材内容,让学生经历了表1中的学习实践过程。

表1 "古诗中的情与景"项目学习实践与教材之间的关联

项目阶段	学生的探究实践	与教材之间的关联
入项	抛出驱动性问题:请你来当一位古诗词鉴赏家,结合第七单元古诗词以及课外读过的古诗,完成一份研究报告,并向大家介绍在古诗词中,诗人是怎么借助景物来表达情感的。学生回顾之前学习过的古诗,呈现自己对于古诗中情与景关系的初步理解。	指向"古诗单元"学习
知识与能力建构	学生阅读教材第七单元的《山居秋暝》《枫桥夜泊》《长相思》进行思考,这些古诗中表达的情感是什么?这些古诗中选择的景物有哪些?然后围绕古诗中情与景的某种特定关系展开探究,并撰写研究报告。比如,有一小组选择了"人同情同景异"这一主题,借助李白所写的《早发白帝城》和《望天门山》,尝试撰写研究报告。	以"古诗单元"为主要学习材料,并进行适度拓展
成果修订与完善	每一组学生交流自己对于情与景的理解,其他组的学生进行质疑、补充、提出建议,教师也提出相应的问题引导学生思考情与景之间的关系。然后每一组学生对自己的研究报告进行修订。	整合教材知识和课外知识
出项	举办"古诗词鉴赏会",交流研究报告:关于古诗词中"情与景"的关系	整合教材知识和课外知识

在该项目中,将国家课程中的教材作为教学的载体,引导学生深入阅读、探究问题,帮助学生在教材的使用过程中、在知识和能力的建构中理解概念。

(四) 基于项目不同特征,搭建帮助学生探究的学习支架

项目化学习强调真实情境,强调对学生思维的挑战性。很多学生在面对项目化学习中的探究任务时会遇到很多困难。在恰当的时机,教师需要出示相关的学习支架以支持学生继续探究。

从项目实施的各个阶段来看,学校鼓励教师根据项目入项阶段、知识与能力建构阶段、出项阶段不同的特征与定位来设计学习支架。如在项目入项阶段提供促进学生思维发散的泡泡图,更好地呈现学生前期关于这个问题的思考。在知识与能力建构阶段,为学生提供韦恩图、表格等思维工具来比较不同概念之间的关系。如在"丝竹声声话江南"的音乐项目中,学生为了选择自己创作时想要使用的乐器,需要对丝类、竹类乐器进行学习。教师请学生填写包含乐器名称、音色特点、表现力特点等多维度的任务表,以引导学生关注这些乐器在音乐表达中的特

征。在出项阶段则提供成果评价表促进学生对好的成果的理解。

从学习支架的功能来看，学校一直强调教师需要根据项目的具体情况来设计指向学习素养培育、学科核心概念理解的两类学习支架。如有一些项目的探究历时较长，需要学生对整个项目作好规划。如果学生是初次接触项目化学习，教师就需要给学生提供一些项目计划表等，引导学生进行分工、规划、调整、反思。如四年级科学项目"梦想工程师"借助项目调研表、项目规划表、项目改进方案表三个学习支架，指导学生完成问题提出、问题解决、问题反思这一学习过程。还有一些项目，学生对于概念的理解不是一步到位的，教师需要带领学生进行驱动性问题的分解，形成问题链，借助问题链逐步探究。如在四年级美术项目"追光少年"中，教师通过引导学生讨论，形成"如何用绘画记录生活中的光""名画之中如何描绘光""光到底代表着怎样的意义"这一问题链，带领学生一步步从日常问题转向对美术学科问题的思考。

（五）基于项目目标，设计指向学习素养和学科素养的项目评价

项目评价是项目设计与实施的关键环节。只有借助项目评价，学校才能知道学生在这个项目中的成长在哪里。学校在指导教师设计项目评价时，针对教师在项目评价中容易出现的误区，请教师思考以下关键问题：项目评价和项目目标具有一致性吗？项目评价兼顾学习素养和学科素养吗？项目评价是和学生共同讨论商定的吗？

项目评价和项目目标的一致性常常被教师忽略。很多时候，教师只评价学生的项目成果形式，而没有借助评价标准来追问：通过项目成果，学生对于核心概念的理解达到了怎样的程度？

项目评价不仅仅要关注学科素养的评价，还需要关注学生学习素养的发展。如在夏雪梅博士带领团队设计、由学校教师实施的"神话"项目中，不仅仅要考查学生对于神话故事的背景、情节、人物的理解，还需要评价学生在项目中是不是积极主动、能否认真倾听、比较自己和他人的观点等学习素养的发展。

项目评价是否融合学生的理解和认识？这一点可以作为判断教师是否以学生为中心的关键一环。项目评价中的标准、维度都可以与学生探讨，看看学生是否能够理解。在"神话"项目进行的过程中,关于"好的神话故事情节"这一标准是随着学生对此的理解而不断发展的。学生需要通过对神话故事的阅读来形成自己对于好的故事情节的理解,并通过与同伴讨论、全班交流,不断丰富好的神话故事情节的标准。

三、形成匹配义务教育课程标准的项目化学习实施样态

根据项目指向的不同概念内涵,学校有学科项目和跨学科项目两种课程样态;根据内容和学习的需要,学校既设有一课时可以完成的微项目,也有历时两周甚至更长时间的中长期项目。学校在项目化学习实践探索中形成了学科微项目、学科单元项目、学科跨单元项目、有序列的结构项目、国家课程之内的跨学科项目等不同类型和样态。

(一) 学科微项目

在学科教学中,教师把一些零碎的知识点整合在一个学科概念中,同时,这个概念相对比较小,学生经历短时间的探究就能够理解,一般用2—3课时来完成。

如学校在三年级数学中开展了"密铺"这一微项目。教师在课上组织学生观察、操作、思考,最后引导学生简单设计一款密铺图案的地毯,形成最后的项目成果。借助这样的实践,让学生对"密铺"这一概念有所理解。再如在语文教学中,教师基于真实的毕业情境,请学生推荐毕业典礼的主持人。在推荐的过程中,学生需要借助阅读、写作推荐出心中理想的主持人,并在全班同学面前进行推荐,最后产生最终的主持人。

(二) 学科单元项目

学科单元项目背后支撑的学科概念更加高位,学生所经历的探究过程也会更加复杂。有些学科教材的编写体系凸显单元主题,为开展项目化学习提供了比较好的内容。以语文为例,2019年开始全面使用部编教材。语文教材有的单元聚焦童话,有的单元聚焦神话,有着比较鲜明的"情境""任务"化的单元导向。因此,学

科单元项目易成为学校探索的一种常见的项目化学习实施的课程样态。如语文写景状物单元,教师设计了"梧桐树下最上海——衡复印象"项目化学习;现代诗单元,则开展"让小弄堂吟诗"项目化学习,让学生经历诗人创作的历程,感受到诗歌中的意象、句式、情感之间的关联。

有一些学科大概念需要根据课程标准和学科教材进行挖掘。如四年级数学项目"预见2035"中"数据分析"这一概念,就是在对数学学科中统计领域的知识进行分析之后确定的。在这一项目中,各小组确定选题,经历数据搜集、数据分析、数据整理、得出结论、预测未来的学习过程,以合适的数据呈现方式来提交自己的预测报告。在这些过程中加深对"数据分析"的理解。

(三) 学科跨单元项目

在学科知识体系中,指向同一个概念的教学内容可能散落在学科的各个单元中。教师可以将这些教材知识整合起来作为项目化学习的资料,即在一个学科内开展跨单元的学习。如在英语学科"旅行手册"项目化学习中,提炼的概念是"文化理解"。在小学五年级第二学期教材中,"Weather""Museum""Western Holidays"三个单元的学习内容涉及实物形态的文物古迹、无形的民族风情和社会习俗,这些均属于文化的范畴。于是,教师整合了这些教材内容,进行了跨单元的项目设计。

(四) 有序列的结构项目

随着学科项目案例的积累,学校开始思考各学科进行的零散的项目和项目之间的关系,尝试在学科内建立有序列的、有结构的项目群。如在语文学科项目化学习的探索中,尝试以文体为核心来建立项目群。文学作品中的文体是一种文化现象,是文本构成的规格和模式。学校梳理了小学阶段1～5年级关于文体的单元,进而设计了语文学科"文体"项目序列,帮助学生理解儿歌、童话、神话、现代诗歌、小说等文学体裁特征。每一种文学体裁在不同的年级有不同的表现水平和能力侧重点。如在诗歌的学习中,小学低段的诗歌项目主要围绕诗歌中的韵律展开,小学中高段的诗歌项目主要围绕诗歌中的意象、诗歌中的情与景等关系来展开。

(五) 国家课程之内的跨学科项目

跨学科项目指向的概念更加复杂,可能涉及多门学科的核心知识。在跨学科项目中,不同学科的内容通过核心知识或技能有机地融合在一起,使得学生对其中的本质问题或者核心概念产生更加丰富、更深入的理解。如围绕着"如何以艺术的表现形式表达自己的情感"这一本质问题,学校开展艺术学科"我为祖国妈妈过生日"项目化学习。项目充分聚焦音乐学科中的爱国主义歌曲、美术学科中的色彩表现力,以艺术的形式表达对祖国 70 年成就的自豪之情。整个项目时长近两个月,实现了音乐、美术跨学科项目学习。

四、学校落实国家义务教育课程标准的教师发展:以项目化学习为例

教师是课程的直接实施者,教师对学与教变革的理解,影响着教师在变革中的主动性和行动力。为了落实国家义务教育新课程标准,学校也需要从各个方面助力教师的专业成长。

在推进项目化学习的过程中,教师遇到了很多的挑战。从不理解什么是项目化学习,担心项目化学习会影响学科成绩,担心自己不能胜任项目化学习的教学,到设计与实施越来越成熟的项目,积累学校经典的项目化学习案例。在这个过程中,学校从专业支持、团队建设、机制保障三个方面建立项目化学习的专业支持系统,促进教师的发展。

(一) 专业支持

怎样让教师设计并实施一个好的项目化学习?这是学校在提供专业支持上要回答的关键问题。

学校首先通过专家讲座、理论学习等方式让教师对项目化学习有一定的理解,然后提供"项目化学习设计模板""项目化学习方案评价量规""项目化学习实施核查清单""项目化学习课堂观察量表"等工具,让教师直观感受到好的项目化

学习设计与实施的样态是怎样的。

此外,学校充分运用信息技术平台来支持教师开展项目化学习。学校引导教师利用平台为学生项目化的学习提供多样化的认知工具,如思维导图、概念图等,利用网络通信工具或者网络平台中的讨论区促进学习过程中的交流与协作等。

(二) 团队建设

组建怎样的团队,能够帮助教师更好地实施项目? 学校的团队建设要回答这一问题。

学校开展项目化学习研究,组建三支团队:一支是核心团队,成员由"校长＋课题负责人＋课程部主任＋师训部主任"组成,该团队的职责是制定学期项目推进计划,全面领导项目开展;第二支是重点项目指导团队,主要由各学科种子教师组成,其职责是针对重点项目、关键问题研究进行合力攻关;第三支是常规项目实施团队,由"种子教师＋实施年级学科教师＋相关跨学科教师"组成。三支团队依据项目、工作、任务,各司其职。

团队邀请领域专家和学科教研员共同参与研讨,针对实施中的典型问题,及时通过专家指导解惑,从而提升教师项目设计、实施的能力。以四年级"神话"项目为例,学校通过和市项目组合作,在夏雪梅博士的指导下通过实验班和平行班的对比实验,开展了对"神话"项目的深度研究。在这一过程中,学校团队经历了12次深度讨论,对校本版本修改了6稿,对市项目组提供的两个版本也进行了校本化的改进。

(三) 机制保障

1. 提供项目有序开展的课时保障

对教师和学生来说,如何不打乱各学科教师正常的教学节奏,如何在现有的课时内完成项目化学习任务十分重要。学校的有效做法是:一是提前报备,由学校学术小组在寒暑假审核通过予以实施,并合理安排好各学科项目化实施的时间节点,错峰开展;二是课时统筹,基于项目的大小和实施时间的长短,由教师个人、年级组长或教导处根据项目内容,控制总量,进行课时统筹;三是课内和课外安排不同的实践活动。

2. 建立多学科融合的项目教研机制

每学期根据项目开展的安排,组织跨学科教师一起解读教材,共同撰写方案。在此基础上,基于学校每个年级8个班的实际,组织轮班执教、相互观课、共同研课,一同修改和反思。如今,已形成了学校教研的基本模式(图1)。

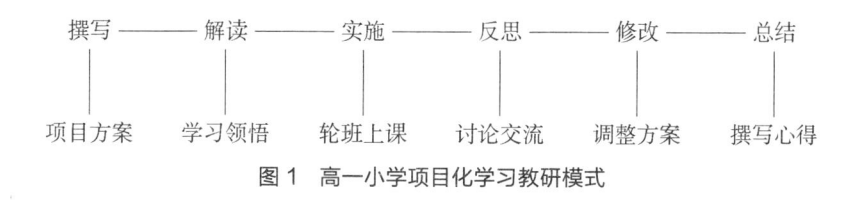

撰写 —— 解读 —— 实施 —— 反思 —— 修改 —— 总结
项目方案　学习领悟　轮班上课　讨论交流　调整方案　撰写心得

图 1　高一小学项目化学习教研模式

3. 建立学校层面项目常态推进机制

为保证项目化学习的常态推进,每学期学校制定项目化学习工作方案,落实学期重点研究内容。如2019年,重点聚焦项目化学习的六维度设计;2020年,开始聚焦实施过程中的关键问题;2021年,进一步研究如何为学生提供学习支架,开展高质量项目化学习。

学校试图立足国内分科教学的优势,在国家课程中进行项目化学习要素的融合与改造,从而改变课程结构过于强调学科本位,知识点碎片化又缺乏整合的现状,以适应时代发展需求和学生发展要求。这为教育工作者培养孩子的"核心素养"提供了新的视角,让新的历史时期的学习焕发出新的生命与活力。

但我们也清晰地认识到,在项目化学习融入国家课程的过程中,仍有许多方面需要进一步探索,如学习素养视角下的项目化学习评价,如何遵循发展性、主体性、过程性和多元化的评价原则,运用过程性、表现性评价策略和多元主体参与的评价方法,以及评价内容和标准如何在项目学习的过程中产生等。[4] 在目前国内以分科教学为主、分数等高利害评价盛行的生态下,学科项目化学习评价还未取得很好的突破。在未来的研究中,学校将加强对学科项目化学习评价方面的研究。

参考文献

[1][3] 夏雪梅.项目化学习设计:学习素养视角下的国际与本土实践[M].北京:教育科学出版社,2018:10,32.

[2] 中共中央 国务院关于深化教育教学改革全面提高义务教育质量的意见[EB/OL].(2019-07-08)[2020-11-20].http://www.gov.cn/zhengce/2019-07/08/content_5407361.htm?trs=1.

[4] 陈倩.大概念统整的学科项目化学习设计研究[D].成都:四川师范大学,2020.

第二章　上海小学：聚焦微项目设计与开发的学校项目化学习管理实施路径[①]

近年来，徐汇区上海小学积极开展基于提升学生核心素养的项目化学习的实践和探索。自 2016 年起，学校在项目化学习领域的发展经历了内化体验、探索实践、积淀深化等阶段，老师们聚焦项目化学习的各个环节，开展以真实的大任务情境驱动下的学生自主探究、合作学习；此外，学校在项目管理的同时，也引导教师课堂行为的转变，积极营造"以学为中心"的课堂，为学生创造丰富多彩的真实学习体验。学校在设计与开发项目时，尤其注重聚焦微项目的研究，从而来助推真实课堂的成长。

一、学校探索项目化学习的基础：打造以学为中心的课堂

上海小学始创于清光绪二十九年（公元 1903 年），几迁校址，多易校名，积极传播着近代教育的理念。学校目前是徐汇区的一所大型公办小学，教师对学校文化认同度高，课程建设扎实。但在教育改革的新背景下，我们也发现课堂上也存在一些问题，比如教学设计缺少知识结构化思维活动和知识的迁移；教师的评价方式较为单一，缺乏针对性的引导、点拨；学生上课互动性较差，一问一答式的现象较多。这些问题使得我们急于寻求课堂形态的转变，但似乎始终缺少一个抓手。

终于，我们迎来了一个极好的机会！在 2016 年，我校作为徐汇区 9 所项目校之一，组织了语文和数学学科的观察员老师，对区域内实验校的课堂进行长程的观察、记录。老师们在接受了相关的培训后，观察了解了活动要聚焦在学习基础

[①] 作者：上海小学　金燕、朱依佳

素养中的"建立人际联系"、课堂学习中的社会性等要素,通过观察还撰写了《学习现象故事案例》,道出了自己的感悟与体会。

从2017学年开始,我们学习基础素养项目的研究活动拓展至项目校的校长、教导主任、学科组长等层面,组织教师学习了夏雪梅博士领衔的项目组编著的《素养何以在课堂中生长》一书,系统理解学习基础素养的核心理论,系统地分析素养课堂的三要素——以学习为中心的情境设计、规则设计、工具设计。学校组建了校学习基础素养项目核心团队,十多位不同年龄、不同学科的教师,静下心来学习这全新的理论,抓住一切机会领会实验校前期研究的思考与展示,一年时间内观摩了区级实验校、项目校的十余节研究课。

接着,持续开展了五年级语文"期中练习讲评课",四五年级数学"位置的表示方法"和"可能情况的个数"的研修交流。在课堂展示中,从帮助学生思维外显的工具表,素养课堂的规则运用,联系生活的任务设计,到学生所呈现出来的学习状态,为全校老师打开了聚焦学生学习素养如何在课堂中生长的这扇门,并进一步提升了对素养课堂的认识。2020年6月,上海市徐汇区学习基础素养课堂转型评估项目报告中提到,老师们的课堂已经达到了一级课堂(安全温暖的课堂)的水平,部分教师的课堂已经达到了二级课堂(建立联系的课堂)的水平。

而以学为中心的课堂的打造,使得教师们对于使用"情境、工具、规则"这三要素助推学生"提出问题、建立联系、个性化表达"有了进一步的理解。在教师中积极开展以学为中心的课堂研修,可以说为学校教师开展项目化学习设计与实施提供了脚手架,奠定了重要的基础,可谓意义非凡。

二、学校进行项目化学习的亮点:聚焦微项目设计

随着研究的不断深入,学校逐渐聚焦到微项目的设计和开发上来。通过向市、区级项目学校的学习,以及PBL市级种子教师的培训,学校团队成员们认识到项目化学习是指向核心知识的、将学习素养转化为持续学习实践的。而如何打造具有学校特色的项目化学习,我们怎样在课程教学上进行微项目的设计、实施和管理,成了我们着重思考的问题。

我们在开展项目化学习的研究与实践中，逐渐探索出了较为符合我校实际需求和满足师生发展需求的微项目实施的基本模式。

(一) 微项目概念及特点

微项目是项目化学习融入学科教学的产物，主要指在学科教学中，教师把一些相关知识点整合在一个较小的学科概念中或将有一定真实性的问题整合相关知识点，学生经历短时间的探究就能够理解。在微项目学习中，我们采用"课时＋学时"的模式，学科或跨学科项目一般用4—6课时来完成，活动项目则会适当增加1—2学时。

微项目有三个特点。一是聚焦"微内容"，主要从单元教学内容或单课教学内容中提炼核心知识作为设计项目的基础；二是关注"微问题"，微项目的驱动型问题除了具有真实性、新颖性、挑战性之外，一般切口较小，使学生能在短时间内完成探究；三是强调"微成果"，学生需要呈现的个人及团队成果在指向思维过程的基础上，难度适当，一般能由学生个人或小型团队完成，不增加额外负担。

(二) 微项目实施路径

1. 纳入学校课程框架

学校将项目化学习纳入课程框架。在活动项目中，学校以综合实践活动作为项目化学习研究课的主要阵地与平台，在学科项目或跨学科项目中，以国家课程作为阵地，以微项目为主要形式，聚焦国家课程教材和项目化学习融合。每学期寒假或暑假期间，我们就会组织核心团队教师对下学期项目开展研讨与设计，规划项目课时，确定各年级1—2个实验班级。针对此类实验班级，在总课时不变的基础上，整合综合实践活动原定授课内容，不增加额外的课时。这样全面保障了项目实施的人员、时间、课程、内容。

2. 组建两支核心团队

(1) 核心A组，以"项目开发"为主要任务

2017年起，学校组建了校级学习基础素养项目核心团队，涉及语文、数学、英语、综合、探究等学科，共有五个学科核心团队。这是学校开展项目化研究的"先

锋队",他们是项目的先行先试者,是理论学习的导读者,是课堂研究的实施者,也是众多项目的设计者,主要任务是在微项目中"开疆扩土"。各学科团队一般由4—6人组成,每学期由核心团队教师共同设计并实施一个微项目,一般采取"每课时轮换主教及助教,其余教师共同听课研讨"的方式,保证每位教师在实施过程中始终参与团队学习和研讨,不断提升教师的设计和实施项目的能力。

迄今为止,核心团队成员也在不断扩充,参与过研究的教师人数近40人次,占学校教师总人数的三分之一。

(2) 核心B组,以"完善迭代"为主要任务

项目设计和实施完毕后,团队成员会召开反思会议,甚至形成团队的反思日志,旨在进一步提升项目的实施质量。那这些有待调整的项目设计又能如何及时做到有效迭代,使其最优化?我们找到了一条有效途径!2021年,学校在核心A组团队的基础上,又组建了一支核心B组团队。B组团队成员主要是将A组设计并已完成一轮实施的学科微项目,依托国家课程阵地,完成项目设计的修订、项目课堂的迭代实施。核心B组团队备课及授课前可邀请核心团队A组成员进行指导,进行"智慧共享"。即B组成员在研读相关设计文本后,就不明白、不理解或者值得商榷的地方向A组授课老师进行咨询、请教、探讨,确保实施前能充分理解文本内容,顺利授课。完成授课后对项目进行迭代,确保这些项目每学年"实时更新"。学校就是通过这样的管理模式,实现"一个项目,两组实施,各有收获"的目标。此外,在管理上,还设置专门经费用于两个团队工作量的考核和评估。

核心B组的组建,极大程度上鼓励了一部分中老年教师参与到项目化学习,这些教师往往具有丰富且独特的教学经验,善于把握教学重难点,通过他们的迭代与完善,核心A组设计的项目往往会"更接地气"。

3. 优化项目实施流程

夏雪梅博士在《项目化学习设计:学习素养视角下的国际与本土实践》一书中指出:项目化学习的常用的六个阶段分别是入项活动、知识与能力建构、探索与形成成果、评论与修订、公开成果、反思与迁移。而根据学校近年来的经验,团队总结了一条微项目实施流程及课时分配建议,如表1所示。

表1 微项目实施阶段及课时分配建议

阶段	建议课时(学时)
入项活动	0.5 或 1
知识与能力建构	0.5 或 1
探索与形成成果	1(可根据项目类别适当增加学时)
评论与修订	1(可根据项目类别适当增加学时)
公开成果	0.5 或 1
反思与迁移	0.5 或 1

此外,核心团队教师还将项目的设计与实践撰写成项目典型案例,每一个项目都有过程性资料的累积,形成课程资源,其中就包含了项目设计书、每课时教案和课件、教学资源、关键课时的视频辅助资料、项目典型案例等。

据统计,2018学年至今,核心团队共计设计并实施了近30个项目(表2),迭代10余个项目。

表2 学校设计与实践的典型案例

序号	学科	年级	项目名称	项目类型	项目时长
1	综合	三年级	1921·遇见上海	活动项目	6课时
2	英语	四年级	上小有"鲤"	学科项目	4课时
3	语文	四年级	打卡滨江,一起越野	活动项目	4课时
4	数学综合	一年级	小鲤纸币诞生记	学科项目	6课时
5	语文	四年级	轻叩诗歌大门 邀你来读我的诗	学科项目	6课时
6	数学	三年级	生活大爆炸	学科项目	4课时
7	英语	五年级	标识大作战	学科项目	4课时
8	综合	二年级	小鲤"玩"转快乐乡	跨学科项目	6课时
9	探究	一年级	我的朋友——书包	学科项目	4课时
10	语文	四年级	我给法布尔当助手	学科项目	4课时
11	数学	四年级	为有源头活水来	学科项目	4课时
12	英语	五年级	未来的我们 My dream job	学科项目	4课时
13	综合	一年级	我头顶的那片天空	学科项目	4课时
14	探究	五年级	畅游上海特色街	学科项目	4课时

续 表

序号	学科	年级	项目名称	项目类型	项目时长
15	语文	三年级	小鲤天团出道啦	学科项目	4课时
16	数学	五年级	车位改造师	学科项目	4课时
17	英语	二年级	"小怪物"派对	学科项目	4课时
18	综合	三年级	校园定向——小鲤"穿梭"校园 乐享无尽自由	学科项目	4课时
19	探究	四年级	如何让蔬菜"超长待机"？	学科项目	4课时
20	语文	五年级	你笑了吗	学科项目	4课时
21	数学	五年级	翻转小鲤魔盒	学科项目	4课时
22	英语	五年级	小鲤畅游博物馆	学科项目	4课时
23	综合	二年级	头顶的那片天空	学科项目	4课时
24	探究	一年级	安全标志设计师	学科项目	5课时

从表2中,我们可以发现这些项目"链接"各学科教材和学生真实生活,由切入口较小的驱动性问题引发,引导学生转变学习方式,在问题解决的过程中逐步提升素养。

4. 组织专项展示研讨

我们坚持以面向全体教师的专项研讨的方式,积累项目化学习经验,激发教师实践热情。专项研讨一般分为理论学习、专家讲座、专题展示等。

理论学习一般由项目核心团队成员导读各类专著,如《项目化学习设计:学习素养视角下的国际与本土实践》《项目化学习工具:66个工具的实践手册》等,帮助全体教师理解为什么要进行项目化学习设计,项目化学习的要素以及如何进行项目化学习设计。

除此之外,学校PBL核心组成员还积极参加了徐汇区项目化学习的暑期培训、"学习素养·项目化学习峰会"、上海市项目化学习三年行动计划徐汇区市级成果展示等多个活动,不断把所学所思实时地加入项目的设计和实施中。

(三) 微项目设计启示

1. 项目内容微,提炼核心知识

微项目的设计与实施,需要依据从课程标准和单元教学内容或单课教学内容中提炼项目中的关键概念或核心能力,指向学生核心素养的培育。

比如针对沪教版牛津英语三年级上册 Module 3 Unit 1 My school,学生在学习的过程中,除了掌握核心词句,发展语言能力之外,还应当在介绍自己学校的过程中学会识别、提炼和概括语篇的主要信息和内容,提升思维品质,并能尝试与他人合作,提高学习能力。

利用任务驱动,才能促进学习真正发生。基于此,学校核心团队基于沪教版牛津英语三年级上册 Module 3 Unit 1 My school 的教学内容,用项目化学习方式展开的英语学科微项目"The guide booklet of Shanghai Primary School"。组织学生在充分了解校园环境的基础上,通过信息收集、记录、小组讨论与合作来绘制一份英文版的上海小学导览手册,提供给来访者翻阅,并带领他们参观其感兴趣的地点,浸润式体验校园文化,并最终以担任校园双语讲解员的方式汇报成果。

2. 项目问题微,获得成功体验

微项目的驱动型问题除了具有真实性、新颖性、挑战性之外,一般切口较小,使学生能在短时间内能完成探究,便于学生理解,并获得成功体验。以数学学科微项目"为有源头活水来"为例,整个项目的驱动性问题为:学校如何让全体学生种植鸡毛菜的小鲤鱼农庄实现节水灌溉?学生通过学习明确测算用水量的要求,以小组合作的方式从而选择恰当的度量单位、测量工具及方法,改良农庄原有的灌溉装置,创新利用,打造可移动的"浇水器"。又比如数学学科微项目"小鲤纸币诞生记"为例,入项课上,教师首先向学生们分享了本项目的驱动型问题:"爱心义卖"是上海小学"爱心月"主题月活动的内容之一。目前,学校缺乏一套在爱心义卖上流通的货币。你能否设计一套以学校吉祥物小鲤鱼为标志的具有学校特色的"小鲤币",并在本次的爱心义卖中使用?学生在完成人民币认识的基础上设计出一套用于爱心义卖的"小鲤币"。这些项目问题的设计都在提炼核心知识的基础上,创设与学生自身、学校校情产生联系,涌现出主动探索的内动力,让学生在自主探索后获得成功的体验。

3. 项目成果微,易于学生操作

微项目的成果往往在指向思维过程的基础上,难度适当,一般能由学生个人或小型团队完成,不增加额外负担。在探究学科微项目"畅游上海特色街"的出项展示中，教师以一条时间线，串起了六个上海特色街的百年之路。从1921年的兴业路一直到2021年的新晋网红打卡地武康路，六个小组以新颖多样的形式展现了一场别开生面的上海特色街展示活动。多伦路小组以沉浸式表演的形式，展现了多灾多难的中国遍布荆棘的革命之路，还通过发传单的方式邀请同学体验表演。七宝老街小组将七宝美食带到了现场，让参观者直观感受传统美食的滋味。最终由全体教师和同学投票评选出最受欢迎展位、最具创意展位、最佳互动展位。可以看出各小组形式不同，但都适合学生年龄特点，便于他们自主组织开展，而且能够展示出自己的亮点，各有所长。

(四) 微项目实施保障

1. 引导教师科研探索

在微项目实施的过程中，学校鼓励教师借助科研力量，在实践——研究——实践的过程中，通过做好项目顶层设计、建立核心团队、推动科研立项、开展理论学习、组织教学实践研修，老师们聚焦项目化学习的各个环节，开展深入研究。近年来，我校成功立项与项目化相关的课题15个(表3)。

表3 学校成功立项的与项目化相关的课题

序号	课题名称	级别
1	探究型课程中项目化学习的设计与实施的案例研究	市级
2	项目化学习和其他教学方式对学生数学核心素养培育影响的比较研究	区级
3	小学五年级英语项目化学习中作业设计的案例研究	校级
4	小学音乐学科项目化学习中驱动性问题设计的案例研究——以二年级项目化学习"我是音乐小主编"为例	校级
5	小学美术项目化学习中学习单的运用策略研究	校级
6	跨年级进阶式学科项目化学习设计策略研究——以道德与法治学科"爱自然(生态伦理)教育"主题为例	校级
7	项目化学习对学生量感培育的效果研究	校级
8	基于几何直观核心素养培育的小学数学项目化学习教学实践研究——以"翻转小鲤魔盒"项目为例	校级
9	在项目化学习中落实语文要素的案例研究	校级

续表

序号	课题名称	级别
10	小学语文学科项目化学习出项活动形式的探索研究	校级
11	运用项目化学习设计开展随班就读学生社会实践活动的案例研究	校级
12	探究型课程中项目化学习的设计与实施的案例研究	校级
13	跨学科项目化学习设计中体育学科融入的实践研究——以"校园定向——小鲤'穿梭'校园"为例	校级
14	小学自然学科项目化学习中设计驱动性问题的策略研究	校级
15	指向音乐核心素养的小学中高年级项目化学习设计的案例研究	校级

2. 举行教师专项竞赛

学校坚持"以赛代训",多次开展以"项目化学习设计"为内容的教学大奖赛,以个人赛及团体赛两种方式,促进教师提升设计能力。

在竞赛前,各备课组利用活动时间学习理论书籍《基于学科核心素养的单元教学设计与实施案例》《项目化学习的实施:学习素养视角下的中国建构》等,并开展研讨和学习。在竞赛时,教师个人完成一个学科微项目化设计作品并提交至专业评委,对作品从项目化学习的六个维度(核心知识、驱动性问题、高阶认知、学习实践、公开成果、全程评价)进行了评分,产生个人一二三等奖。同时以备课组为单位聚焦组内优秀学科微项目设计,开展实践研究并完善项目设计,并邀请了在项目化学习方面非常有经验的外校项目化学习团队评委,进行现场评审,最终产生团队奖项。

三、项目收获及成效:积淀深化成就真实课堂

(一) 促进课堂进一步转型

项目化学习是一种新型的学习方式,旨在通过有意义学习的发生促进学生核心素养的发展,契合了新课标的育人理念与目标,并将割裂式的学科课程进行整合与重构,契合了新课程的设计逻辑与思路。在微项目实践过程中,项目设计基本都能聚焦在巩固一级课堂和二级课堂的基础上逐步提升到合作解决大任务的

三级课堂的建设,进一步促进从教到学的课堂转型。对于这样一项需要长期持续实践的研究,我们团队成员将继续带着问题不断前行,在促进课堂转型中促进学生发展,在完善课程资源中推进课程建设。

(二) 转变教师教育理念

2017年,当学校组建学习基础素养项目核心团队之初,核心团队成员观看了许多实验校的课例,大家也曾有过质疑:"这个课堂,我们搬得回来吗?"时至今日,当学校全体教师已经亲身尝试过微项目设计,超过四分之三的教师开展过课堂实践后,这个问题已然有了非常明确的回答。

通过微项目的设计、开发与实施,教师们在课堂中观察到学生学习的真正发生,从和学生真实的交流中体会到学生成为课堂与学习的主人时的惊喜与震撼,激发出了教师寻求改变的内驱力,教师教育理念已然转变。

(三) 挖掘学生个人潜力

在学校已有的项目化学习探索与实践中,教师们感受到了学生在驱动性问题引导下主动投入的热情,看到和听到了他们在自主或合作探究中的思考和交流,也为他们最终能形成富有内涵和创意的作品感到欣慰和自豪。如在道法学科微项目"小鲤'玩'转快乐乡"中,二年级学生在了解各种民间游戏的基础上,创意改编适合课间十分钟以及学校环境的游戏,从而获得学生视力和体质的健康发展,更让传统文化得以传承与发展。学生通过创造性地改进游戏玩法以及文明、安全地玩游戏发挥了个人潜力,获得乐趣,锻炼身体,实现双重目标。学生极富创意地将"大叉圆圈"这一原来的纸面游戏改编为投掷类游戏,促使同学们下课时能"动"起来;将"丢手绢"这一游戏从原来的一块手绢改编成辨析"真""假"手绢的游戏……在整个任务学习中,充满快乐且干劲十足,实实在在地成了学习的主人。

(四) 打造特色精品项目

在研究课实践的基础上,除了教师的教育理念逐渐转变,学生的个人潜力逐渐被挖掘,学校也积累了一定精品项目。每学期学校都会邀请专家指导,并组织全体核心团队成员,聚焦1—2个项目,进行重点打磨,至今已有8个案例在全国、全市的项目化学习案例遴选中获得佳绩(表4)。

表4　学校在全国、全市获得佳绩的项目化学习案例

序号	项目名称	奖项
1	小鲤"玩"转快乐乡	上海市义务教育项目化学习三年行动计划第一批市级项目案例一等奖
2	我给法布尔当助手	上海市义务教育项目化学习三年行动计划第二批市级项目案例三等奖
3	畅游上海特色街	上海市义务教育项目化学习三年行动计划第四批市级项目案例三等奖
4	为有源头活水来	上海市义务教育项目化学习三年行动计划第一期种子教师工作坊案例评选优秀奖
5	零起点的学校如何在试错中共同探索项目化学习	第二届"学习素养·项目化学习"全国案例征集与评选项目化学习故事一等奖
6	穿越浩瀚时空　讲述人物故事	第二届"学习素养·项目化学习"全国案例征集与评选项目化学习案例二等奖
7	The guide booklet of Shanghai Primary School	第二届"学习素养·项目化学习"全国案例征集与评选项目化学习案例二等奖
8	我是音乐小主编	第二届"学习素养·项目化学习"全国案例征集与评选项目化学习案例三等奖
9	年历上的十岁生日	第二届"学习素养·项目化学习"全国案例征集与评选项目化学习故事三等奖

四、项目展望与反思:进一步助推学校变革

习近平总书记提出:"基础教育既要夯实学生的知识基础,也要激发学生崇尚科学、探索未知的兴趣,培养其探索性、创新性思维品质。"

徐汇区上海小学始终聚焦微项目设计与开发,着力培养学生创造性解决问题的能力,助推课堂真实成长,并以此推进学校教育教与学方式的变革。同时,我们也认识到,在"双新"的背景下,着力思考项目化学习作为落地义务教育课程标准的重要载体,如何融入国家课程的流程设计,逐步形成匹配义务教育课程标准和

学校学情的项目化学习实施样态,切实为学生提供持续投入项目化学习体验的时空保障,推动创新人才的早期培养,进一步激发学校的办学活力,提高学校的教育质量。

项目化学习是一种新型的学习方式,相信随着研究和实践的深入,在新课程背景下,全体教师对项目化学习的理解和感悟也会愈发具体和深刻。我们将携手同行,在探索实践中,一同遇见更好的学习样态!

第三章　西位实验小学：新进项目校如何创生项目化学习的课程基因？[1][2]

西位实验小学作为徐汇区的一所新开办小学，从2019年9月迎来首届一年级学生开始，我们就一直在思考：要把这所新学校打造成一所怎样的学校？要把学生培养成怎样的人？又如何通过学校的课程教学改革，实现学校建设和学生培养这两个目标？

我于几年前参与上海市教科院普教所的学习基础素养项目，并逐渐开始与"项目化学习"结缘。在一次与国外同行的交流中，一位美国教育专家告诉我，在纽约有一所叫 Portfolio School 的学校，为培养儿童的创造力，这所学校实施跨学科项目化学习，是一所真正的 PBL 学校。当时我就在想：作为校长，我能不能也把学校打造成一所以项目化学习为特色的学校呢？借着创办西位实验小学的机会，梦想开始照进了现实。

一、愿景规划：打造一所项目化学习特色学校

要打造一所项目化学习特色学校，意味着项目化学习的设计与实施要贯穿学校课程教学的始终，学校的基础型、拓展型、探究型课程不能割裂开来"各说各话"，而要通过把项目化学习融入学生学习的全过程，为他们提供开展真实情境问题解决的持续学习经历和学习体验，这样才能更加有效地发挥项目化学习对学生学习素养发展的促进功能。

得益于新开办学校的顶层设计优势，我们从制定学校办学规划伊始，就基于徐汇区科创中心建设的地域特点和学校地处漕河泾新兴技术开发区的地缘特征，

---

[1] 作者：上海市徐汇区西位实验小学　孙爱军
[2] 上海市徐汇区西位实验小学现已于2024年3月转型为九年一贯制上海市西南位育附属实验学校。

将育人目标、课程与项目化学习方式进行有机融合与整体设计,尝试利用适合项目化学习的学习领域和情境主题,从健康(Health)、艺术(Art)、资讯(Portfolio)、创新(Innovation)、文化与跨文化(Cross-Culture)和服务(Service)六个维度对学校三类课程进行统整,同时把小学自然学科贯穿其中,重点以培育学生学习素养和科技创新能力为目标,构建了名为"科技·家"的 HAPICS 校本课程体系和项目化学习课程群,力求通过营造师生共生的温馨"学习与创造之家",运用项目化学习,培养"唯美、求真、向善、乐创"的"快乐创造者(Happy Creators)"。

二、路径设计:融入学习素养培育的项目化学习 4D 模型

为了让老师们更容易理解和把握项目化学习的设计方法,我们综合学习素养项目组提出了"学习能力"框架中的学习素养"星体模型",星体模型中学习能力指向的提出问题、建立联系、个性化表达都可以在项目化学习中得到呈现和融会贯通。我们同时结合项目化学习的设计框架,尝试重构了适合西位实验小学项目化学习的"发现(Discover)—设计(Design)—行动(Do)—展示(Display)"4D 模型。

发现(Discover):对应的是项目化学习中的驱动性问题设计,即教师要善于通过观察和分析,发现适合转化成项目化学习的情境问题,同时鼓励学生在问题解决的过程中持续提出有意义的问题,培养学习素养中"提出问题"的学习能力。

设计(Design):指向的是学习素养中"建立联系"的学习能力的培育,即教师在教学中引导学生通过建立知识与知识之间的联系、知识与情境问题之间的关联和开展人与人之间的交流讨论、头脑风暴等,形成问题解决的基本方案设计。

行动(Do):引导学生持续探究和反思,即在方案设计的基础上,通过学生的学习实践行动,不断对问题解决的方法进行修正完善,在实际"动手做"的过程中深化学习与概念理解,并克服困难,最终完成项目化学习成果或作品。

展示(Display):呼应的是项目化学习设置公开作品或产品展示交流的特征,通过学生在社会场域对项目化学习成果的交流展示,增进学生对学习意义的感受和对学习过程及结果的进一步反思提升,培养学习素养中的"个性化表达"能力。

在上述课程架构和教学路径的指引下,尽管学校仅开办了一个多学期时间,

老师们仍积极通过对一年级不同类型课程内容的综合梳理,形成了一系列学科或跨学科项目化学习设计案例,围绕一个个真实情景中的驱动性问题,尝试在项目化学习中激发学生的学习兴趣和主动性,并引导他们在问题解决的过程中,形成知识技能学习、提高学习能力与学习品质的"双线并进"。

三、入深水区进行学科项目化学习:从基础型课程开始变革

在项目化学习的课程实施上,老师们首先聚焦基础型课程,开展了学科项目化学习的实践探索。依据学校育人目标和统一的课程目标,基于学科关键概念和能力,尝试将项目化学习融入日常学科教学,对学科教学方式和课时安排等进行了"再设计"。

(一) 问题提出

一年级数学教材第三单元"20以内的数及其加减法",按照传统教法是这样的:经历了"11—20的数、十几就是十加几、20以内数的排列、加减法、讲讲算算、加进来减出去"等知识的教学,用"数墙"一课让学生在情境中巩固20以内的加减法运算,学生们用已学知识在现成数砖上填上正确的数就算通过了。但是,教学中,老师们发现:"数墙"这一情境在这样的教法中只是限于巩固练习,并没有引发学生的深入学习。那么,如何才能基于学生的学情让"数墙"产生实质性的作用呢?学习素养视角下的项目化学习提倡用"高阶驱动低阶",既然学生已经掌握了10以内的数及其加减法,何不把"搭建数墙"这一情境放在第一课时作为驱动学生们自行探究学习20以内的数及其加减法的任务呢?我们开始了项目化学习设计与运行的探索。

1. 基于数学核心知识进行项目设计

教师首先对项目名称及其涉及的核心知识、关键概念和驱动性问题进行了设计:

项目名称:我是小小数墙建筑师

学科/年级:一年级数学

核心知识:11—20的数,20以内的加减运算,进退位概念,常见几何图形等。

学科关键概念或能力：数，数感，数学运算，图形空间，问题解决等。

情境创设："学校刚刚开办，校园里还有很多空白墙面，老师和同学们都觉得不太美观。在对校园环境设想的采访中，一些老师和同学表示希望设计一条'数学走廊'。"

驱动性问题："如何创造一面合理美观的数墙美化学校走廊？"

在对项目化学习的关键要素进行设计的同时，老师们在单元教学总课时数不变的情况下，对教学过程重新进行了课时规划，进一步细化了可供学生持续探究的"研究数砖""学造数墙""美化数墙"三个进阶任务环节（见表1、表2）。

表1 "我是小小数墙建筑师"项目涉及的教学知识原课时教学安排

原教学安排	
教学内容	课时
11—20 的数	1
十几就是十加几	1
20 以内数的排列	1
加减法（一）	2
加减法（二）	6
讲讲算算（三）	1
加进来、减出去	1
数墙	1

表2 "我是小小数墙建筑师"项目实施课时安排

项目实施安排		
任务	学习内容	安排
	入项（情境与问题）	1
研究数砖	任务单交流分享 数的认识学习	3
学造数墙	任务单交流分享 数的运算学习	5
美化数墙	选择砖型 图形的拼嵌学习	1
	分工制作数墙	2
	出项（展示与评价）	2

2. 转变教学方式,推动4D式的项目实施

(1) 发现(Discover)

教师首先组织了入项课。课上准备了造墙与墙面艺术两段短视频供学生观看,同时提问:墙是怎么创造的?墙面艺术带给你什么感受?学生带着问题边看边思考,看后反馈发言非常积极,对"造墙"的过程有了具象的认识,也感受了墙面艺术的美。

在此基础上,让学生欣赏教师制作的数墙,启发学生发现:这样的墙和生活中的墙有什么不同?你觉得怎样才能创造出这样一面墙?从而聚焦新校园墙面美化情境和驱动型问题"如何创造一面合理美观的数墙美化走廊?",激发同学们争当"小小数墙建筑师"的愿望。

(2) 设计(Design)

在明确项目问题和任务后,学生进一步仔细观察老师的数墙,探索数墙的"秘密",对数墙的基本特征和运算规律进行归纳,基于已经掌握的10以内的加减法,自己动手尝试造一面10以内的数墙,并反思:造数墙时要注意什么?有哪些要求?

然后,通过教师引导,对20以内的数墙建造展开讨论,一方面梳理建造数墙需要掌握的基本知识技能,如:认识20以内的数,学会20以内加减法的运算规律等;另一方面,初步设计墙型草图,并对最终数墙建造任务的完成提出评价规则,如:数墙造型牢固美观、数砖之间运算正确、组内成员合理分工任务明确、建造过程听取建议不断修正等。在整个讨论过程中,学生们提出了要建造一面合理美观的数墙需要认识更多的数、掌握更多的运算本领、了解更多的图形等学习需求。

(3) 行动(Do)

教师从满足学生学习需求出发,设计了三个引领学生持续探究的学习任务,使学生通过研究数砖、学造数墙、美化数墙,同时借助教师的帮助和同伴的合作,在持续发现问题和解决问题中完成了数墙的建造。这三个学习任务是:

- 请你制作1—20的数砖卡片并给它们排排队。学生们在给数砖排队、观察比较11—20的数砖和10以内的数砖的过程中自然而然对11—20数的读写与组成进行了深入学习。在小组合作中,通过对比自己与他人的不同排列方法,掌握

20以内的数在数射线上的排列。

● 请你用做好的数砖卡片或乐高积木尝试建造数墙。在小组内与同伴比较各自用数砖卡片建造的数墙，了解数墙的基础结构"品"字框，并对数墙进行分类，在同伴交流和老师提示下，理解不进位不退位与进退位的概念区别，掌握20以内数的加减法运算。学习小组利用掌握的加减法知识，继续拼搭乐高积木，填上数字，在不断的试造过程中互相学习，巩固数墙的建造方法和运算能力。

● 请选择合适的砖型和喜欢的运算规律，小组合作建造一面合理美观的数墙。在了解了数墙的基本建造方法后，学习小组开始选择合适的砖型来美化数墙。通过动手拼搭尝试和老师的教学，同学们认识了常见的几何图形，了解了正多边形的特征，知道了哪些几何图形用作砖型合适，理解了无缝、密铺的概念。在具备了建造数墙所需的知识与能力后，学习小组根据评价标准开始了分工合作，商议决定砖型、计算规律及美化方案，合作完成了数墙的建造。

（4）展示（Display）

在学生完成项目学习后，教师组织了出项课。学生们以小组为单位，向老师和同伴展示自己的数墙作品并从运算规律、砖型特点、整体美化等方面介绍不同的思考和创意。展示汇报后，全班同学和老师一起投票，选出大家认为最美观合理的数墙，并进行走廊布置，完成了用数墙美化走廊的项目任务。

第三单元的数学学习在项目成果展示中结束了，学生们兴奋地说："这样的学习真有意思，我们造墙成功了！"老师们也开始从忐忑变为自信，他们在分享自己的体会和感受时说："在项目化学习中，教师在学生项目化学习过程中不再是一个纯粹的知识传授者和课程实施的执行者，而是为学生学习搭一座桥、设一步梯的设计师，是学生学习与成长的陪伴者和促进者。学生在项目化学习的过程中，既形成了学科关键能力运算求解，又达成了问题解决、创见、决策等跨学科能力和素养的培养。"（见图1）

在基于学科开展项目化学习探索实践的同时，老师们也在"科技·家"的课程体系下，基于课程标准和现有教材设计多学科、跨学科项目化学习，希望能够在拓展型、探究型课程的项目设计中，同步呼应基础课程的教学内容。以贯穿HAPICS课程的自然学科为例，老师们通过分析挖掘一年级自然学科教材与生活

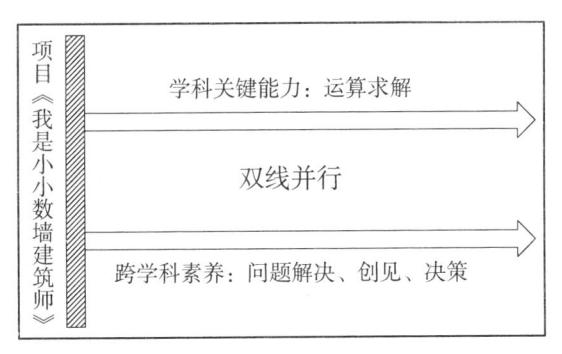

图1 学生在项目化学习中获得学科关键能力与跨学科素养

实际的联系和与其他学科相关联的课程内容,拟制了多个可行的多学科、跨学科项目,举例如下(表3)。

表3 以自然学科为例:拟制了多个可行的多学科、跨学科项目

科技＋	项目名称	教材内容
文化艺术创新	如何制作一本专属动物绘本	自然:《动物的外形特征》《动物怎样生活》《动物的运动》《动物与我们》 语文:《咏鹅》《ai ei ui 小白兔》《比尾巴》《雪地里的小画家》《小蜗牛》 音乐:《可爱的动物》 美术:《小斑马》《长颈鹿》《花衣服》
健康跨文化服务	如何制作一张双语的五官功能介绍挂图	自然:《喜欢的玩具》《喜爱的食品》《猜一猜》 英语:《1A M1U3 My face》《1B M2U1 Toys I like》《1B M1U3 Taste and smell》《1B M2U2 Food I like》
资讯创新服务	为校园植物做一张电子身份证	自然:《身边的植物》《植物的各部分》《形形色色的叶》《植物与我们》 美术:《拓印的趣味》

在学校已有的项目化学习探索与实践中,老师们都感受到了学生在驱动性问题引导下的主动投入,看到和听到了他们在自主或合作探究中的思考和交流,也为他们最终能形成富有内涵和创意的作品感到欣慰和自豪。

我们认为:在现行的课程体制机制上,只有通过将项目化学习与基础型课程、拓展型课程、探究型课程进行统整,才能切实为学生提供持续投入项目化学习体验的时空保障。在项目化学习的具体操作上,也应该在引导学生发现问题、解决问题的过程中,结合对知识的系统梳理和巩固,以形成我们自己的项目化学习"经

验"和"道路"。

要打造一所真正以项目化学习为特色的学校,对于西位实验小学这样一所新开办学校而言,既有很大的优势和空间,也充满着各种困难与挑战。我们希望在不断完善深化学校项目化学习的探索与实践过程中,牢牢把握住加入学习素养项目化学习大家庭的宝贵契机,与更多项目组的实验学校加强研讨交流和反思改进,坚定不移地行进在项目化学习的课程教学变革道路上,让项目化学习成为撬动学校课程与教学变革的支点与特色,真正惠及每一位学生的成长和发展,为他们适应未来社会变化和培育终身学习素养和科技创新能力奠基。

项目化学习,我们一起加油!

第四章　康健外国语实验小学：以表现性评价促进学生能力发展[①]

徐汇区康健外国语实验小学创办于2013年，是由徐汇区教育局委托上海市世外小学（原上海市世界外国语小学）托管的公办小学。从开办起，学校就以"4+1"课程为办学特色，"4+1"课程模式最大的特点是把分科课程模式和跨学科课程模式的优势融合在一起，即4天进行分科课程学习，1天进行跨学科的项目化学习。十年来，在专家引领、组团发展和自身不断探索实践中，学校积累项目化学习的教育教学实践经验，并以项目化学习带动课程结构和教学方式的变革，培养学生适应未来社会的核心素养和综合能力。学校先后成为上海市义务教育项目化学习项目实验校，徐汇区项目化学习共同体领航校。

学生的学习在经历和解决真实世界的问题中最容易发生。项目化学习作为一种跨学科的、在情境中的、任务驱动性的学习模式，指向学生核心素养和综合能力的培育。项目化学习所追求的评价，在评价目标、方式和策略上，与聚焦知识、记忆的测评有很大的区别。如何发挥评价作用，促进项目化学习过程中有意义学习的发生，促进核心素养和综合能力的发展，这就要求我们寻求能够与项目化学习具有内在一致性的评价方式。

一、项目化学习中运用表现性评价原因

学校在项目化学习中倡导自主、合作与探究，促进学生在解决实际问题的探究实践过程中，全面发展综合能力。

能力看不见摸不着，如何检测学生的能力发展主要在于评价，而能力的评价

[①] 作者：康健外国语实验小学　沈燕泓、陆蓓蕾

应是清晰的,能够检测和评估的。同时,能力不是某一特定阶段就能形成的,体现在学习和探究的全过程中,需要过程性的评价方式,这就要求我们运用一种能够在情境中对学生学习和探究的过程进行评价的方式,通过前期任务的设计为学生的探究提供支架和工具,记录探究的过程轨迹,助力学生深度理解概念、发展能力。

而表现性评价就是一种在真实的教育场景中,运用先前获得的知识解决某个新问题或创造某种东西,以考查学生知识与技能的掌握程度,以及实践、问题解决、交流合作和批判性思考等多种复杂能力的发展状况的评价方式。我们认为:

(一)表现性评价能够回应核心素养培养目标

表现性评价与项目化学习培养的目标相一致,开发和实施表现性评价的过程,就是对核心素养进行不断分解和细化,进一步清晰节点,并通过表现性任务和评价量规落实目标的过程。学生在完成表现性评价中发展实现能力,而教师也获得一种能够更好发展学生能力的工具和实践方式。

(二)表现性评价能够融入项目化进程

表现性评价不仅是"为了学习的评价",更是"促进学习的评价"和"作为学习的评价"。表现性评价具有教学成分,学习和评价能同时进行,并能很好地和教与学融合在一起,完成表现性评价的同时学生也完成项目任务,让学生感觉评价并不是对他们的监测,而是自然学习的过程。

(三)表现性评价能够促进和呈现能力发展

表现性评价是一种学习支架,帮助学生厘清思维逻辑、促进学习的真正发生、实现能力的内化和迁移。同时好的表现性任务能够"看到"学生思维过程和探究轨迹,这些显性化的表现也是评价的重要证据。

为此,经过调查、学习和研究,我们决定在项目化学习中采用表现性评价。

二、项目化学习中的评价目标

跨学科项目化学习指向学生关键能力的培养。我们评价的能力依据了国家核心素养、21世纪技能培养目标,夏雪梅博士在《项目化学习设计:学习素养视角下的国际和本土实践》中提出的五大实践,以及我校"COMBO"("康宝")培养目标。

在项目探究中,我们围绕探究能力、合作能力、调控能力、创新品质开展评价。这些能力素养支持学生发现问题、澄清问题、解决问题、表达观点,是支持创造性问题解决的基本能力。

比如探究能力是科学家、工程师、设计师等的主要实践能力,能够为学生提供解决实际问题的一般路径和流程。当然,我们也认为,创造性问题解决不仅仅局限于这些能力,在未来的教学实践中我们会持续探索下去。

(一) 同种能力持续发展,螺旋上升层次递进

同一能力的发展在不同的学段也有不同之处,为了使每一种能力素养都能在小学各阶段切实落实,需要把每一种能力的层级进行细分。为此,我们制定能力框架。

能力框架确定主要基于以下三个原则。一是维度全面:能够基本涵盖学生在解决问题过程中,经历的各个探究阶段。二是层次递进:为处在不同能力水平的学生,提供层次递进的能力发展目标,架设螺旋上升的发展通道。三是描述清晰:能力框架是表现性评价的指南针,清晰和恰当的描述能确保判断学生在能力上达到什么程度,并在判断过程中确保一致性和公平性。

以探究能力为例,框架由纵向探究维度和横向能力水平组成。纵向由7个维度组成,分别是:提出问题、建立知识联系、设计与实施探究、分析和解释数据、运用数学和计算思维、发展解释和设计方案、基于证据的评论。

每个维度横向分别由低到高从"基础、发展、熟练和高水平"4个能力水平进行描述。

我们以"提出问题"为例来呈现(表1):

表1 "探究能力框架"中"提出问题"部分的能力水平描述

探究性实践	基础	发展	熟练	高水平
一、提出问题	能提出自己想要知道的问题。	能提出自己想要知道并且和主题相关联的问题,提出的问题是可探究的。	能提出自己想要知道并且和主题相关联的问题,提出的问题是可探究的,能追问澄清自己所要解决的问题。	能提出问题,并能对问题进行质量分析,选择出可探究的有效问题,能通过各种资源和证据澄清自己所要解决的问题。

这些维度覆盖探究各阶段,为学生发现、思考、探究、解决问题提供方法和策略。指标描述都是以能够观察到的学生探究行为作为内容依据,用"能做什么"的基本句式来表达。例如:在"设计与实施探究"中"基础"能力水平的描述"能设计简单的调查方案",就是用这样的句式表述的。为了区分同一探究阶段不同表现水平,有两种描述方法:一是在"能做什么"的基础句式上,加上"熟练""充分"等表示程度的词和其他需要补充的描述,呈现更加熟练或高水平的探究行为。二是可以在低水平基础上,加上数个不同的"能做什么",来表达发展出的高水平探究行为。例如还是在"设计与实施探究"中,"高水平"相较"熟练"能力水平,添加了"能充分考虑在不同情境中使用匹配的调查方法"这一"熟练"能力水平没有的指标,来区分更高层次的能力水平。

(二) 能力样态组合交错,支持学生充分探究

我校的跨学科项目开发基于六大课程主题,项目创设的新情境、新问题,在学生已有知识体系和现实生活之间架起了桥梁,而这些问题通常要求是复杂的、非良构的。这些素养能力以多样组合、交错纵横的样态支持学生项目探究,而非单独或逐一出现。学生在解决问题时,需要综合运用数种能力或多个维度,这些能力组合交错,支持学生灵活迁移、探究。

以我们项目化学习的"申请职业节"活动为例,要求在学科知识和能力的目标之上,达成学科素养目标:通过创立职业节的方式创造性地解决学生发现的职业

尊重的问题；学习阅读相关的背景知识，发现自己要解决的问题，在多种情境中收集、分析和综合信息，并提出有说服力的表达见解及创造性实践；清晰并有逻辑性地表达自己观点，会推动谈话的进程，并给出有回应性的思考；能设定计划做出规划，有目的地实施，从而促进学生达成探究、调控、创造以及社会性实践的能力。

（三）基于不同单元重点，侧重发展不同能力

不同能力的发展侧重点不同，基于单元的整体性设计，遵照重点关注和均衡发展能力的原则，每个主题重点关注和发展两种能力（强关联）。强关联意味着相关能力目标将贯穿于项目设计和实施全过程，促进能力学习、使用、迁移、反思等（如图1所示，每种主题下划线部分标出的能力具有强关联性）。例如："自我认识"单元主题内涵是：探究自我；探索作为社会人的特点；发展人际关系。我们就将关注自我管理的"调控能力"和发展社会性的"合作能力"确定为本单元的重点发展能力。

自我认识	自我表达	自我组织	身边科学	地球空间	技术工程
探究	探究	探究	<u>探究</u>	<u>探究</u>	<u>探究</u>
<u>调控</u>	<u>调控</u>	<u>调控</u>	调控	调控	调控
<u>合作</u>	合作	<u>合作</u>	合作	合作	<u>合作</u>
创新	<u>创新</u>	创新	<u>创新</u>	<u>创新</u>	创新

图1 相关能力目标贯穿于项目设计和实施全过程

三、项目化学习中表现性评价实施

（一）项目化学习中表现性评价实施路径

表现性评价在项目化学习中的实施，我们采用以下路径：先确定评价目标，再设计表现性任务和评价量规，然后完成表现性任务，最后实施评价和反思。

1. 确定评价目标

根据学校能力整体培养要求和具体项目，确定每个项目评价目标。目标内涵和确定策略等具体内容见本文二。

2. 设计表现性任务

表现性任务的设计为学生的探究提供支架和工具,记录探究的过程轨迹,助力教师和学生深度理解、发展能力,也为客观评价提供显性化依据。

(1) 表现性任务的类型

表现性任务具有复杂性和综合性的特点,针对不同的情境和不同的评价目的,类型较为丰富。

在我校的表现性任务的设计中,我们常常运用到以下几种任务类型:

① 纸笔任务　这里的纸笔任务并不是纸笔测试。而是学生通过书面的形式来呈现自己的观点和学习情况,答案是开放的、不唯一的。

在灾害单元中,我们让学生选择对上海城市可能造成影响的灾害,利用图表中的数据支撑学生的说法,写一份表述书。该任务设计了一个情境,并让学生处理一个复杂问题。在学生书面描述的任务中,可以呈现学生对问题解决的思维过程,以监测学生的探究技能的掌握情况。

② 产品制作　产品制作是学生参与积极性最高的类型。通过学生的设计和制作,了解学生对于知识技能的掌握情况。

在疫情单元中,教师让学生利用身边容易获得的材料,制作一个临时应急口罩,并自己佩戴半天作为"实验"。

③ 口头表达与角色扮演、辩论、演讲是最主要的"口头表达"的形式。

五年级的上半学期语文教材中民间传说单元,要求学生能够做到"简要复述",教师设计了"中国历史名人展",学生扮演、展示、口头表达、对来访者介绍等形式,最终作为整个项目的表现性评价之一。

(2) 表现性任务设计原则

表现性任务不仅是为了评价,同时也是促进学生探究技能发展的。在设计中,我们遵循以下几个原则:可视化、准确性、支持性。

以下,将通过我校四年级"灾害与救援"单元的说明表现性任务设计原则:

通过"灾害和救援"单元的学习,学生大致了解各种灾难产生的原因,造成的灾害和如何防治。学生将通过数据的整理分析,找出各种灾害之间的差异和特点,并了解如何根据这些灾害的特点,远离危险,进行自救,保证生命财产的安全。

最终的学习成果是为上海市民设计一个"火灾应急箱"。

通过阅读文件中的数据和文本,概括出 2 个上海的灾害、事故中你最重大的发现。(请使用不止一个数据和信息)。

(1)

_____

_____

(2)

_____

_____

(3) 通过交流,你还发现了什么?

_____

_____

① 可视化原则　"可视化"原则包括"评价目标的可视化"和"学生思维过程的可视化"。

评价目标的可视化:"灾害单元范例"中,教师把本题的观测点作为评价表与题目,共同显示给学生,让学生明确评价目标,完成任务时依照这个目标,更好地帮助学生呈现自己的探究能力,发挥学习主动性,这是评价前置最大的优势。

学生思维过程的可视化:在"灾害单元范例"的表现性任务中教师可以通过学生文本阅读和数据分析,来评价学生的探究技能维度中的"二、建立知识的联系""四、分析和解释数据""五、运用数学和计算思维"的掌握情况。在完成这个表现性任务之前,学生已在入项任务中通过图书的阅读,资料的收集,对于灾害的知识有了一定的了解。教师希望通过这样的设计,帮助学生整理数据后,发现和解释数据背后的意义,基于数据进行初步的预测。这样的一个纸笔形式的表现性任务,让整理、发现、解释、预测的探究能力都可视化了,以此促使学生探究能力的发展。

② 准确性原则　"准确性"原则包括"评价目标制定的准确性"和"题干描述的准确性"。

评价目标制定的准确性:过高和过低的评价目标都会限制学生能力的发展。

所以我们在制定每一个项目目标的时候,要充分考虑学生的"最近发展区"。这个项目是我校四年级学生的跨学科项目,学生已具有一定的探究技能,也具有了一定的数学统计、计算、柱形图等学科知识。所以教师在制定这个表现性任务的探究能力目标时充分考虑了学生现有的水平。

题干描述的准确性:"灾害单元范例"中,老师提示到"请使用不止一个的数据和信息"来概括"重大发现"。学生在这样的任务中,经历了探究的几个阶段,首先材料中的数据量很大,学生需要阅读材料,了解信息,从而筛选出有价值的信息。根据题干"不止一个数据和信息来分析",让学生明确了,还需要对数据进行比对、分析、计算等加工,只有经历这样的过程,才能探究到数据之间的关系,更是为了促进学生探究能力的形成。

③ 支持性原则　表现性任务不但为评价提供显性依据,更重要的是能够提供支架帮助和支持学生开展项目探究。其中包括"行动支架""思维支架"。"行动支架"支持学生解决问题,采取有效的行动。"思维支架"帮助学生批判性思维、反思等。"灾害单元范例"最后一题中,老师有意引导学生对相同和不同的观点,进行批判性的思考,反思自己,形成新的知识建构。

(3) 表现性任务设计步骤

以"探究能力"发展为例,表现性任务设计有以下步骤(图 2):

首先,要明确本项目化学习中的"探究能力目标",结合学生学情,细化该表现性任务的评价目标。

然后,创设可引发学生探究能力发生和发展的情境。情境不仅要真实、激发学生兴趣,可操作性也要强。所以撰写指导语的时候要指向学生重点发展的探究能力,并尽量帮助学生更好更多地显现出来。

最后,不断修改。好的表现性任务不是"一蹴而就""一劳永逸"的,之后在实践中通过教师和学生的反馈进行反复修改调整。

3. 从评价目标到评价量规的转化

在评价量规的指引下,学生在完成表现性任务时,会自己意识到自己在能力上的发展程度,就是"我现在在哪里",同时主动去发现自己的误解和学习障碍,帮助自己从当前的能力水平向更高水平过渡。评价量规伴随学生完成表现性任务,

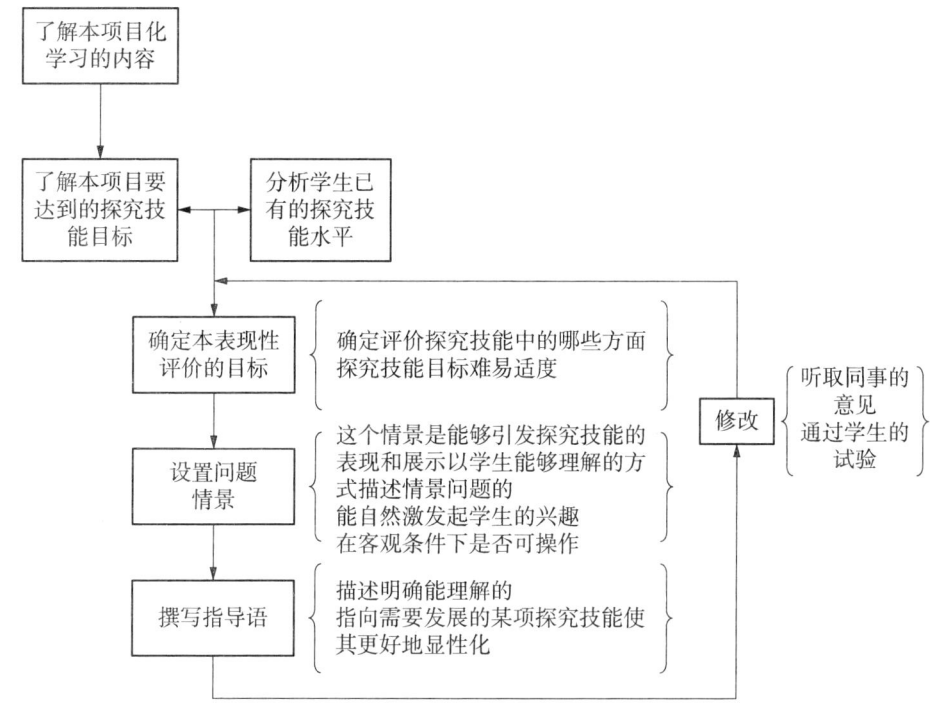

```
┌──────────┐
│了解本项目化│
│学习的内容 │
└────┬─────┘
     ↓
┌──────────┐   ┌──────────┐
│了解本项目要│←→│分析学生已 │
│达到的探究技│   │有的探究技 │
│能目标    │   │能水平    │
└────┬─────┘   └──────────┘
     ↓
┌──────────┐   ┌──────────────────────────┐
│确定本表现性│  ╱ 确定评价探究技能中的哪些方面 │
│评价的目标 │ ⎨                           ⎬   ┌────┐  ╱听取同事的
└────┬─────┘  ╲ 探究技能目标难易适度      ╱   │修改│ ⎨ 意见
     ↓                                        └────┘  ╲ 通过学生的
┌──────────┐  ╱ 这个情景是能够引发探究技能的            ╲ 试验
│          │ │  表现和展示以学生能够理解的
│设置问题  │⎨   方式描述情景问题的          ⎬
│情景      │ │  能自然激发起学生的兴趣
│          │ ╲  在客观条件下是否可操作     ╱
└────┬─────┘
     ↓
┌──────────┐  ╱ 描述明确能理解的           ╲
│撰写指导语│⎨  指向需要发展的某项探究技能使 ⎬
│          │ ╲ 其更好地显性化              ╱
└──────────┘
```

图2 表现性任务设计步骤图

所以在设计表现性任务时,应同时完成评价量规的设计。

评价目标是对于学生能力较宽泛的标准,在具体的项目任务中,需要事先开发能记录和衡量学生能力表现特质的工具——评价量规。

评价量规通常有两种通用模式。一种是整体型量规,为学生能力维度直接提供一个综合印象。如表2所示。

表2 整体型评价量规任务单

一份书单(表三)

班级_____ 姓名_____

好书单是怎样的?

我的观点(好书单的标准有哪些)	我的依据
1. 要有社会人文、文学、艺术、自然科学这几类书	教育部书库的分类上包括这几类

续　表

我的观点(好书单的标准有哪些)	我的依据
听了评论,我的反思	

我的评论

我评论了谁的什么观点?	评论的依据是什么?	自评	互评
		☆☆☆☆☆	☆☆☆ 签名:_____
		☆☆☆☆☆	☆☆☆ 签名:_____

评价能力:探究能力

评价维度:基于证据的评论;能充分使用探究中的证据进行有说服力的评论。

评价标准:

评论:首先要有个对他人观点的表态,同意、不同意、不完全同意

要能使用探究中的证据:表态要有依据,依据就是要用前面探究中学到的,感悟到的,用上至少一点

要有说服力:表态和证据间有关联

互评:邀请被评论的同学互评,完全能接受评论3星,基本能接受评论2星

另一种是分析型量规,将能力维度分解成不同的特征或者维度,分别进行评估,有需要时再综合分项,形成整体性评价。分析型量规可以更加全面、严谨地分析每一个能力维度涵盖的要求,也能更加精准了解学生或者让学生了解自己的每个能力特征。如表3所示。

表3 "一份书单"项目评选流程班级出项评价表

评价指标:
- 发展解释和设计方案(互评):能向同伴详细解释自己的设计方案,并修改现有方案,形成一份更完善的方案。
- 评价方式:互评

组号	如果你觉得他们做到了,就在星星上打钩	
第一组	<ul><li>设计了内容完善的评选方案☆</li><li>设计了切实可行的评选方案☆</li><li>能详细解释设计方案(流程是什么,围绕民主说说为什么这么设计)☆</li><li>能采纳同伴的合理建议,修改方案☆</li><li>方案中有创新点☆</li></ul>	共( )☆ 我的问题是: 我给出的建议是:
第二组	<ul><li>设计了内容完善的评选方案☆</li><li>设计了切实可行的评选方案☆</li><li>能详细解释设计方案(流程是什么,围绕民主说说为什么这么设计)☆</li><li>能采纳同伴的合理建议。修改方案☆</li><li>方案中有创新点☆</li></ul>	共( )☆ 我的问题是: 我给出的建议是:
第三组	<ul><li>设计了内容完善的评选方案☆</li><li>设计了切实可行的评选方案☆</li><li>能详细解释设计方案(流程是什么,围绕民主说说为什么这么设计)☆</li><li>能采纳同伴的合理建议,修改方案☆</li><li>方案中有创新点☆</li></ul>	共( )☆ 我的问题是: 我给出的建议是:
第四组	<ul><li>设计了内容完善的评选方案☆</li><li>设计了切实可行的评选方案☆</li><li>能详细解释设计方案(流程是什么,围绕民主说说为什么这么设计)☆</li><li>能采纳同伴的合理建议,修改方案☆</li><li>方案中有创新点</li></ul>	共( )☆ 我的问题是: 我给出的建议是:

(二) 项目化学习表现性评价实施策略

1. 结果导向评价策略

在表现性评价的实践中,我们遵循"以终为始"的理念,把学生素养目标作为实施表现性评价的最终目的,以评价"指挥"着学生学习过程和结果的优化,以评价促进教师"对接"教学评的一致性。即通过评价促进学习,通过评价先行的理念实施结果导向的评价。如图3所示。

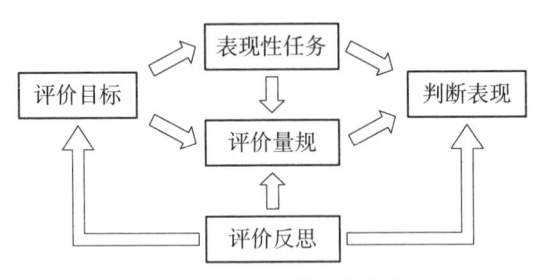

图3 表现性评价实施路径

预期结果即学生素养培养目标。表现性任务是为了检测学生在特定目标上的达成情况而设计的任务,旨在引发学生表现行为,从而收集评价证据,作为评定学生学习情况的依据。而评价量规是基于指标的评分指南,能够描述并且区分能力水平层次之间的不同。通过对比量规来判断表现,复盘表现性任务,分析学生表现,寻找和量规描述相匹配的证据,认定能力层次和水平。最后进行反思,反思是对认知的认知,真实情境下的实践和反思是建构和提升素养必不可少的环节,也是教师实施表现性评价中的重要一步。

以我校项目化学习"康外仿生造物节"为例,教师设计的工具表既是学生学习过程的记录单,又是学生自主探究的检核表。对于教师来说,在一轮轮项目化学习的实践中,工具单也随着学情、实践情况进行调整和优化,以保证评价工具表能够真正适合学生学习,并在评价工具表运用的过程中促进学生的学习。而对于学生来说,通过参与项目活动,他们能够依据评价标准来衡量自己的产品模型,并在三个标准下开拓思路、优化设计,促进产品模型的迭代,从而进一步在评价中促进自身"仿生造物"的创新能力得到深化。学生小A仿照树枝设计了树枝挂钩,但是通过自查清单对照评价标准得知,挂钩符合树枝原型的结构,但是树枝原型并没有挂衣服的功能,因此,基于第二条评价标准小A同学能够进一步修改自己的产品模型,使自己的设计更加符合仿生的结构和功能。小B同学仿照土拨鼠挖洞设计了水路机器人用来挖洞和勘探,设计意图能够为生活带来便利,在仿生的结构与功能上也符合要求,但是目前市面上已经具有性能良好的挖掘与勘探的机器了,因此,他在创新方面还需要进行考量和修改,进一步在评价过程中体现思维的轨迹、促进自身的学习。

2. 搭建思维支架策略

通过实践,我们觉得表现性评价可以看到学生素养形成过程中的思维过程和探究轨迹。表现性评价不仅是评价,更是支撑学生素养形成的工具和脚手架,发现思维的发展规律、促进学习的真正发生、实现素养的内化和知识的迁移。

以"设立职业节"的 worksheet 为例,产品制作是学生参与积极性最高的类型。教师通过学生的设计和制作,能够观察到学生对于项目化学习中关键能力的掌握情况。以"设立职业节"为例,针对在课堂上常常碰到学生提不出问题或提出没有价值的问题这一现象,我们设计了"职业小百科"和"职业节提案"的 worksheet,引导学生对已知职业信息进行对比、分析,并将自己要提出的问题、应选择的问题解决方式以及解决问题的总结经验等一系列思维过程通过 worksheet 表现出来,使学生探究能力的发展文本化、显性化。

3. 多元主体评价策略

表现性评价的实施也关注到了学生作为评价主体的重要作用,这促进了学生提升自我监控、调节以及选择的能力与素养。比如我们在进行评价的时候会将教师评价与学生自评相结合。

"评价先行"既要求教师做好预设与准备,全程参与到表现性评价中,如图4所示。同时,我们也要求引导学生知晓并参与到表现性评价中,引导学生在自评中锻炼自主判断、选择与反思的意识,发挥主观能动性,从而促进自身关键能力的形成与发展,如图5所示。

同时,我们也注重学生之间的互评,充分尊重学生的能动性,以同伴的评价促进学生学习过程和结果的优化。

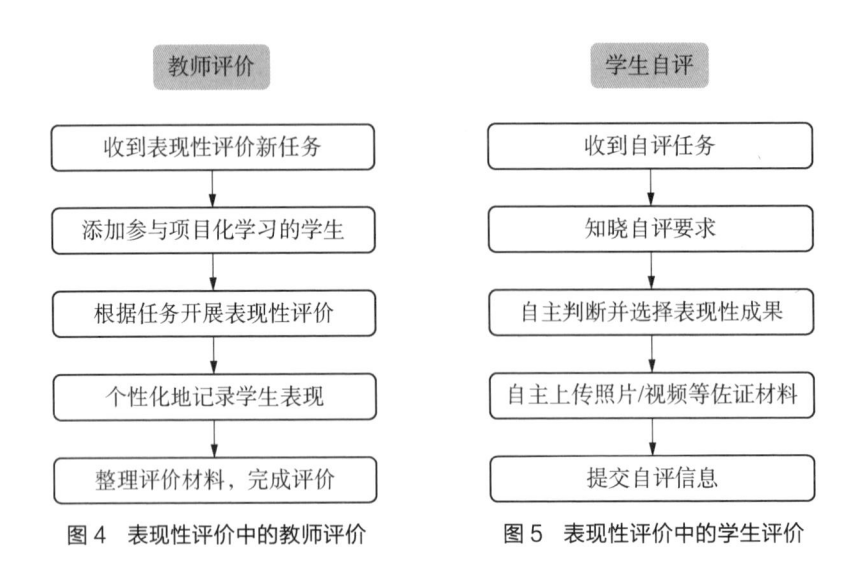

```
    教师评价                          学生自评

┌─────────────────────┐         ┌─────────────────────┐
│ 收到表现性评价新任务 │         │    收到自评任务     │
└──────────┬──────────┘         └──────────┬──────────┘
           ↓                               ↓
┌─────────────────────┐         ┌─────────────────────┐
│ 添加参与项目化学习的学生 │      │    知晓自评要求     │
└──────────┬──────────┘         └──────────┬──────────┘
           ↓                               ↓
┌─────────────────────┐         ┌─────────────────────┐
│ 根据任务开展表现性评价 │       │ 自主判断并选择表现性成果 │
└──────────┬──────────┘         └──────────┬──────────┘
           ↓                               ↓
┌─────────────────────┐         ┌─────────────────────┐
│ 个性化地记录学生表现 │         │ 自主上传照片/视频等佐证材料 │
└──────────┬──────────┘         └──────────┬──────────┘
           ↓                               ↓
┌─────────────────────┐         ┌─────────────────────┐
│ 整理评价材料，完成评价 │       │    提交自评信息     │
└─────────────────────┘         └─────────────────────┘
```

图 4　表现性评价中的教师评价　　　　图 5　表现性评价中的学生评价

仍以项目化学习"康外仿生造物节"为例，学生在"任务书"这一支架的辅助下，依照驱动性问题进行探究，在交流展示环节的同伴评价中，学生的同伴能够自主根据评价指标进行比对与衡量，从而帮助学生自身调整任务书、修改自己的产品模型，进一步提升思考和探究的能力。小 C 同学评价了小 D 同学的设计方案："第一，有时候出门在外，忽然下雨，家里的衣服还没有收进来，都被淋湿了，这确实是我们身边存在的不便，设计这样一个雨棚能够给生活带来便利，达到了第一条设计标准。第二，他希望模仿昆虫膜翅的折叠方式，设计一个自动雨棚，可以迅速方便地自动开合，这个仿生创意确实也模仿了生物的结构与功能，达到了第二条设计标准。第三，这个雨棚目前市面上还没有同类产品，而且使用和收纳方便，它富有创新性和实用性，达到了第三条设计标准。所以我把小星星送给了他。但是我认为昆虫的膜翅非常薄，做成雨棚会不会不够结实？所以我建议小 D 可以再思考一下，雨棚用什么材料制作比较合适。"

4. 反思元认知策略

反思是必不可少的环节，可以帮助学生深入思考和分析自己的学习过程和学习成果，从而促进其探究能力的发展。在本研究中，通过学习日志、反思问答、口头反思、同伴评价、自我反思、教师反馈等方式,引导学生反思,学生可以思考项目的目标是否达到、自己的学习成果和困难、能力发展的体验等,从中汲取经验教训,为将来的学习做出调整。

以"反思问答"为例:主要从四个方面引导学生进行反思:1.能力的哪个维度做得好?2.能力的哪个维度进步最大?3.能力的哪个维度可以做得更好?4.打算怎么做?

一位学生在反思"希望哪里做得更好"时写道:"调控情绪,因为我有时候会对组员不耐烦。我下次要先深呼吸,想一想开心的事再跟组员说话",可见学生元认知意识发生转变和能力得到发展能够通过思维显性化的方式,而不是通过被动接受教师说教的形式实现。

再以"自我反思"为例,在项目实施中和实施后,学生可以自主选择能够佐证自己达成评价指标的显性证据进行上传,材料的形式包括视频、照片、语音等,这旨在引导学生通过复盘与收集表现的证据来对自己的表现开展自评和反思。学生的能力发展具有个体差异性与主观能动性,因此我们允许学生用不同的表现证据对同一种能力开展自评,如图6所示,两位学生评价的同为探究能力,且自我评价都是三星,但他们提供的佐证材料完全不同。一位用演讲视频来证明他的分析评论能力,而另一位用他的worksheet来证明自身新旧知识的联结(见图6红色圆圈圈出的是两位同学针对同一项任务申报的不同能力,红色方框圈出的是不同类型的任务佐证材料)。这个过程中,学生通过任务完成比较,能够发现自己的优势和不足,而这种发现,非他人告知,而是由学生自己发现。

四、研究成效

(一) 提升了学生学习积极性,培育了学生核心素养

表现性评价让学生在学习中感受到自己的价值和能力,增强学习的自信心,从而激发学生的学习兴趣。同时能够极大地提高学生的学习动机和主动性,学生的运用知识、创新思维和解决问题等基本能力得到提升。

比如我校学生可以自主选择能够佐证自己达成的评价指标的显性证据

进行上传,凸显能力的达成,材料的形式包括视频、照片、语音等,这旨在引导学生通过复盘与收集表现的证据来对自己的表现开展自评和反思。如图6所示,两位学生评价的同为探究能力,且自我评价都是三星,但他们提供的佐证材料完全不同。一位用演讲视频来证明他的分析评论能力,而另一位用他的worksheet来证明自身新旧知识的联结。

图6 评价系统中学生自主选择的证据材料

同时,表现性评价,引导学生自身、教师以及家长关注学生素养形成的过程,发现学生成长与发展的轨迹,使学生更加自主、便捷地进行探索和思考,发挥自己的主观能动性和探究兴趣,从而提高学生的学习动机和主动性。

(二) 促进了教师的评价能力,优化了学校评价运行机制

在表现性评价的实施过程中,教师需要具备更加全面的知识和技能,包括如何观察和评价学生的表现、掌握如何培养学生的团队协作能力,以及如何激发学生的创新思维等。还要求教师关注学生的学习过程和方法,而不是只关注学生的学习成果。通过对这些能力和方法的掌握和运用,教师的评价设计与实施能力可以得到有效的提高。表现性评价驱动了教师逐步养成日常评价、融评于教的专业习惯与行为,根据学生的成长发展轨迹进行及时反馈与调整,促进了教师队伍形成具有科学性、一致性的评价共识,提升了教师的指向核心素养发展的评价的设计与实施能力。

而从学校层面来看,学校通过系统汇集不同年级、学科的学生评价数据,构建动态数据仓库,按照学校需求,形成学校学生素养发展智能分析报告,促进了学校管理决策层通过筛选、对比等方式进行学生发展数据的查看与比对,作为学校教育教学改进决策的数据参考。在学校日常管理行政会、教研活动、学期工作会议中,结合学生发展数据进行研讨,分析学生发展特点,根据数据即时调整教育教学策略,并动态监测学生发展数据变化,有效地验证了教育教学策略的有效性,不断形成了基于数据开展学校教育教学管理的工作机制。

我校开发与设计评价方式,借助表现性评价手段评估和检测学生在项目化学习中形成的素养。当然,表现性评价由于其具有一定的难度,对于教师的评价能力也提出了要求,因此在注重学生发展的同时也应注意师资力量、条件保障、多方力量的支持与合力。同时,在表现性评价的内部建构上,还应进一步细化评价指标,优化表现性任务,从而更加精准、适切地对学生的能力发展做出评价。

第三部分
教师视角：项目化学习的设计与实施

在教师层面上,我们鼓励每个老师先尝试做一个项目。在做项目的过程中,进一步理解和思索好的项目化学习设计与实施意味着什么。当项目化学习进入真实的课堂中,也许会出现多种老师没有预想到的问题,如学生对老师所提出的驱动性问题不感兴趣、学生的合作与交流"卡"住了、学生之间的学习差异很大等;也许会给教师带来很多的惊喜,如原来在日常课堂中普通的一个孩子还有这么多的闪光点、原来有些同学可以如此热情地投入课堂中、原来他们是这样理解和感受知识的价值的,等等。

而老师们也可以尝试将这些探索的点点滴滴,以关键问题的形式进行记录与反思。这些关键问题的探讨最后都会回到我们如何设计与实施更好的项目这个核心问题上,如怎样设计驱动性问题、怎样的项目成果是能够体现学生的学习的、在过程中如何给学生搭建相应的学习支架、如何对学生在项目实施中的表现进行评价等。这一部分是一些教师在探索这些问题时凝结出来的一些智慧和经验,希望能够为老师们提供一些启发。

第一章　如何形成与完善驱动性问题与子问题？

驱动性问题被很多人称之为一个项目的"心脏"。很多实施过项目的老师都会有这样一个感受：一个真实的、具有挑战性的驱动性问题对于项目的推动是至关重要的。那么，到底如何才能够设计出这样的驱动性问题呢？驱动性问题可以从学生提出的真实问题转化而来、可以从学科与真实生活的联结点挖掘而来可以从社会热议话题转化而来，也可以从其他教师设计的驱动性问题迭代而来。

有了这样的复杂、真实的驱动性问题，在项目实施的过程中，学生可能无法一下子解决这些问题，这就需要教师运用相关的技巧、方法与学生共同讨论，将驱动性问题分解为相对更简单的子问题。当然，子问题和子问题之间也需要具有一定的逻辑性。具体如何进行呢？您可以参考本章节呈现的教师设计驱动性问题、与学生共同形成子问题的操作路径和真实思考。

1. 如何设计驱动性问题及子问题？

    徐汇实验小学　陈钱刚

2. 如何进行驱动性问题的迭代设计？

    建襄小学　曾为平

1. 如何设计驱动性问题及子问题？[1]

一、关键问题

如何设计驱动性问题及子问题？

二、项目与策略

（一）项目简介

本项目是面向五年级学生的跨学科项目"空间大师"。"空间大师"是我校学校初次尝试开展的项目化学习，它是一个涉及数学、美术、劳技学科的跨学科项目。项目的产生有两方面的原因，其一是学生层面，大家总是抱怨体活课拿取器材的同学速度太慢；其二在学校层面，适逢我校十周年校庆和校舍大修，体育器材室需要翻新改建。本项目设计的驱动性问题是"如何帮助学校设计体育室器材收纳方案"。学生在这个项目中需要经历的学习过程是：

1. 分析为解决驱动性问题我们已经拥有的信息（器材数量、种类），还需要获取什么信息（器材室容积大小、各器材体积），哪些信息需要加工；

2. 测量数据（测量器材室以及器材的尺寸），通过尺寸计算出体积或容积大小；

3. 设计方案（以什么样的目的进行设计，确保器材都能够完好收纳）；

4. 制作展示（制作辅以解释方案的视觉呈现成果）。

最后形成的项目成果是设计方案与展示成果（合理的收纳方案以及解释方案的视觉成果）。本项目涉及的主要学科有数学、美术和劳技，总计10课时。

---

[1] 作者：上海市徐汇区徐汇实验小学　陈钱刚

(二) 关键问题在项目中的表现

驱动性问题是一个项目的"心脏",它是在项目的整个阶段或某个阶段的实施过程中,需要学生始终思考的问题。它兼具知识性与真实性,是沟通学生学习兴趣与真实世界的知识之间的桥梁,它赋予项目实际的意义。好的驱动性问题,是具有一定挑战的,能够激发学生的学习兴趣,帮助学生进行全面深入的学习。

面对驱动性问题的复杂性,我们可能会感到头痛,不知从何入手。这时,我们可以采用一种有效的方法,即将复杂问题分解为更简单的子问题,将复杂问题分解为子问题,可以使问题更易于理解和解决。我们可以针对每个子问题进行研究和分析,从而更好地掌握整个问题的本质。子问题是帮助解决驱动性问题的支架,通过分解和降低驱动性问题的难度,从而让学生更好地解决驱动性问题。子问题则是师生根据项目分解出一系列符合逻辑的问题,可以是根据项目类型,进行不同学科的子问题分解;也可以是按照问题解决的逻辑,分解成子问题1、2、3等。通过子问题的分解可以有效培养学生提出问题、界定问题等创造性问题解决的能力。

在"空间大师"这一项目设计过程中,经历了驱动性问题定位不准确、没有与学生生活结合的情况,而子问题的分解一开始也是老师独挑大梁,没有关注到学生学习能力,这些都是实际碰到过的问题。

(三) 解决关键问题的策略、方法

(1) 从学生的学习生活中发现驱动性问题

驱动性问题不是教师想出来的,而是教师从学生的学习生活中发现的。有可能是学生一个不经意的动作,也有可能是课后师生间的一段对话,都有可能成为一个非常有价值的驱动性问题,教师一定要多关注学生的日常学习生活。

(2) 驱动性问题的设计要加强与学生的交流沟通

与学生的交流与沟通,有助于驱动性问题与子问题的优化。教师从学生学习生活中发现的驱动性问题如何表述、如何使它真正地贯穿于整个项目化学习中,离不开与学生的交流与沟通。在不断地了解后,可以准确找到学生的兴趣点,找

到问题的根结,从而师生共同完成驱动性问题的设计。

(3) 换位思考关注最近发展区细分子问题

子问题的设计需要围绕驱动性问题进行分解,同时关注学生已有知识技能。子问题的分解不单单只有教师的参与,学生的出席也很重要。根据学生的已有能力、身心特点、学习兴趣进行子问题的准确分解,关注最近发展区,使每一个子问题都有着一定的挑战性。

(四) 如何运用上述策略、方法解决关键问题

(1) 老师们想出了一个"好问题"——驱动性问题的初设定

在解决"如何设计驱动性问题"时,学校的项目化学习教研组首先从问题本质入手,先理解什么是驱动性问题。翻阅了许多资料,在夏雪梅博士所著《项目化学习设计》一书中我们找到了这一描述"驱动性问题是项目化学习的核心要素。因为驱动性问题使整个项目活动保持持续性和一致性。学生的项目化学习是通过驱动性问题黏合在一起的。项目化学习的历程是持续探究解决驱动性问题的历程,所有的探究都不是孤立的,而是围绕驱动性问题逐渐深入的。"由此可见驱动性问题的设计,对于整个项目的实施来说至关重要,同时我们也发现了一些切入点,所谓的驱动性问题就是学生在项目中始终努力,不断需要解决的真实问题。

在"空间大师"这一项目中,学生所要解决的问题是:怎么可以使拿取器材的速度变快?确定这一方向后,驱动性问题设计的思路便出现了。老师们不断地讨论出一个又一个"老师的想法":"如果你是体育老师,你会如何设计体育器材室""如何整理体育器材可以使拿取更为便利""我们的器材室有没有问题"等等。老师们的想法非常多,但慢慢地大家觉得似乎又走入了一团迷雾,无法确定选用哪一个问题。最终拨开迷雾的还是之前所提的那段描述中的关键词"持续性和一致性"。

从这一角度进行思考和斟酌,本项目的驱动性问题应该直指学生拿取器材的速度,同时是学生可以实现又需要不断探究的问题。于是,老师们最终设计出了这样一个驱动性问题:如何帮助学校体育器材室设计器材室收纳方案?我们是从多方面进行思考的:首先虽然我们是一个类似于设计装修的项目,但考虑到小学五年级学生的条件因素,显然最终并不希望孩子去动手实施装修工作,因此设计

一个方案就非常合乎情理了。其次,有老师提到绘制体育器材室设计图,我们发现这个要求对五年级的孩子来说显然过高了。那么,如何在学生能力层面可行的情况下完成项目化学习?我们想到了以设计方案的形式来解决这一问题。

(2)"好问题"似乎有些问题——驱动性问题的修改完善

驱动性问题终于定下来了,大家都觉得这个问题很"好",我们整个项目可以很好地围绕这个问题持续开展,但殊不知这只是我们老师的想法,是我们的一厢情愿。

在学校与老师们的各方努力下,项目终于开始实施了。我们精心设计了一节入项课:通过一场有趣的器材拿取竞赛,引发学生关注;通过一组问题帮助学生整理信息;最后通过一张流程策划任务单,明确实施步骤。整堂课流程很顺利,学生参与性也很高,似乎没有问题,没想到课后与学生的一些简单交流引发了再一次思考。

在我们项目化学习教研活动中,有老师反馈这样一个情况,学生在课后和授课老师谈论到"老师这个课好有趣,但是我们为什么要做收纳方案?",这让我们意识到了老师们所设计的"好问题"并不是学生眼中的"好问题"。在入项课中,授课老师有意识地反复强调,我们整个项目都将围绕这一驱动性问题进行,我们最终就要解决这个驱动性问题。我们设计与授课时注意到了驱动性问题的关键词"持续和一致性",但却把最基本的"驱动性"给忽略了。之后我们不断与学生交流,从学生的反馈来看,"如何帮助学校体育器材室设计器材室收纳方案?"这一问题并没有激发他们的兴趣,教师也没有把项目的整体面貌呈现给学生。

这时我们已经发现,单靠我们自己的教研组能力已然不足,闭门造车是不行的。我们开始积极地参与区内项目化学习展示活动,并在参与后进行总结分享,慢慢地我们发现驱动性问题的设计并没有这么简单,应该有更为详细贴切的背景描述。同时也认识到了好的驱动性问题,是来源于孩子的实际生活,是他们非常感兴趣的内容。同时问题也应该对孩子现阶段的认知和思考水平有一定的挑战性,但又不能太难,否则会让孩子失去探索的热情。此外,它应该指向某一知识的本质,且具有可探究性,孩子在这过程中的发现和认识,具有可迁移性。

根据对于驱动性问题新的理解,我们修改了驱动性问题,重新定义为"同学们都非常喜欢学校的体育活动课,35分钟的每一分钟都不想浪费。拿取器材的同学总是被同学们抱怨,拿的速度太慢了,但他们自己也苦不堪言,不是他们慢而是学校体育器材室太乱。同学们,我们如何帮助学校,设计体育器材室的器材收纳方案?"在第二个班级授课时,使用的就是新的驱动性问题。课后我们有意识地与学生进行交流,反馈结果好于第一个班级,学生们都觉得这个项目是与自己切身相关的,而且真的能对自己的学习环境产生变化,并且对于项目的整体概貌以及解决思路有了一定的想法,学生们的主观能动性大大提高。

(3) 师生共同完成的"好问题"——细化驱动性问题的子问题

随着项目化学习开展,老师们参加的培训也越来越多。我们发现原来项目的真正实施不是仅仅有一个驱动性问题就可以的,还需要把问题进行分解细化,成为一个一个的子问题。

老师们根据自己的日常生活习惯,从问题解决步骤入手把驱动性问题分解成了这样4个子问题:

- 怎样设计一个方案?
- 器材室器材该如何摆放?
- 怎么使小组方案在竞标会中脱颖而出?
- 谁是班级之星?

我们的设想是,通过这4个子问题的深入研究并解决,最终能解决驱动性问题。在学生设计流程策划单这个教学环节中,教师也会有意识地把步骤往这4个子问题上去引。课后我们拿着学生的任务单讨论时,发现我们虽然以项目化学习的方式在上课,但我们并没有从根本上转变,我们还不够项目化。

教研组集中讨论,各自阐述"不够项目化"这一问题出现的原因。从总结老师们互相交流的想法后发现:我们是从教师这一成人教授者的身份角度在进行思考设计。然而,我们应该更多地思考学生是怎么认为的,需要与学生更多地交流。通过查阅任务单我们发现,大部分学生都按照参考步骤或老师引导在写,但有几组的学生任务单中写着这样的步骤,如"测量器材的大小""测量器材室大小""选择合适的收纳设备"等。老师理所当然认为的"器材该如何摆放"这一子问题,被学生根据自己实际的知识与能力进一步分解,甚至他们想得更细致,把"器材该如何摆放"这一问题,从测量对象、选择收纳设备到设计方案进行再次分解。项目化学习真的很能启发学生的思考,调动学生的已有知识能力进行素养培育。

于是,我们对驱动性问题与子问题又进行了一次修改,把驱动性问题中单独的"收纳方案"改为了学生建议的"收纳与采购方案"。子问题也在教师与学生交流后进行了补充和细化:

- 怎么样设计一个方案?
- 如何知道各种器材及器材室大小?
- 如何摆放,使拿出便捷?
- 如何确定收纳设备采购数量?
- 怎么使小组方案在竞标会中脱颖而出?

在师生的共同努力下,我们的驱动性问题与子问题终于是"好问题"了。

三、对关键问题的新的理解与思考

驱动性问题与子问题的设计,一定是刚接触项目化学习的老师都会犯难的问题。这时教师通常会找伙伴一起交流讨论或是找一些前辈取经。首先这两个做法都是对的,但在真正开始设计时一定不要忘了"换位思考"这四个字。把老师与学生进行换位,从教授者到学习者的思考换位,通过不断地与学生交流,清楚了解学生们的想法,再进行驱动性问题的设计以及子问题的分解。与学生的换位思考与交流,可以使我们了解到什么问题是真的发生在他们的日常学习生活中的,其次也能知道学生们对于问题的理解到了哪个程度,需要哪些帮助。

我也反思过我自己的做法,思考怎么才能使项目化学习中问题的设计更进一步,更细致,更引起学生的共鸣。我发现,驱动性问题的开放程度很重要,要根据不同年级以及学生的学情制定不同的开放程度。比如三年级学生,虽然知识技能可能不如高年级,但是他们的想象力丰富并且敢于表达自我,驱动性问题中的描述可以少些直指最终成果的词比如方案、模型、介绍等,充分发挥他们的创造力。而五年级虽然技能相较三年级更为熟练,但由于年龄导致的身心特点,会需要更为明确的目标,帮助他们找到最终解决路径。因此可以选择在驱动性问题中加入路径的指引,如:做一个怎样的作品、设计一个怎样的方案等。

  最后我想引用一段泰戈尔的话:世界上什么最容易?指责别人,推给别人去做。世界上什么最难?改变自己。项目化学习是一个比较有挑战的教学方式,从事项目化研究的老师们,要尽可能少指责多改变,只有我们老师自身改变了,学生才能真正受益。

2. 如何进行驱动性问题的迭代设计?[①]

一、关键问题

如何进行驱动性问题的迭代设计?

二、项目与策略

1. 项目简介

"遇见未来的自己"是面向小学三年级学生的活动项目化学习,旨在激发孩子们对未来职业生涯的想象与规划,涉及的学科包括语文、美术、数学、道法、自然、信息等,共计12课时。在项目实施过程中,学生将通过多种动态互动环节,如深入阅读、家长课堂、职业探索体验以及雏鹰小队等活动来构建知识和能力。学生参与了富有教育意义的职业体验,深入了解了各种职业的特点,将职业分为四大领域(研究型、技能型、社交型和经管型),并亲手制作了个性化的求职简历。这一过程不仅让学生们形成了关于职业的神圣与平等的观念,还帮助他们发掘个人优势和潜力,为树立清晰的职业意识打下了基础。

"遇见未来的自己"还细化为四个子项目,每个子项目针对学生不同的兴趣和特长进行设计。学生们可以选择参与画文同步、演讲、模拟招聘会或辩论赛,通过这些多样化的成果展示方式呈现自己的才能,同时体验多元化的职业角色。项目不仅体现学生个性化学习路径的探索,也是他们发现自我的过程。图1是"遇见未来的自己"职业体验活动项目化学习的整体流程图。

子项目"模拟招聘会"的驱动性问题是:乘着时光机,我们来到了2040年。你

[①] 作者:上海市徐汇区建襄小学 曾为平

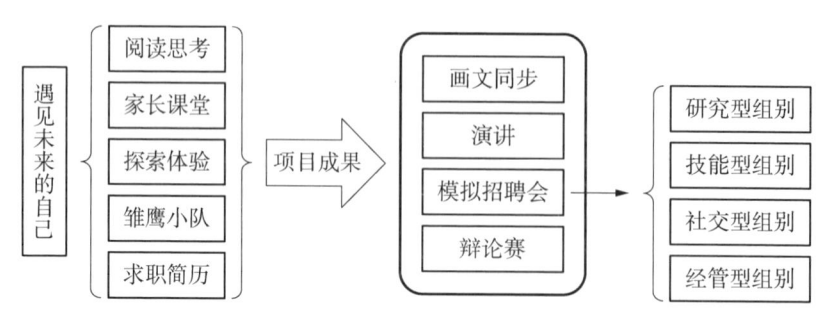

图1 "遇见未来的自己"项目化学习整体流程图

惊奇地发现与2019年比,社会发生了巨变。想象一下,那时你已经学业有成,满怀信心地去寻找自己的工作。一个盛大的招聘会即将在上海国际博览中心召开,作为求职者,你会怎样争取到自己心仪的offer呢?在这个子项目的探究过程中,学生的创造性体现在:不同求职类型组别的学生需要再次结合已有的知识经验和小组合作进行调研和设计、创造等,根据招聘要求完成不同的招聘任务,在反思修订的过程中不断完善作品,并在模拟招聘会中顺利拿到offer。学生在项目过程中对职业体验和职业规划有更加深入的理解和认识。

在"模拟招聘会"的准备过程中,我们也在思考:怎样在模拟招聘会中深入推动学生的职业体验呢?学校项目设计组老师们经过商议后,我们决定在招聘会中采取无领导小组的形式进行模拟招聘,并针对前期的项目实践划分的四大职业类型提出不同的具有挑战性的任务。

2. 关键问题在项目中的表现

在"模拟招聘会"项目的设计中,主要的驱动性问题是如何让学生在模拟的环境中体验真实的职场挑战和竞争,同时激发学生的学习兴趣和深度思考。然而,存在的问题是原有的驱动性问题可能过于抽象,缺乏针对性,学生难以将其与现实工作环境和个人职业规划紧密联系起来。为了解决这一问题,需要对驱动性问题进行迭代设计,让驱动性问题更具体化、实际化,更贴近学生未来可能面临的职业环境和挑战。我们要认识到随着学生对项目内容的深入理解,他们的学习需求和兴趣点可能会发生变化。迭代设计驱动性问题的同时,也要适应学生的发展阶段和认知能力。同时,迭代设计后的驱动性问题也鼓励学生从不同角度和深度探究学习内容,而这种探索过程会促进学生深层学习和批判性思维的发展。

3. 解决关键问题的策略、方法

设计驱动性问题的关键在于创设真实且富有挑战性的学习情境,这对激发学生的学习兴趣、培养学生问题解决能力和促进学生深度思考有着重要意义。因此,在设计驱动性问题的过程中我们应注意:

(1) 深化学生对驱动性问题的思考,增加问题的开放性

开放式的问题设计能促进学生进行广泛的思考和创新,这也能帮助学生从多个角度分析问题。这种深度思考的过程有助于学生发展批判性思维和提高解决问题的能力。通过探讨开放性问题,学生能够学习如何应对复杂问题并进行深入分析,探索多种可能的解决方案。这不仅增强了他们的认知能力,还培养了创新和适应不断变化的世界的能力。

(2) 提升驱动性问题的真实性和相关性

将驱动性问题与学生的生活和经验紧密结合可以极大地提升学生的学习投入和兴趣。增强驱动性问题的真实性和相关性有助于学生将学到的知识和技能应用于现实世界的具体情境中。提升驱动性问题的真实性和相关性不仅能激发学生探索的好奇心,还有助于培养他们解决实际问题的能力,加深对知识和技能的理解和应用。

(3) 强化团队合作在驱动性问题解决中的作用

团队合作对于解决驱动性问题至关重要。鼓励学生在小组内进行协作可以提升学生在共同解决问题时的参与感和投入程度。合作的过程不仅有助于学生学习如何有效沟通、分工合作,还能促进他们在多样化的思维和观点中找到解决问题的新方法。此外,团队合作还有助于培养学生的社交技能、领导能力和团队精神,这些技能对他们未来学习和职业生涯的发展是至关重要的。

通过上述策略,可以让学生在项目化学习实践中更好地进行知识与能力的建构,而且能够让学生在解决实际问题中发展批判性思维、创新能力和终身学习能力。

4. 如何运用上述策略、方法解决关键问题

(1)"模拟招聘会"驱动性问题初设计

经过老师们的初步讨论,我们打算在"模拟招聘会"学生培训的过程中,根据四大领域不同职业类型设计四个无领导小组进行模拟招聘面试,并将学生以8人为一组分领域进行展示活动。在这个过程中,招聘面试官会下发不同类型职业的任务,小组应聘人员需要分工明确,在规定的时间内进行组内讨论、设计以及完成相关成果的展示。面试官在这个过程中通过观察和相关评价标准筛选录取对象并发放 offer。

在整个模拟招聘会过程中,不同职业领域的任务不同,对应的驱动性问题也各不相同。最初的驱动性问题设计如表1:

表1 "模拟招聘会"的驱动性问题设计

职业类型	驱动性问题设计
研究型	通过阅读新型冠状病毒材料,如果你是医生、老师、……(研究型领域职业),你能为抗疫作出贡献吗?
技能型	你能用意大利面和棉花糖搭建一个建筑吗?
社交型	设计一场直播进行带货,你能吸引观众购买你的商品吗?
经管型	怎样管理你的零用钱,你能制订一个计划吗?

考虑到三年级学生对招聘形式和流程了解并不多,我们还准备开设应聘者培训和面试官培训两项内容,以期保证整个模拟招聘会能顺畅进行。

(2)"模拟招聘会"项目实施中遇到的问题

在"模拟招聘会"的项目推进过程中,我们发现设置的驱动性问题并不能很好地引导学生推进项目探索和小组合作。驱动性问题应能引导学生进行深入思考,并激发他们的学习热情。然而,在实际操作中,如果我们驱动性问题设置不当可能会影响学生的学习效果和参与程度。以下是我们对这些问题的具体分析和反思。

① 驱动性问题开放性不足 经过组内老师们讨论,我们发现初设计的"驱动性问题"并没有真实情景的依托,同时以"你能……?"的形式提问,指向的都是封

闭性答案,并不具备驱动性问题的开放性特征,属于事实性问题。因此,这些问题本身的表述就存在问题。例如,第一个问题针对研究型职业"你能为抗疫做出贡献吗?",虽然引导学生思考在特定职业中如何应对疫情,但可能限制了学生思考的范围。

4个领域的驱动性问题设计较为封闭,很多学生仅在提供的职业框架内思考,而没有对其他职业进行探索。类似的,第二个问题是关于建筑设计,但限定了使用意大利面和棉花糖这两种材料,这可能会限制学生的创造力,他们可能更关注如何使用这些特定材料,而不是建筑设计的整体创新。因此,我们必须重新构思这些驱动性问题,确保这些问题既基于真实场景,又足够开放,从而激发学生跳出现有框架,进行更深入和创新性的思考。

② 驱动性问题缺乏真实性和灵活性 在本项目中,设计的驱动性问题应更紧密的关联学生的日常生活和未来职业规划。目前初步设计的四个问题在真实场景的反映上存在不足,因此在问题的真实性方面需要进一步改进,我们在对驱动性问题的迭代设计的过程中需要提高问题的真实性,并鼓励学生从自身经验出发,结合未来职业规划进行深入思考和探索。

我们还发现,设计的驱动性问题并未充分利用学生的多样性和团队协作的潜力。在无领导小组面试中,团队协作可能是一个关键内容,而驱动性问题的设计并没有明确体现这一点。尽管学生可以根据自己的最初的职业规划选择对应的招聘任务,但随着项目的推进,学生对各种职业都有更深入的了解。很多学生对未来想从事的职业可能会发生改变,但驱动性问题又是针对特定职业类型的任务,这就会导致很多学生的项目探究兴趣减退,从而导致部分小组的分工合作难以开展。因此,为了维持学生的探究兴趣并有效促进团队合作,驱动性问题的设计需要更加注重灵活性。

总体而言,这些驱动性问题设计可能需要结合学生的知识经验和已有水平,提供足够的开放性以激发创造力和批判性思维。同时,驱动性问题应鼓励学生团队合作,将个体的多样性和集体智慧结合起来。

(3) "模拟招聘会"驱动性问题的迭代设计

通过反思,我们对驱动性问题进行再设计,重点关注增加真实的问题情境、增加问题的开放程度让学生充分提出自己的观点、分析推理并以更加多元化的方式进行成果展示。

① 增加问题的开放性以深化学生对问题的思考　在项目组老师们的讨论会议上,我们发现初期设计的问题过于简单且封闭,以"你能……吗?"的提问方式,这种提问方式本身也存在很大的问题,在很大程度上限制了学生的创造性和思维的广度。为了突破这一局限,我们需要将问题转变为开放式和具有创新性的问题,例如改为"你们将如何……?"或"你们会怎样……?"。这种形式的提问鼓励学生在小组内展开讨论,共同探索和分析问题,这不仅增加了问题的开放性,同时也为学生提供了更大的思考空间和创新可能。

② 结合项目的未来情境设置更真实的问题与任务　在学生的小组讨论中,我们也关注到学生的反馈。有些学生针对第三个驱动性问题提到:虽然近几年直播带货盛行,但未来世界的发展趋势难以预料,直播带货再在 2040 年流行的可能性并不大。有些学生针对第四个问题提出未来社会能够达到无纸化,零用钱的管理和如今社会可能也存在很大差异。

这些反馈引起我们的思考,驱动性问题应更深入地探索未来世界可能出现的新兴趋势和变化,而不仅仅局限于当前的热点或已有的认识。为了提升驱动性问题的真实性和相关性,我们对项目的驱动性问题设计进行了调整。同时,我们还将问题与未来社会发展的趋势相结合,鼓励学生思考和探索未来社会中可能遇到的复杂挑战。这种改进不仅增加了问题的真实性和相关性,而且激发了学生对于未来世界的好奇心和创造力。

③ 融入团队合作以提高驱动性问题的吸引力和参与度　在项目设计中,我们特别强调了在驱动性问题中增加具体职场情境和挑战性。除此之外,为了更有效地模拟真实的职场环境,我们在重新设计的驱动性问题中融入了团队合作的要素。每个问题都转化为一个模拟职场的团队挑战任务,鼓励学生在小组内进行紧密合作。通过这种方式,学生在解决驱动性问题的过程中能够更好地模拟和体验职场环境,维持和增强他们的探究兴趣,同时为未来的职业生涯做好准备。表 2 是重新设计的驱动性问题:

表2 驱动性问题迭代设计

修改前	修改后
1. 通过阅读新型冠状病毒材料,如果你是医生、老师、……(研究型领域职业),你能为抗疫作出贡献吗?	1. 2040年,科技飞速发展,各行各业都发生了巨变。回想起2020年爆发的新型冠状病毒,仍然历历在目!近期,国际卫生组织通报曾经的新型冠状病毒经历了数种变异,仍然在世界各地流行,现在甚至可以在动物之间进行传播!各领域人才纷纷建言献策,进入职场的你们在你所在职业领域可以为抗击新型冠状变异病毒做些什么?
2. 你能用意大利面和棉花糖搭建一个建筑吗?	2. 2040的工程师们,你们好!我们正在进行地球环保行动,从今天起全球将停电一小时!因此所有计算机均无法使用!这一小时内我们将进行建筑设计大赛!请各位设计师用身边的材料,发挥想象搭建一个建筑!你们会怎样呈现你的设计思路和想法,进行成品展示呢?
3. 设计一场直播进行带货,你能吸引观众购买你的商品吗?	3. 2040年,信息网络科技更加发达,大家更加乐于在开放的网络平台上分享自己的生活!作为2040的职场人士,你们要分享你的职场生活和故事,会怎样设计一场在线直播吸引观众关注你呢?
4. 怎样管理你的零用钱,你能制定一个计划吗?	4. 2040年,工作办公、学习几乎都已经实现无纸化!当然,电子支付也越来越发达,几乎取代了纸币的存在!各种各样的银行和金融app层出不穷!面对各种各样的支付方式和金融产品,你们会怎么管理你的收入和支出呢?请讨论话题并制定一份合理的收支计划表。

调整驱动性问题后,我们发现孩子们对无领导小组的任务很感兴趣。为了方便组内课后交流,我们以班级为单位进行分组,除了培训中提到的小组讨论交流、制作小报、情景剧表演之外,同时也鼓励学生在条件允许的情况下创造更多的活动和想法。开放性的任务让学生的多维度解决问题能力和创新能力得到提升。通过驱动性问题的调整,我们发现学生们在项目过程中的主动性和参与度显著提升。

三、对关键问题新的理解与思考

在回顾"模拟招聘会"项目实践活动中,我们对驱动性问题的设计有了更加深刻的理解和认识。我们意识到设计好的驱动性问题是激发学生深层次思考和学习动力的关键。这种设计应超越单纯的知识回顾,转而促进发展学生的批判性思维、解决问题的能力以及自我导向学习的能力。我们也形成了新的理解和反思,在今后设计驱动性问题的过程中,我们还需关注到:

1. 驱动性问题设计应具备适应性和挑战性

教师在设计驱动性问题时,应考虑学生的先前知识、技能水平以及他们的学习风格。通过差异化教学策略,如为不同能力水平的学生提供不同层次的问题,可以确保每个学生都能在适合自己的水平上完成具有挑战的任务。在设计驱动性问题的过程中可以通过学生的反馈来调整问题难度,确保挑战性与学生的个人成长相适配。此外,在项目子问题的设置中可以设置难度递增的问题,使学生能够在完成初级问题后,逐步过渡到更高层次的思考。

2. 驱动性问题设计应具备多样性和包容性

在设计驱动性问题时,我们教师应意识到班级内学生的差异,包括不同的家庭教育、性格和认知风格等。因此,驱动性问题应该足够开放,能够让所有学生从自己独特的视角展示自己的想法。同时,驱动性问题设计应鼓励所有学生参与,确保每个学生都有参与的机会。

通过对这些驱动性问题迭代设计策略的实施和反思,我们意识到教师在驱动性问题设计中扮演的角色绝非仅是信息的传递者,而是学生个性化学习路径的引导者和支持者。设计好的驱动性问题不仅反映了对学生差异的尊重,也体现了对教育多元化的理解。在未来的项目化实践中我们将继续优化这些策略,让每个学生都能成为能够自主学习、思考和解决问题的终身学习者。

第二章　如何进行知识与能力建构？

学生在项目化学习实施中的问题解决离不开他们对核心知识与能力的建构。好的知识与能力建构课可能会呈现出不同的样态，但也会有一些共同的特征。好的知识与能力建构能够精准地指向项目目标、允许学生经历"有效失败"、能够迭代学生的项目成果。[1]

在项目设计与实施中，建议教师要先明确项目化学习中所要建构的核心知识与能力是什么，学生经历怎样的学习过程能够习得这些核心知识与能力、设置相应的项目成果评价学生是否理解了相应的关键概念、掌握了相关的核心技能。同时，学生在探索的过程中，教师可以允许学生进行自主尝试，经历"有效失败"的环节，然后再给予学生相应的支持或引导。

而项目化学习的知识与能力建构课也表现出与传统的知识讲授课等不同的特点，如更关注以关键概念来整合知识点、更鼓励学生暴露出在这些关键概念理解上的"问题"等。本部分的内容与学习支架的搭建、学习成果的评价也是紧密相关的，教师在阅读这几个部分时可以互相关照与整合。

3. 项目化学习中的知识与能力建构课与传统讲授课有什么不同？

　　上海教科院实验小学　于萍

4. 如何在科学项目中进行知识能力建构？

　　启新小学　方慧琳

---

[1] 夏雪梅.项目化学习的实施：学习素养视角下的中国建构[M].北京：教育科学出版社，2020：179-180.

3. 项目化学习中的知识与能力建构课与传统讲授课有什么不同？[①]

一、关键问题

项目化学习中的知识与能力建构课与传统讲授课有什么不同？

二、项目与策略

1. 一个关于"学习桌"的项目案例

我们设计了名为"有'角度'的学习桌，选不选？"的小学四年级数学学科项目。确定这个项目，是因为虽然日常生活中的角比较常见，但数学中角的概念比较抽象，难于理解。同时，学习桌中的角与学生密切相关，且具有一定的探究空间。因此，在本项目中，学生借助学习桌及其使用过程中产生角的多样性，深入理解角的相关概念。

我们设计的驱动性问题是："解锁更多角度，用眼更加舒适"。这是一款桌面可倾斜学习桌的广告词。是否要购买这样的学习桌？它是否可以起到护眼的效果呢？作为一名测绘工程师，请你分析判断学习桌的护眼科学性。

在入项阶段中，教师先介绍了测绘工程师的基本职责。在学生进入到问题情境后，他们通过头脑风暴讨论出学习桌护眼科学性的简易判断标准：看得清楚（最佳视野俯角）和看得舒服（最佳舒适俯角），进而对驱动性问题的解决方案达成了基本共识。

学生接下来探索了三个子问题：学习桌及其使用中的角有哪些？如何测量和计算合理的书桌桌面角度？可倾斜学习桌使用中的俯角科学吗？在这些问题的

[①] 作者：上海市教育科学研究院实验小学　于萍

探索中,学生在初步理解角的概念的基础上,测绘平面桌和桌面可倾斜学习桌使用过程中的最佳视野俯角和最佳舒适俯角。通过角的大小比较和角的计算,他们判断出平面桌无法实现最佳视野俯角和最佳舒适俯角的双效,不能做到既看得清楚又看得舒服;可倾斜学习桌可以利用桌面的倾斜角度达到"既看得清楚又看得舒服"的理想状态。最后,学生完成学习桌测绘报告,并在书桌购买决议会上阐释自己的探究过程及结论。

2. 关键问题在项目中的表现

项目化学习需要指向学生的知识与能力建构。那么如何实现建构呢?在入项课之后,作为测绘工程师,学生要判断桌面可倾斜学习桌的科学性,就必须要掌握角的认识、角的计算和测量、角的画法等知识与能力,那是不是要先把这些知识学习完,再运用所学来解决驱动性问题呢?这样的知识与能力建构课与传统讲授课又有什么不同?只不过是新瓶装旧酒,换汤不换药罢了。那二者到底应该有什么不同?

3. 对问题的回答或提炼出的策略、方法

在项目化学习推进中,我们梳理出了传统讲授学习与项目化学习中知识与能力建构的不同表现(见图1):

	传统讲授学习	项目化学习
在什么氛围中学	坐中学 →	做中学
按什么流程学	拆开来学 →	合起来学
用什么方法学	被动改错 →	自主试错

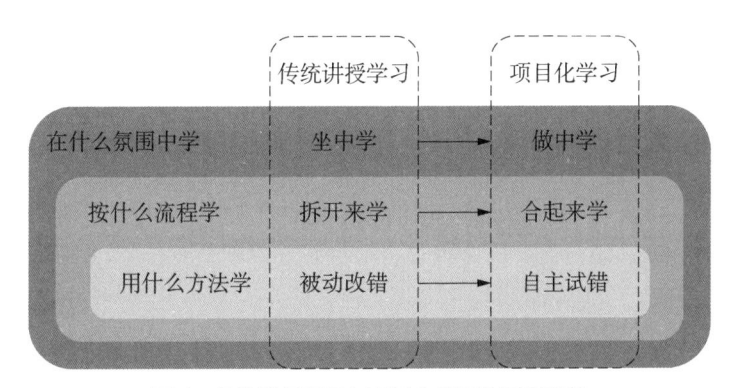

图1 传统讲授学习与项目化学习的不同表现

(1)在什么氛围中学:从"坐中学"到"做中学"。不同于传统讲授课堂中学生静静坐在教室里从书本中学习知识,项目化学习中知识与能力的建构与做项目紧密结合,做中学、学中做,外显的活动带动脑内的思维活动,让学生基于直接的活动经验进行深刻感悟与反思。

（2）按什么流程学：从"拆开来学"到"合起来学"。与传统讲授学习按照学科知识的逻辑逐个攻破知识点与技能点不同，项目化学习中知识与能力的建构是指按照现实生活的逻辑，将知识与知识、知识与生活关联起来进行整体性、多轮次的学习。

（3）用什么方法学：从"被动改错"到"自主试错"。与传统讲授课中先学后练、练中改错不同，项目化学习中知识与能力的建构是探索中试错、试错后反思、反思中学习。

4. 如何运用上述策略、方法解决关键问题

在本项目中，学生经过一系列探索活动后，完成了学习桌护眼功能测绘报告（见图2）。在项目成果的探究过程中，学生通过寻找学习桌及其使用过程中的角，加深了对角概念的理解；学生通过对最佳视野俯角和最佳舒适俯角的测量与绘制，学会了量角和画角，增强了空间观念；学生通过对平面桌和桌面可倾斜学习桌科学性的论证，掌握了角的大小比较和角的计算方法，萌发了几何推理意识。我认为这样的知识能力建构课与传统讲授课有如下几点不同：

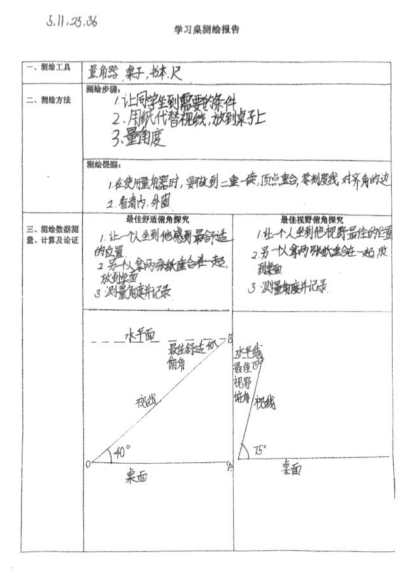

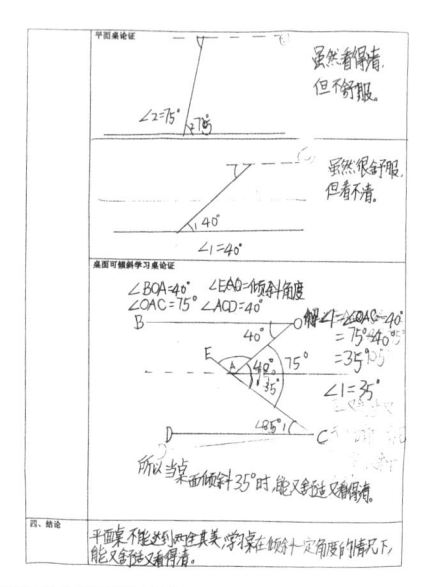

图2 项目成果：学习桌护眼功能测绘报告

(1) 学习样态:散点-静态知识 vs 整合-动态知识

传统讲授课中,学生端坐在教室里,学习教材中相对零散的知识点,不易体察到知识从何而来,也不易看到知识之间的联系,以及在现实世界中的用处。单元整体教学理念的兴起,很大程度上缓解了知识之间的割裂,而项目化学习正是落实这一理念的重要方式。项目化学习中,学生从座位中走出来,在一个大的问题情境中全身心投入,手脑并用,由动手带动动脑,由动脑指导动手,相关的知识与能力也黏合在一起,彼此支撑,形成一个"知识、技能—能力—素养"结构网。

现将传统课堂学习与项目化学习的部分要素进行了比较(表1):

表1 传统课堂学习与项目化学习的部分要素对比

	传统课堂学习	项目化学习
学习者身份	学生 知识接收者	测绘工程师 问题解决者
学习目标	1. 进一步认识角,建立角是"一点和从这一点出发的两条射线所组成的图形"的初步概念。 2. 能用量角器量出角的大小,并按要求用量角器。 3. 能进行简单的角的加减法计算。	1. 能将书桌使用过程中产生的角抽象成数学中的角,并能根据平面角想象出书桌使用过程中产生的角,体会二维与三维之间的相互转化。 2. 能综合运用量角、画角、计算角等手段,形象直观地判断或描述两类学习桌护眼的科学性。
学习情境	多个零散情境的串联	判断桌面可倾斜学习桌护眼科学性的大问题情境
学习效果	1. 掌握各知识点。 2. 会运用所学知识完成习题。	1. 各项知识与能力统整在桌面可倾斜学习桌的问题情境中,包裹在空间观念的大概念中,学生更容易看到量角、画角和计算角等知识间的联系,帮助学生对角概念及其相关知识形成整体理解和建构。 2. 诸多知识在"测绘工程师"的头脑中分工合作、动态整合,让学生有机会像专家一样,拥有综合运用这些知识与能力解决现实大问题的经验。

(2) 学习路径:点状推进式 vs 螺旋循环式

表2 学生知识与能力的建构包裹在现实问题的解决路径中

	传统课堂学习	项目化学习
实施过程	教角的认识 教角的度量 教角的计算	入项:以问题驱动学生对知识的学习,让学生产生学习新知识的强烈的愿望
		子问题1:学习桌及其使用中的角有哪些? (理解角的概念、理解角的记作方法、会根据角的大小对角进行分类)
		子问题2:平面书桌使用中的俯角科学吗? (认识量角器、会正确使用量角器量角和画角、能进行角的大小比较)
		子问题3:可倾斜学习桌使用中的俯角科学吗? (会用量角器量角和画角、能进行角的加减法计算)
		出项:书桌购买决议会 (通过对小组探究过程及论证结论的阐释和对现场问题的即兴回答,再次在运用知识中深化对知识的理解)

传统讲授课中,知识间的排列组合被安排得明明白白,先认识角,再量角和画角,最后计算角。而且对每个知识点的学习,主要是先学后练,基本呈点状推进,每个点的学习时间较短。这样的知识建构路径清晰简洁,数理逻辑性较强,但学生不易感悟到知识的深度与知识间的相互联系,理解多浮于表面,且容易遗忘。

项目中知识与能力的建构路径包裹在现实问题的解决路径中,在做事情的过程中学习新知、边做边学,且对问题和相关知识的思考是长时间的、持续的。例如,学生在探究最佳舒适俯角的过程中需要基于对角的基本认识进行量角和画角,在探究最佳视野俯角时仍然需要量角和画角。学生的量角和画角本领在完成这两个有关联任务的过程中,由不会到会,由粗浅理解到深入理解,一步步螺旋循环上升。同时,随着项目的推进,学生对角的认知与理解也不断深入迭代。例如,有的学生在测出最佳舒适俯角和最佳视野俯角后,想不到俯角与护眼科学性之间的关联,这主要是由于学生对角的认识维度单一。在师生共同研讨后,逐步认识到可以利用角的大小比较和角的计算来论证护眼科学性,如表2所示。这一转变使得学生在问题解决的过程中不断丰富着对角知识的理解,同时也让学生切身体会到了角知识的现实价值。

(3) 学习策略:指向"对"的消错法 vs 基于反思的试错法

在传统讲授课中,错误常常是师生避之不及的,课堂上更是致力于消除错误、追求正确。当然,新的教学理念越来越重视对错误的分析,但对错误的纠正往往还停留在教师或同伴的告知或者简单的言语交流层面,主动的反思和基于反思的再探索缺乏足够的机会和时间。

而项目中的知识能力构建课非常重视学生的试错,更把学生的错误看作是"有效"失败。例如,在测量最佳舒适俯角和最佳视野俯角时,先让学生小组合作探究,过程中暴露出问题,如在测量视线与桌面夹角的过程中,因忽视量角器底部的一段空白,而没有把角的顶点与量角器的中点对齐。教师发现问题后,让学生暂停活动,反思交流,发现错误,彼此启发,深刻理解量角时"两重一读"的意义和必要性,并锻炼了灵活变通、遇到问题想办法解决的实践智慧和做事经验。通过试错—暂停—交流讨论等一系列动作,让学生通过直接经验真正实现了错误观念的修正,进而从错误中学到了更多。

三、对关键问题的新的理解与反思

本项目知识与能力的建构在学习样态、学习路径、学习策略等方面实现了突破。学生通过论证学习桌护眼科学性的真实任务,做中学、学中做,利用探究过程中"有效失败"等直接经验,在角的相关知识之间、角与现实生活之间进行关联,最终完成了知识与能力的构建,并在过程中渗透了空间观念的养成。同时,通过项目实施中的不足,进一步思考了传统课堂学习与项目化学习在知识与能力建构方面的不同。

1. 学习组织形式:如何实现从"个体学"到"团队学"

传统课堂中,学生主要是以"个体"为单位开展学习的,虽然也会有小组讨论、小组合作,但只是临时组建起来的松散小组。而项目化学习中,真实情境中的学习任务都是以小组为单位开展的,需要小组凝聚成"团队",具备良好的合作力,本项目在这一方面有很多不足。

场景描述:小组在对桌面可倾斜学习桌的相关角度进行计算时,需要在洞悉相关角的大小关系的基础上，进行灵活的转化并计算，具有较高难度。于是多个小组内呈现出这样的画面：一两名"小学霸"边想边画边计算，其他组员要么在旁边发呆，要么沉浸在刚才有趣的量角活动中。

提出问题：在面对较难任务时，如何让小组每位成员都高度参与贡献力量，而不是让个别组员的想法替代团队想法呢？这个问题直接关系到学生知识与能力建构的成效。

2. 学习评价：如何做到从"纸笔测试"到"多元评价"

传统课堂学习中，教师对学生的评价主要是通过纸笔测试发现学生学习过程中存在的问题，检验学生学习的成果。项目化学习中，评价贯穿学习全过程，包括针对核心知识、学习实践、学习成果的教师评价、组间评价、组内评价、自我评价等多种形式。如何利用多元评价促进知识与能力的构建，这是本项目实施过程中所欠缺的。

场景描述：对最佳视野俯角测量活动实施组间评价时，学生的评价语言过于笼统，没有指向知识或能力的构建，如"他们测量得不够仔细""他们应该三个人一起测量，两个人不够""他们没有控制好误差"……学生的评价大多游离在角的相关知识与能力之外，切不中要害。

提出问题：如何设计与实施项目学习过程中的评价，充分发挥评价对学生知识与能力建构的促进作用？这应该是项目化学习所重点关注的。

当然，在对知识与能力的建构方面，项目化学习虽然有自身的特点与优势，但它与接受学习、单元整体性学习、探究性学习等其他学习方式之间，不是彼此排斥的关系，而是包容渗透、择优升级的关系。

4. 如何在科学项目中进行知识能力建构？[①]

一、关键问题

如何在科学项目中进行知识能力建构？

二、项目与策略

（一）一个关于"鸟类"的项目案例

本项目是基于三年级自然学科进行设计与实施的，涉及的内容是探讨动物生存和环境之间的关系。为了让三年级的学生更深刻理解"物种和栖息地之间的关系"，教师创设了驱动性问题：作为一名鸟类学家，你如何基于你对鸟的研究创造一种地球上从来没有的鸟类。

在学习"鸟"这一课时，学生能说出一些典型的鸟类如企鹅、鸵鸟和鸽子等形态特点和共同结构。通过"达尔文雀"的资料补充，学生对鸟产生了更多兴趣和疑问。例如：鸟之间的外形为什么差异这么大？栖息地不同的鸟外形特点相同吗？教师收集整理学生课堂中生成的疑问，顺势引出驱动性问题：作为一名鸟类学家，你如何基于你对鸟的研究创造一种地球上从来没有的鸟类。

在入项阶段中，教师设计了一份项目宣传海报。在海报中，明确了出项的成果和学生需要完成的任务。接着，学生对海报中的内容进行提问，比如"鸟类新记录名册内容要求是什么？""我该怎么完成研究发现？""怎么做，我的研究发现才能入选名册？"在疑问中，学生对该项目进行深入思考。在讨论中，学生明确了项目任务。

[①] 作者：上海市徐汇启新小学　方慧琳

A. 活动背景：鸟类新记录名册作品征选会
B. 学生角色：鸟类学家
C. 项目成果：鸟类新记录名册

学生接下来探索了两个子问题：如何完成一份鸟类研究报告？如何展示新鸟种发现？在这些问题的探索中，学生利用多种搜集信息的方式去认识鸟的形态结构，寻找不同的鸟类和栖息地之间的关联。并在研究报告的引导下，将自主获得的信息进行整理、分析和质疑，再通过小组合作，确定小组新鸟种创造依据。学生据此创造一种新的鸟类，并形成该鸟类与栖息地的科学展示板。

具体是这样做的：学生在这个项目中需要先搜集资料，每位学生可能会寻找不同栖息地中的一种鸟，来描述这种鸟的外形和生存环境。然后选择同一种栖息地的小组将他们寻找到的资料进行汇总，形成关于这种栖息地的鸟类研究报告。学生通过这样的方式，寻找不同的鸟类和栖息地之间的关联。学生据此创造一种新的鸟类，并形成该鸟类与栖息地的科学展示板。

图1 项目实施中师生在交流与讨论　　图2 学生借助科学展示板进行汇报

（二）问题在项目中是怎样的表现？

项目化学习需要指向学生的知识与能力的建构。那么如何实现建构呢？以"鸟类学家"项目为例，我们构建了项目化学习的实施图谱。

学生撰写研究报告的能力是如何被建构的？

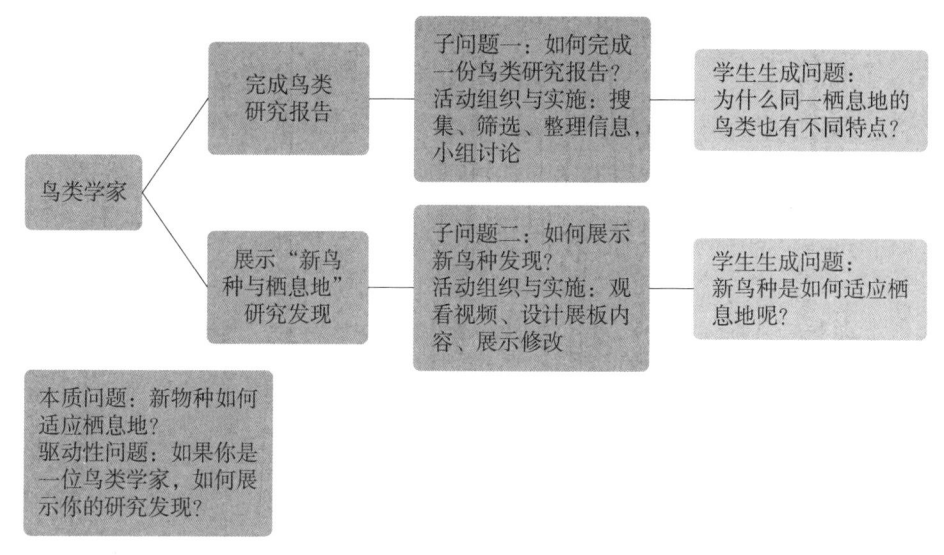

```
鸟类学家 ──┬── 完成鸟类       ── 子问题一：如何完成      ── 学生生成问题：
          │   研究报告          一份鸟类研究报告?          为什么同一栖息地的
          │                    活动组织与实施：搜         鸟类也有不同特点?
          │                    集、筛选、整理信息,
          │                    小组讨论
          │
          └── 展示"新鸟       ── 子问题二：如何展示      ── 学生生成问题：
              种与栖息地"        新鸟种发现?              新鸟种是如何适应栖
              研究发现          活动组织与实施：观         息地呢?
                               看视频、设计展板内
                               容、展示修改

本质问题：新物种如何
适应栖息地?
驱动性问题：如果你是
一位鸟类学家,如何展
示你的研究发现?
```

图3 项目化学习的实施图谱

以下是学生撰写研究报告能力建构的过程：

1. 确定研究主题：在项目化活动的初期,学生人人都可以去深入调查某一自己喜爱的鸟种。在以鸟的栖息地为分组依据后,各小组共同确定一个鸟类研究主题。这个主题应具有一定的研究价值和可行性,以便为学生提供充足的研究空间。

2. 搜集证据：学生在指导老师的指导下,学会查阅相关资料,对研究主题进行深入调查和分析。这一过程有助于学生了解鸟的外形特点、栖息环境等信息,为后续研究奠定基础。

3. 制定研究方案：学生根据获取到的信息和研究主题,制定研究方案。学生自主进行分工,有人负责记录信息,有人负责分析信息,还有人负责综合大家的观点。

4. 撰写研究报告：在研究过程中,学生不断整理相关内容和观察结果,并在指导老师的帮助下,学会如何将这些信息转化为文字,撰写研究报告。研究报告内容包括每个组员研究的鸟种名及外形特点,研究结论和新的疑问。

5. 交流与汇报：学生完成研究报告后,需要向指导老师和其他同学汇报自己

的研究成果。通过汇报,学生锻炼自己的口头表达能力,并听取他人的意见和建议,不断改进自己的研究报告。

6. 反思与总结:在活动结束时,学生需要对自己的研究过程和成果进行反思和总结。在这个过程中,学生可以认识到自己在研究过程中的优点和不足,为今后的研究积累经验。

通过以上六个环节,学生的撰写研究报告能力得以逐步建构。在这个过程中,指导老师起到关键的引导和协助作用,让学生在实践中学会如何进行科学研究,培养他们的创新能力。

学生对鸟的特征、鸟的身体结构、鸟与环境的关系等知识是如何被建构的?

在"小小鸟类学家"项目化活动中,学生通过对鸟的特征、鸟的身体结构、鸟与环境的关系等知识的学习和实践,逐步构建起对这些知识的理解和掌握。以下是具体的学习过程和方法:

1. 观察与记录:学生通过观察活体鸟类或鸟类标本,了解鸟的外部特征,如羽毛、翅膀、喙等。同时,学生需要记录观察到的鸟类特征,以便后续分析和讨论。

2. 资料查询与分析:学生在指导老师的指导下,学会查阅相关书籍、文献和网络资源,了解鸟类的基本特征、身体结构和分类。通过对这些资料的分析,学生可以加深对鸟类特征和身体结构的认识。

3. 鸟类分类学的学习:学生学习鸟类分类学知识,了解鸟类在不同分类单元(如目、科、属等)间的差异。这有助于学生更好地理解鸟类的多样性和演化关系。

4. 观看纪录片:学生观看鸟类纪录片,初步学习鸟类生态学知识,了解鸟类与环境的关系,如食物链、栖息地、迁徙等。这有助于学生认识到鸟类在生态系统中的重要作用。

5. 实地考察与调研:学生以小组形式前往自然博物馆或湿地公园,观察不同生态环境中的鸟类,了解鸟类在不同环境下的生活习性和适应策略。

6. 小组讨论与分享:学生在小组内分享自己所了解的鸟类知识,讨论鸟类特征、身体结构与环境之间的关系。通过交流和探讨,学生不断完善自己的认识,整合各类知识。

7. 总结与反思:在活动结束时,学生需要总结自己所学的鸟类知识,反思自己在观察、调研、讨论等方面的收获和不足。这有助于学生巩固所学,为今后的学习奠定基础。

通过以上环节,学生在实践和探究中逐步建构起对鸟的特征、身体结构、鸟与环境的关系等知识的理解。在这个过程中,指导老师引导学生学习鸟类学家的工作方法和研究思路,培养学生的观察、思考和分析能力。

学生是如何创造出新的鸟种的?

在"小小鸟类学家"项目化活动中,学生可以通过以下步骤创造出新鸟种:

1. 设定新鸟种的特点:学生小组需要根据想象力和创造力,为新鸟种设定独有的特征,如外观、习性、栖息地等。这些特点可以使新鸟种与众不同,具有较高的创新性。

2. 绘制新鸟种的形象:学生小组根据自己的设定,绘制新鸟种的形象。这可以包括鸟的外形、羽毛、颜色、喙等特征。在绘制过程中,学生需要关注细节,使形象更加生动鲜明。

3. 编写新鸟种的习性描述:学生小组需要为新鸟种编写详细的习性描述,包括生活习性、饮食习惯、繁殖方式等。这有助于塑造新鸟种的性格特点,使它们更加立体丰富。

4. 设计新鸟种的栖息地:学生小组可以根据新鸟种的习性,设计与之相匹配的栖息地。栖息地可以是陆地、水域、森林等多种生态环境,要求符合新鸟种的生存需求。

5. 展示与交流:学生小组在班级或学校范围内展示自己创作的新鸟种,与其他同学分享创作过程和心得体会。通过交流,学生可以借鉴他人的优点,不断完善自己的新鸟种。

6. 评价与反馈:指导老师对学生小组的创作进行评价和反馈,针对新鸟种的设定、形象、习性、栖息地等方面提出改进意见。学生根据反馈调整和完善新鸟种,使其更加符合鸟类学家的标准。

通过以上步骤,学生可以充分发挥想象力和创造力,创造出独特的新鸟种。在这个过程中,学生不仅需要了解鸟类的基本知识,还要学会观察、思考、分析和改进。此外,通过与他人交流和分享,学生可以拓宽视野,提高自己的创作水平。

在项目成果的探究过程中,学生通过信息课上的信息搜索和课外时间的亲身走访来寻找外形奇特的鸟的身影,加深了对鸟形态结构和栖息地的认识。

在"小小鸟类学家"项目化活动中,学生通过信息课程的学习和课余时间的实地考察,对奇特的鸟类进行了搜寻和观察。这一过程不仅丰富了他们对鸟类形态结构和栖息地的认知,还激发了他们对大自然和生态领域的热情关注。

首先,在信息课程的学习中,学生掌握了许多关于鸟类的基本知识和搜索技巧。他们学会了如何运用网络资源、图书馆资料以及专业书籍等途径来获取丰富的鸟类信息。通过对比不同鸟类的外形特征、生活习性和生态环境,学生们逐渐认识到鸟类世界的多样性和独特性。

其次,在课余时间的实地走访中,学生深入公园、山林、湖泊等地,搜寻并观察奇特的鸟类。他们记录下鸟类的体型、羽毛、爪子等特征,以及它们在栖息地的生活状态。实地考察使学生们更加直观地感受到了鸟类的外形特点和生存环境,进一步加深了对鸟类形态结构和栖息地的认识。

在这个过程中,学生还学会了如何与大自然和谐相处,关爱鸟类的生活。他们意识到鸟类是生态系统中的重要组成部分,保护鸟类就是保护我们共有的家园。因此,他们在寻找奇特鸟类的同时,还积极参与到爱鸟、护鸟的行动中,为保护生物多样性作出了贡献。

总之,"小小鸟类学家"项目化活动在培养学生探究鸟类知识的同时,也提升了他们的实践能力和生态保护意识。通过信息课程的学习和课余时间的实地考察,学生们对鸟类的形态结构和栖息地有了更加深入的了解,为我们国家的鸟类保护和生态平衡做出了积极的努力。

学生通过明确新鸟种生活在哪一类栖息地以及根据栖息地的环境和食物等因素,对鸟的外形进行绘画和描述,提高了实践能力。

在"小小鸟类学家"项目化活动中,学生通过明确新鸟种所生活的栖息地类型以及分析栖息地的环境和食物等因素,对鸟类的外形进行了绘画和描述。这一过程不仅提升了他们的实践能力,还使他们更加深入地理解了鸟类与栖息地之间的相互关系。

首先,学生在明确新鸟种栖息地类型的过程中,锻炼了信息检索和分析能力。

他们通过网络、图书馆等渠道搜集了大量关于鸟类栖息地的资料,了解到不同鸟种对栖息地的需求和适应性。这使得学生们能够根据鸟类的特点,将其生活环境归纳为相应的栖息地类型,如森林、湿地、草原等。

其次,在分析栖息地环境和食物因素的过程中,学生对鸟类的外形特征和生活习性有了更为深入的认识。他们了解到,鸟类的外形和行为方式与其所处的栖息地和食物来源密切相关。通过对栖息地环境和食物因素的分析,学生们能够更加准确地描绘出鸟类的形态特点和生存策略。

在这个过程中,学生们运用绘画和描述的方式,将鸟类的外形特点和栖息地环境相结合,使鸟类形象更加生动鲜明。这不仅锻炼了他们的绘画技巧,还提升了他们的观察力和表达能力。此外,通过对比不同鸟类的外形和栖息地特点,学生们还能发现鸟类世界的多样性和独特性,进一步增强了对自然生态的敬畏之心。

总之,"小小鸟类学家"项目化活动在培养学生的实践能力方面取得了显著成果。通过明确新鸟种栖息地类型、分析栖息地环境和食物因素,以及绘画和描述鸟类外形,学生们不仅提升了自身的实践能力,还对鸟类与栖息地之间的关系有了更加深入的认识。这将有助于他们更好地关爱自然、保护生态环境,为我国鸟类保护和生态平衡作出贡献。

在"小小鸟类学家"项目化活动中,学生通过对"新鸟种和栖息地"科学展板的绘画和介绍,不仅萌发了创造性思维,还树立了团队协作意识。这一过程使他们更好地认识到团队合作在解决问题和实现共同目标中的重要性,同时也培养了他们的审美观念和表达能力。

首先,在绘画新鸟种和栖息地科学展板的过程中,学生充分发挥了自己的创意和想象力。他们根据所了解的鸟类和生活环境特点,结合自己的绘画技巧,创作出了一幅幅形象生动、富有创意的鸟类和栖息地画作。这个过程激发了学生的创造性思维,使他们能够在实际操作中体会到创新的魅力。

其次,在制作展板的过程中,学生需要将绘画作品与文字介绍相结合,以生动形象的方式展示鸟类和栖息地的特点。这使得他们在绘画之外,还锻炼了表达和沟通能力。通过展示自己的作品,学生们学会了如何在团队中表达自己的想法,倾听他人的意见,并形成共识。

同时,学生在制作展板过程中体会到了团队协作的重要性。他们需要与队友紧密合作,明确分工,共同完成展板的制作。这种团队协作不仅使他们更好地完成了任务,还使他们学会了如何协调关系、解决问题,形成了良好的团队意识。

此外,通过参与“小小鸟类学家”项目化活动,学生们还增强了责任感、自律性和执行力。在完成绘画和介绍任务的过程中,他们认识到自己在团队中的角色和责任,学会了自我管理和约束。这将对他们未来的学习和工作产生积极影响。

总之,“小小鸟类学家”项目化活动在培养学生创造性思维和团队协作意识方面取得了显著成效。通过制作“新鸟种和栖息地”科学展板,学生们不仅锻炼了绘画、表达和沟通能力,还培养了责任感和自律性。这将有助于他们在今后的学习和生活中更好地融入团队,共同为实现美好愿景而努力。

(三) 我对问题的回答或提炼出的策略、方法

在本项目中,学生经过一系列探索活动后,完成了新鸟种研究报告(见图 4)。

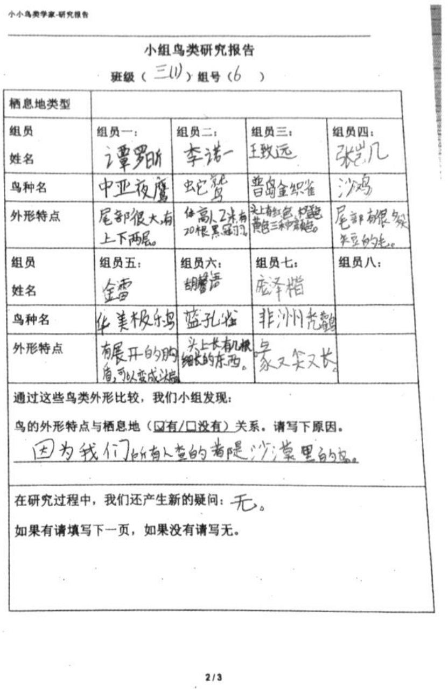
小小鸟类学家-研究报告

小组鸟类研究报告

班级(三(1))组号(6)

栖息地类型				
组员 姓名	组员一: 谭罗昕	组员二: 李诺一	组员三: 王致远	组员四: 张岂凡
鸟种名	中亚夜鹰	蛇鹫	普岛金织雀	沙鸡
外形特点	尾部很大,有上下两层。	体高1.2米,有20根黑冠羽。	头上有红色、橙色、黄色三种颜色。	尾部有很多尖尖的毛。
组员 姓名	组员五: 金雷	组员六: 胡馨语	组员七: 庞泽楷	组员八:
鸟种名	华美极乐鸟	蓝孔雀	非洲秃鹳	
外形特点	有展开的胸盾,可以变成沙漏	头上长有几根细长的东西。	鸟喙又尖又长。	

通过这些鸟类外形比较,我们小组发现:

鸟的外形特点与栖息地(☑有/□没有)关系。请写下原因。

因为我们所有人查的都是沙漠里的鸟。

在研究过程中,我们还产生新的疑问:无。

如果有请填写下一页,如果没有请写无。

2/3

图 4 学生完成的“新鸟种研究报告”

在项目成果的探究过程中,学生通过信息课上的信息搜索和课外时间的亲身走访来寻找外形奇特的鸟的身影,加深了对鸟形态结构和栖息地的认识;学生通过明确新鸟种生活在哪一类栖息地以及根据栖息地的环境和食物等因素,对鸟的外形进行绘画和描述,提高了实践能力;学生通过对“新鸟种和栖息地”科学展板的绘画和介绍,萌发了创造性思维和树立了团队协作意识。

我认为指向科学学科的知识与能力建构学习方式有以下特点:

第一,学生不是随意去想象一种鸟的外形,而是要在了解已有的鸟类样态和生

活环境的基础上进行创作。

教师可以在项目化学习的项目目标中增加"创见"这一高阶认知,来提高项目的挑战性和趣味性。

创见是通过形成原创性的产品或过程以满足具体需要,主要是回答一个"怎样才能在某个情境中创造出新东西"的重要问题。这个新东西不仅要充满想象力和创造力,而且还要适用。"新且适用"是衡量创见水平的标准。

我将传统课堂学习方式与项目化学习的部分要素进行了比较,见表1：

表1 传统课堂学习方式与项目化学习部分要素比较

	传统课堂学习	项目化学习
学习者身份	学生 知识接收者	鸟类学家 问题解决者
学习目标	1. 说出鸟的身体主要有头、颈、躯干、尾、翅膀和足等部分。 2. 知道不同的栖息地适合不同种类的生物生存。	1. 能自主搜集关于鸟的信息,小组合作完成一份鸟类研究报告,体会鸟类身体结构与栖息地之间的关系。 2. 能根据某一栖息地鸟类的共同特点创造新鸟种,小组合作完成一份科学展示板,探讨动物生存和环境之间的关系。
学习情景	多个零散情境的串联	创见新鸟种的大问题情境
学习效果	1. 掌握各知识点 2. 会运用所学知识完成习题	1. 各项知识与能力统整在创见新鸟种的问题情境中,包裹在动物生存和环境联系的大概念中,学生更容易看到鸟类身体结构与栖息地环境间的联系,帮助学生对动物对环境的适应形成整体理解和建构。 2. 诸多知识在"鸟类学家"的头脑风暴中分工合作、动态整合,让学生有机会像专家一样,拥有综合运用这些知识与能力解决现实大问题的经验。

第二,学生不是被动接受浮于表面的知识,而是要在解决关联任务的过程中,由不会到会,由粗浅认识到深入理解,一步步螺旋循环上升。

项目中知识与能力的建构路径包裹在现实问题的解决路径中,在解决问题的过程中学习新知、边做边学,且对问题和相关知识的思考是长时间、持续的、迭代的。

例如,有的学生在探究如何展示新鸟种发现时,想不到栖息地环境与鸟结构之间的关联,这主要是由于学生对鸟的认识维度单一。为了降低思维难度,教师组织学生观看湿地鸟类和山地鸟类视频(图5),帮助学生进一步思考"新鸟种和栖息地"的关系,从而完成"新鸟种和栖息地"科学展板。

图5 观看鸟类视频

我将传统课堂学习方式与项目化学习的部分要素进行了比较,见表2:

表2 传统课堂教学与项目化学习在实施过程中的比较

	传统课堂学习	项目化学习
实施过程	3.3 鸟 4.1 森林、草原和生物 4.2 池塘湿地与生物	入项:以问题驱动学生对知识的学习,让学生产生学习新知识的渴望。
		子问题1:如何完成一份鸟类研究报告? (知道鸟的身体结构,知道栖息地环境的主要特点)
		子问题2:如何展示新鸟种发现? (理解鸟类身体结构与栖息地环境之间的联系)
		出项:鸟类新记录名册作品征选会 (通过对小组探究过程及推荐理由的阐述和对现场提问的即兴回答,再次在运用知识中深化对动物生存和环境之间关系的理解)。

第三,学生不是运用指向"对"的消错法学习,而是把自己的错误看作是"有效"失败。项目中的知识与能力建构学习方式非常重视学生的试错,把错误当作

重要问题去研究,让失败也成了别样的精彩。教师发现问题后,让学生暂停活动,反思交流,发现错误;彼此启发,重视研究过程中的生成性问题,鼓励学生利用课余时间继续探索。通过试错—暂停—交流讨论等一系列动作,让学生真正实现了错误观念的修正,从错误中学到新启发。更例如,研究过程中,学生还可能产生新的疑问,所以教师还提供了补充研究报告,供学生填写和记录。对于学生的猜想和假设,教师并没有进行简单的肯定或否定,而是提供支架,让学生经历科学探究的基本过程,从而掌握研究方法。对于提出的问题,教师不强求学生必须解决,而是注重研究过程,允许学生研究失败,从而经历另一种成功。

三、我对关键问题的新的理解与思考

作为"小小鸟类学家"项目化学习活动的指导老师,我认为在科学项目中,知识能力的建构是一个系统而全面的过程。以下是我在实践中总结的知识能力建构的步骤和特征,以及与其他学科的不同之处。

首先,科学项目化学习活动的开展需要依托于真实的鸟类学问题或者情境。学生通过观察、调查、研究等实践活动,对鸟类学的基本概念和原理进行探究和理解。在这一过程中,学生不仅学习和掌握了鸟类学的专业知识,还培养了解决问题的能力和科学思维。

其次,科学项目化学习活动强调学生的主动性和探索性。学生需要根据自己的兴趣和特长,选择研究课题,制定研究计划,并进行实践操作。在这个过程中,学生的自主学习能力和团队合作能力得到了锻炼和提升。

再次,科学项目化学习活动注重学生的实践操作和亲身体验。学生通过实地观察、实验操作、数据分析等方式,获取和验证科学知识。这种以实践为基础的学习方式,使得学生能够更深入地理解和掌握科学知识。

最后,科学项目化学习活动强调评价的多元化。学生的研究成果可以通过报告、展览、演讲等多种形式进行展示和交流,评价的方式也不仅限于传统的考试和评分,更注重学生的过程表现和综合素质。

与其他学科相比,科学项目化学习活动的知识能力建构具有以下特征:

实践性强:科学项目化学习活动以实践为基础,学生通过亲身参与实践活动,获取和验证科学知识。

主动性强:科学项目化学习活动鼓励学生主动探索和研究,培养学生的自主学习能力和创新精神。

综合性强:科学项目化学习活动往往涉及多个学科的知识,需要学生运用跨学科的知识和方法解决问题。

合作性强:科学项目化学习活动通常需要团队合作,培养学生的团队合作能力和沟通能力。

评价多元:科学项目化学习活动的评价方式多样,注重学生的过程表现和综合素质,不仅仅依赖于传统的考试和评分。

第三章　如何设计学习支架支持学生项目化学习?

在项目化学习中,学习支架特指学生在完成"挑战性的学习任务"时,在经过努力仍然不能自己解决问题时教师所提供的支持。学习支架的类型有很多,如概念支架、元认知支架、学科实践支架、学习实践支架、资源支架等。[1] 在项目化学习中,教师的角色和作用发生了转变,不是对学生进行满堂灌,而是在学生学习遇到困难和阻碍时提供合适的学习支架。

然而,教师应该如何设计学习支架? 何时提供学习支架? 给哪些学生提供学习支架? 提供什么样的学习支架? 怎样使用学习支架? 这些都是教师在设计和实施项目化学习时必须考虑的重要问题。本章节的三位老师对这些问题进行了深入思考与实践探索,得出了他们解决这些问题的一些策略和方法,希望能够为新进入项目化学习的教师提供一些启发和借鉴。

5. 如何支持学生在数学学科项目化学习中的学习实践?
    世外小学　黄恺莹
6. 如何根据学生需求设计适合的学习支架?
    西位实验小学　赵冰清
7. 学习支架如何助力学生理解复杂性问题?
    建襄小学　戴雯

---

[1] 夏雪梅.项目化学习设计:学习素养视角下的国际与本土实践[M].北京:教育科学出版社,2018:152.

5. 如何支持学生在数学学科项目化学习中的学习实践？[①]

一、关键问题

如何支持学生在数学学科项目化学习中的学习实践？

二、项目与策略

(一) 项目简介(包含类型、项目名称、主要学科/课程类型、年级、课时)

"世外甜品屋"是一次基于数学学科的项目化学习,根据三年级第二学期"搭配"的教学内容设计,在2个课时中展开探究学习。我们设计了一个有趣的驱动性问题:"世外甜品屋马上要开业了,正在招募优秀的甜品师。作为世外甜品屋的甜品师,将如何设计和制作你们的产品?"在这个项目中,学生作为"世外甜品屋"的应聘者,经过"初试""复试"和"加试"的考核,角逐兼具数学能力和合作精神的"最佳甜品师"。"初试"环节请每个人设计饼干的搭配方案,交流汇报,学生借助不同的思维工具,学习如何进行有序、全面的思考;"复试"环节请每个小组完成样品制作并展示,学生不断试验、调整、优化方案,在实践中加深对搭配知识的理解;最终选择性的"加试"环节,学生可以用学到的搭配方法,为"世外甜品屋"设计出一份饮料菜单,作为出项成果展示。

(二) 问题在项目中是怎样的表现

数学新课标强调培养学生"用数学的眼光观察现实世界,用数学的思维思考现实世界,用数学的语言表达现实世界",而开展数学学科的项目化学习正是学生

[①] 作者:上海市世外小学 黄恺莹

与现实世界发生联系和碰撞的纽带,有利于学生运算能力、推理意识、应用意识、创新意识等核心素养的形成。

以"世外甜品屋"这个项目为例,学科知识目标是让学生能借助画图、连线、列表等方法对不同的事物进行有序的搭配与组合,了解搭配方法的总数就是每一步可选方法个数相乘的积;学科能力目标是通过自主探究搭配方案,培养学生观察、分析、推理的能力以及有序、全面思考问题的意识,提高操作能力与合作意识。

在这种学习模式下,学生是项目的"主导者",教师的角色更像是一个"支持者",为了落实以上教学目标,教师的支持应该放在哪里?具体来说:如何引导学生主动关联以往所学知识,理解和掌握新的数学知识与技能?如何协助学生将设计方案有效落地,体会和运用数学的思想与方法,获得数学的基本活动经验?如何鼓励学生批判性地看待问题,创造性地解决问题,形成积极的情感、态度和价值观?

(三) 我对问题的认知、回答或提炼出的策略、方法

项目化学习重在培养学生在复杂情境中灵活的心智转换,是一种包含知识、行为和态度的学习实践。为了充分调动学生"知、行、思"这三个层面的深度参与,教师为学生提供结构性的探究支持是很有必要的。因此,我们在"世外甜品屋"这个项目中,融合了数学实验、数学交流、数学反思的数学实践形态。

数学实验,即学生通过观察、猜测、计算、推理、验证等活动进行自主探究,经历数学知识的"再发现"和"再创造"。对于数学学科项目来说,可能会碰到数学问题存在唯一答案的情况,就像这个项目中甜品搭配方法的总数是一定的,但是解决问题的路径并不是唯一的,每个人经历的学习过程也是不可复制的。教师的支持作用在于鼓励方法的多样性,让不同学生能在自身认知基础上实现从无到有、从有到优的发展。

数学交流,即学生分成项目小组,形成小组分工和职责表,表达自己的观点,倾听他人的观点并给出回应,合作完成任务。在这个项目中,每个小组的目标是又快又好地制作出所有甜品搭配,但是一个成功的团队不是一蹴而就的,教师的支持作用在于激发小组合作的无限可能,鼓励学生互相质询、互相启发、互相助

力,寻找更高效的合作模式。

数学反思,学生既要制定问题解决的方案,也要管理问题解决的过程。从真实世界中抽象出来的搭配与组合问题,最终回到真实世界产生迁移,教师的支持作用在于引导学生在不同情境下对方案进行能动的选择、调整和优化,让学生的认知从低阶走向高阶,从片面走向全面。

(四)我在项目中是如何运用上述的策略和方法的/是如何解决关键问题的

在"世外甜品屋"这个项目中,我们将数学实验、数学交流、数学反思融入"初试""复试"和"加试"三大环节的设计之中,教师在其中提供相应的思维工具和问题解决流程等,支持学生数学实践的开展,促进学生核心素养的养成。

1. 初试:如何根据食物种类设计甜品方案?

【任务】3 种不同形状的饼干、2 种不同味道的炼乳,一种饼干只能搭配一种炼乳,设计出所有的方案。

本环节主要在知识建构层面,要求学生在任务单上写出方案,初步建立对搭配的理解和感知。这是数学实验的开启,学生基本都能通过观察,提出自己的猜想,出现了文字式、树状图、连线、列表枚举等多种呈现形式(图 1)。老师重点启发学生关注不同方法之间的异同,引导学生建构"先选定,再搭配"的思维模型,有利于培养推理意识。

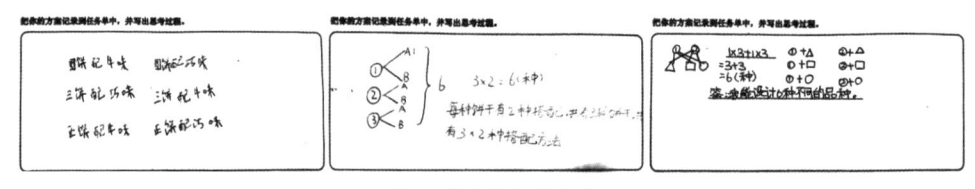

图 1 学生的初步方案

2. 复试:如何实际完成甜品搭配方案?

【任务】3 种不同形状的饼干、2 种不同味道的炼乳、2 种不同颜色的糖豆,一种饼干只能搭配一种炼乳和一种糖豆,设计出所有的方案,并制作一套样品。

本环节不仅要灵活运用所学知识解决更为复杂的情况,还要将理论知识应用于实际操作当中。为了将理论与实践两者进行有效衔接,我们对本环节的探究活动进行了细化。

第一步,设计搭配制作方案。延续初试环节的探究,学生先独立设计方案,可以借助自己熟悉的数学工具,或根据老师提供的支架,罗列出所有搭配方案,并计算出方案总数。从个体方案到团队方案,需要进行数学交流。在正式开工前,学生以小组为单位进行内部讨论,思考怎样通过小组分工又快又好地完成任务,并将制作方案记录在学习单上(图2)。老师不给予提示,留给学生在接下来的数学实验中验证方案是否可行,自己去发现问题。

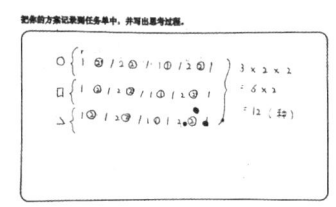

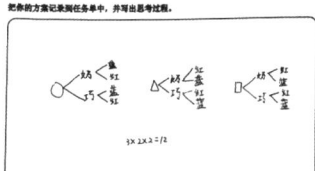

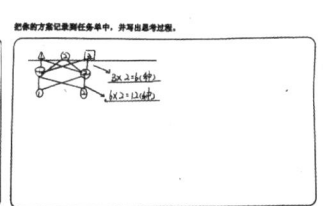

图2 学生记录的团队思考过程

第二步,根据问题调整方案。学生在第一次制作尝试时,目标是把12种饼干有序、高效地搭配完工,但在实际操作过程中可能会出现各种问题。这里我们用到了数学反思和数学交流,各小组通过反思本小组的制作过程、倾听其他小组的经验,找到问题,对方案进行二次讨论和修订,将分工落实到具体的人、步骤、材料或数量。第二次制作尝试,各小组根据调整过的策略进行操作,在实验中提炼出最优方案,能够适用于批量生产。这样试错并优化的过程,有利于提高学生的操作能力和合作意识。

第三步,小组互评总结经验。我们采用画廊漫步法来分享展示甜品搭配的成果,学生以小组为单位自由参观,并根据任务的完成情况给予评价,在同伴的启发中进一步加深对搭配概念的理解。

3. 加试:如何从甜品搭配到饮料菜单?

【任务】请你选择所需的原材料,为世外甜品屋设计一份饮料菜单。

本环节是一项选做的课后任务,也就是数学反思和迁移,要求学生运用所学所想,联系生活实际,设计出兼具科学性、实用性和美观性的菜单。这项任务既有对搭配知识的灵活运用,又给予学生足够的空间进行个性化的创作,有利于发展应用意识和创新意识。

三、我对关键问题的新的理解与思考

在数学学科项目化学习中,通过数学实验、数学交流、数学反思的数学实践形态,可以调动学生"知、行、思"三个层面的深度参与,支持学生经历有意义的学习实践。项目不是按部就班地做题,或是毫无章法地动手操作,而是在"做中学",有对数学知识的深入剖析,有同伴之间的协同学习,有对不同情境的思考、应变和问题解决。因此,对于项目化学习的设计和实施,我有以下若干思考。

(一) 知与行:"理论成功"不等于"实践成功"

学生在经历"观察-猜想-验证-结论"的数学实验探究时,可能会碰到这样的情况:明明方案设计看起来没问题,为什么最后还是失败了?"理论成功"指的是基于对真实问题的观察和分析,与所学知识建立联系,能够推理设计出一套合乎逻辑的解决方案,"实践成功"指的是能够将方案最终落地,真正解决问题。前者强调方案的合理性,而后者强调方案的可行性。

在"世外甜品屋"这个项目中,学生学的是有序搭配这个核心知识,最终指向学生能够在甜品制作的情境中搭配组合出来。我们发现,经过两次在学习单上进行书面的方案设计,学生基本都能找到各种各样的方法,得出一共有 12 种搭配。但真正到了动手操作环节,不少方案被束之高阁,想到哪里做到哪里,出现了乱而无序、重复、遗漏等各种状况。正确的答案却得不到想要的结果,我们就要进一步去考虑什么样的方案设计对实践活动更具有参考价值。

【片段1】符合实际操作顺序的设计方案更优

问题:在分享设计方案时,一位学生提供了三种不同思路:"一是先选定饼干,再搭配炼乳,最后搭配糖豆,$3\times2\times2=12$(种);二是先选定炼乳,再搭配饼干,最后搭配糖豆,2×3×2＝12(种);三是先选定糖豆,再搭配炼乳,最后搭配饼干,2×2×3＝12(种)。"方案太多,不知道如何是好。

思考:老师引导学生想一想这些方案设计对实际制作会有怎样的帮助,学生在动手操作过后反思:"做的时候我们要先把饼干铺在最下面,再往上放炼乳、糖豆,第三种思路不符合制作顺序,没有实际意义。"

【片段2】指导实际操作清晰、方便进行的设计方案更优

问题:在总结制作经验时,老师对不成功的小组进行了针对性采访,他们表示:"通过连线的方式,我们很快算出有12种,但没有专门去想是哪12种,做的时候就比较混乱,容易重复或遗漏。"究其原因,是由于前期没有明确的、具体的、有序的计划。

思考:经过全班的交流和启发,学生对比发现:"用枚举法一个个罗列出来,虽然写的时候费时间,但在做的时候可以提供清楚的参考对照,提高了工作效率。"

项目化学习中不只有原始的驱动性问题,从理论到实践过程中还会出现各种次生问题。当然,看待问题、解决问题的方法从来都不是唯一的,学生通过小组内的讨论、组与组之间的分享,以及合理的计划与反思,尝试寻找理论知识储备与实际问题处理之间的平衡点,这是项目化学习中老师需要积极关注和引导的。

(二) 行与思:从"自己知道"到"集体智慧"

在项目化学习中,个人任务可以锻炼学生独立思考的能力,小组任务可以帮助学生在沟通与合作中互相学习,增长智慧。由于小组成员之间的能力、性格等方面存在差异,可能会出现各种各样的矛盾和分歧,因此需要必要的数学交流,将每一次的磨合与试错转化为宝贵的数学经验。

"世外甜品屋"这个项目的实践环节,需要小组成员协作开展。我们发现,实际教学中会出现小组成员各做各的、个别同学一手包办等情况,造成材料、人力、时间的浪费,真正的合作学习其实并没有发生。到底什么样的合作机制能够提高工作效率,我们认为提前制定小组分工和职责表是其中的重要一环,而且应该是一个动态优化的过程。因此,我们设计了第一次分工和优化了实操后的第二次分工:你们的合作方案出现了什么问题? 有什么可以改进的地方?

【片段3】责任具体到人的合作方案更优

问题：在第一次分工时，一位组长汇报他们的分工情况："我们组有4位成员，每人做3块饼干"。在实际操作时，只有组长是清楚了解情况的，其他组员对自己的任务一知半解，就开始放不同形状的饼干，随意搭配炼乳和糖豆，整理后发现出现了很多重复。

思考：在第二次分工时，老师提示小组应分工明确，于是他们将方案继续细化到每个人对应做哪3块饼干，准备推翻重做。老师又提示他们："观察一下是哪几块有问题？"每个人核对了一下自己的部分，负责做巧克力配红糖豆的同学和负责做牛奶配蓝糖豆的同学马上发现了捷径，已经有6种搭配，只需要他们两人交换糖豆，就可以变成12种搭配。（图3）

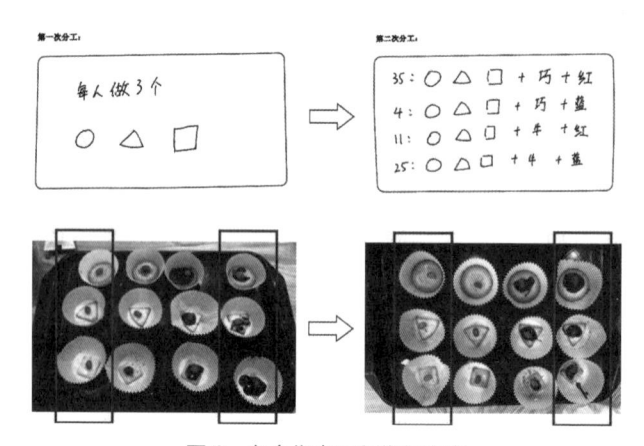

图3 在合作中不断优化方案

【片段4】统观全局、统一最终目标的合作方案更优

问题：在第一轮制作时，有小组没能在规定时间内全部完成，还发现有多个重复，采访得知他们的第一次分工是按操作顺序制定了一个大致的流程图。采用这种分工的小组不在少数，有的成功了，有的却失败了。老师采访了放饼干的同学："想一想你要放多少块圆形饼干？"学生其实只知道自己要放饼干，放得越多越好，而没有去考虑到底需要多少，放炼乳、放糖豆的同学也是如此。

思考：在第二轮分工时，这个小组借助原先的树状图，一起讨论出了每一步放什么、放多少、要做出什么结果，他们认为这样的分工安排更具有可操作性。在组

员的默契配合之下,很快完成了任务,他们总结道:"其实每一步都关系到最后的结果,每个人都要考虑全局。"(图4)

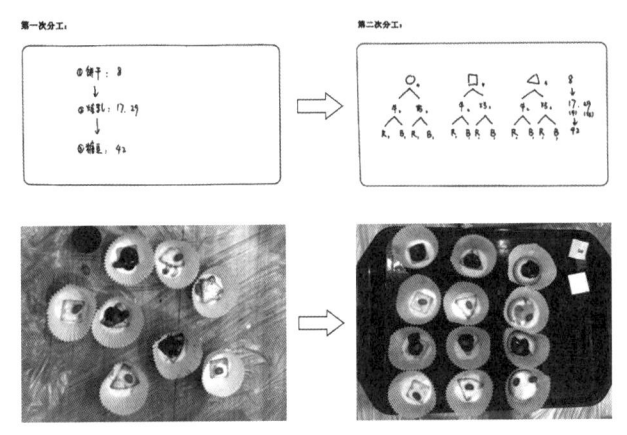

图4 直指目标,让方案更具可行性

在讨论、协商、分工、合作等社会性活动中,不同学生、不同小组所经历的学习过程以及体现出来的学习素养,差异化颇为显著。在项目化学习中,老师需要提供相应的协作支架,让学生明确自己在小组中做什么、自己和小组为什么这样做、经过怎样的思考和调整,激发每一位成员在团队中的有效参与。

(三) 知与思:从"核心聚焦"到"多维视角"

数学学科的项目化学习有自己的本质问题和对应的学科目标,教学环节的设计和实施都是围绕其展开的。同时,这种新型学习模式又是动态的、生成性的,学生在探究过程中除了能够获得知识本身,还能够学会批判性地看待问题,创造性地解决问题,这正是进行数学反思与迁移的意义所在。

在"世外甜品屋"这个项目中,学生将饼干搭配从理论演绎到实践,对"搭配"这个核心概念也已经有了深度理解,我们在课后设计了一项集分析、设计与创作于一体的半开放式任务:自主设计饮料菜单。我们发现,学生除了能够灵活应用所学的搭配知识,还参考了生活中常见的实例,进一步关注到菜单上如何设计产品搭配、搭配出来的产品如何定价、怎样展示搭配更能吸引顾客、顾客怎样选择搭配更方便等在实际应用中可能会遇到的问题。

  这样的学习过程,经历了从"生活问题——数学规律——生活例证——数学思想"的螺旋上升过程,进一步培养学生用数学的眼光观察生活。通过对真实有挑战性的问题进行持续探究,达到对核心知识的再建构,在不同情境中创造性地解决问题,这也是项目化学习所强调的。

6. 如何根据学生需求设计适合的学习支架？[①]

一、关键问题

项目化学习需要学生在解决一个真实且复杂的问题中自主建构知识概念，这对学生的自主学习能力是一个比较大的挑战。学生如何基于已有知识进行迁移，跨越最近发展区，习得新知识呢？教师作为学生的引导者和辅助者，就要能够根据学生的学习需求提供适宜的学习支架，推动学生理解和建构知识。

二、项目与策略

（一）项目简介

"打造一条炫彩几何走廊"是小学二年级跨学科项目化学习，包含数学和美术两类学科，数学6课时，美术4课时，拓展4课时，共计14课时。项目的驱动性问题是"作为一所新学校，校园里还有许多空白的走廊等待改造。'科技·家'学习中心的三楼将来会改造成艺术空间，你能做一名'设计师'，用图形与颜色的组合设计艺术作品，打造学校艺术空间的走廊墙面吗？"

项目引导学生在校园走访中产生问题，萌发想要为学校新改造的艺术空间装饰走廊空白墙面的想法，通过小组合作探究，探索常见几何图形与色彩的组合搭配，在尝试解决问题的过程中建构数学与美术学科的知识技能，认识、辨别常见的平面几何图形及其特征；掌握几种基础的色彩搭配方法，在创作艺术作品的过程中培养学生的创新与审美素养。

---

① 作者：上海市徐汇区西位实验小学　赵冰清

（二）关键问题在项目中的表现

项目预期的学习成果是基于平面几何图形特征，运用不同颜色搭配组合，创作一幅艺术作品。而在探究过程中，教师发现学生主要存在以下几种问题：

1. 学生对于较为抽象的概念或知识在理解上有困难

比如项目的核心概念之一是审美，对于二年级学生来说比较抽象，很难理解。美是需要去感悟的，且存在一定的主观性，每个人对"美"的理解与定义都可以不同。例如学生在给不同的图案搭配颜色，玩"配色游戏"时，起初并没有什么章法，不知道如何去思考通过色彩搭配让图案呈现出一种"美感"，只是将颜色随意组合，也说不出为什么要这样进行搭配、这种配色具有怎样的美感等。

2. 学生找不到合适的方法开展探究

例如在建构了基础的几何知识后，学生对于如何将这些图形组合成一幅图案作品毫无头绪，不知从何下手去设计。不少学生就用纸笔直接作画，画出的图形既不规范，也不标准，只是简单的叠加，发现图案不成形时，就反复擦去重画，但效果都不理想；有些学生想根据某种规律去组合图形，但不知道如何操作，创作受阻。

3. 学生不知道如何开展合作探究

小组合作探究是项目化学习的特征之一。教师在课堂教学上也一直强调合作的重要性，学生也知道要合作，但究竟如何有效地开展合作学习呢？学生，尤其是低年级的学生却往往没有想法，只有一个模糊的概念。在项目探究的过程中，每当要开展小组活动时，往往是有的孩子积极主动，有的孩子不知所措，或者自顾自地关注自己的兴趣点，缺少沟通交流，没有围绕任务共同开展学习。

项目化学习强调学生在真实问题解决的情境中展开探究性学习，自主建构知识与能力。然而这种学习愿景在项目实施中常常受阻。因为学生知识和能力有限，经验缺乏，在项目化学习中会遇到很多问题。这些问题如果完全靠学生自己解决，往往花费大量时间，还效率低下。长此以往会造成学生学习兴趣减退，学习积极性下降，敷衍了事甚至放弃的现象。

维果茨基在"最近发展区"理论中将学习支架描述为具有更多经验的人帮助学习者跨越最近发展区，从现有知识水平到达现在水平。学习支架的建设在跨学科项目中是不可或缺的,它可以支持学生对学科知识难点的学习、提升学生学习实践或扩展学生视野、延展学生思维,还有助于问题解决能力的迁移拓展。

由此可见,如何根据学生的困难点,搭建有效的学习支架,提升学生在项目中的问题解决能力是探究学习中的关键问题。

(三) 解决关键问题的策略、方法

为了解决这一难题,各类学习支架必不可少。教师作为项目化学习的设计者,需要站在学生立场,帮助学生突破障碍,获得自主建构的支持和动力。学习支架作为为学生提供的一种临时性的支持框架,需要教师能够根据学生在实际探究学习中的需求,立足学生最近发展区,创设搭建合适、多元的学习支架;但同时又要注意支架提供的时机,过早出现或支持不及时都会影响其效果发挥,在恰当时机提供支架才能帮助学生穿越最近发展区,获得进一步发展和独立自主学习的能力。

(1) 归类学生难点,有针对性地设计多样化的学习支架

教师首先要在项目设计阶段,根据探究问题链以及预期的教学目标,预设学生可能会遇到的学习难点,对提供怎样的学习支架有一定的方向,再根据学生的需求设计有针对性的、适宜的支架作为支撑。例如针对驱动性问题的理解,可以设计一系列有关联的问题支架,引导学生一步步将驱动性任务分解成一个个子任务,形成有逻辑的探究链;对于一些概念性较强的知识,低年级学生在理解上往往要经历从具象体验到抽象提炼的过程,而他们独立搜索并筛选信息的能力相对还不具备,此时有针对性的文本案例、图片视频等资源支架就是一种合适的学习支架,帮助低年级学生通过自主学习相关资料理解概念,形成自我的认知。

同时在项目实施阶段,教师在教学过程中要能发现学生的最近发展区在哪里,针对学生遇到的实际问题确定需要的学习支架的功能,也要根据学生的实际学习情况、项目活动的实施效果、学习成果的反馈以及预设支架的使用效果不断调整、优化。例如在小组合作探究时,学生不知道如何去有效、合理地进行分工,只是比较粗略地分配大块面的、简单笼统的工作,或者自己认领一部分,比如制作某样东西、准备某个演出等,往往过程中几人分工重合,或者不能实际落地,小组

成员产生矛盾等,此时教师可以适时地提供"小组分工规划表"的支架,引导小组去细分任务,有序、有条理地安排分工,确保小组成员"各司其职",高效、高质地完成任务。

(2) 创设"有效失败",找准提供学习支架的适宜时机

在项目的设计阶段,教师已经基本预设了学生可能会需要的各类学习支架,但在实际的实施过程中,项目教师往往会因为过于担心学生能力不足,想替他们解决问题,所以在抛出问题引导学生思考时也同时将学习支架一并提供,但过早出现学习支架,容易忽视学生通过自身的体验感知获取亲身经验的过程,很可能获得的是"短期效果",反而造成另一种形式的"按图索骥",看似问题得到了解决,实则是限制了学生思维能力的发展。

项目化学习培养的是学生的核心素养,教师在设计学习支架时常常抱着"学生能够成功解决问题"的期望,而实际上,即使是探究一个相对复杂的真实问题,如果是在教师的全程指导下完成,学生的核心素养并不能得到有效发展。"先尝试、后指导",真正发挥学生为主体的学习模式,在复杂问题中亲身经历失败,并对这种失败进行反思,学会正确面对、处理这种"失败",在体验感知的过程中获取宝贵的学习经验,将"失败"变为"有效",才能实现提升学生核心素养的目的。因此,支架的出现不宜过早,而是当学生先尝试而遇到困难,思考后仍对找到解决方法存在一定困难时再提供,才能让学生"跳一跳,摘到果子"。

(四) 在项目中如何运用上述的策略、方法解决关键问题

(1) 找准学生的困难之处,提供针对性支架

本项目中,学生在建构数学平面几何知识时,能够认识、辨别常见的平面几何图形,但当要进一步探究它们的特征以及能够产生美感的组合形式时,过于抽象的概念让学生一时无措,或者有了不错的创意,却因为形状不够标准,影响了组合的效果,阻碍了创作。最开始的方案中,项目教师们考虑得相对简单,就让学生用笔和尺直接作画。很快就面临困难:二年级学生还不具备画出规范的几何图形的能力,这也不是二年级数学几何知识的技能目标。小学低年级阶段,学生以具体形象思维为主,学生往往通过各类学具去更直观地理解抽象知识,辅助他们将想

象中的可能性转化为可靠的结论。因此,教师找到了一种比较合适的学具支架"几何扣条",并根据学生作图的需求自己设计制作了一套既是"尺"、又是标准图形模具的"几何板",去帮助学生克服能力上的不足,突破难点,发挥自己的创造力,学生可以在使用几何扣条拼搭的过程中发现特征、总结规律,在尝试组合时可以直接用它来拼搭,反复尝试多种不同的组合模型,需要绘制设计稿时,又可以直接描绘,画出来的图形规范、标准,让创意思维得以体现,也不影响后续的颜色搭配,学生在创作时既方便又高效。

在项目迭代时,老师们并没有停止探索,用几何绘图软件代替了几何图形板帮助学生建构知识、设计创作,使用更方便、更精确,学生可以尽情发挥创意,图形种类不受限制。信息技术的介入还能弥补时间、空间的局限性,从而逐渐开发学生的形象思维能力、动手实践能力。学习支架的提供在内容上应该有针对性,帮助学生克服因为技能不足而产生的学习困难,从而实现每个阶段的学习目标。

(2) 反思项目出现的问题,改变设置学习支架的时间

在探究"如何让色彩搭配具有美感"这一子问题的过程中,老师提供了大量的资源支架让学生欣赏感受,比如艺术大师的画作、著名的建筑设计、含有几何元素的艺术作品等,然后就让学生直接进行作品创作。很快,教师发现,学生的设计千篇一律,只是对看到过的艺术作品的简单模仿与复制,不具备创新思维。项目组开展了反思讨论,究其原因,显然是"知识在前,儿童在后",并没有给学生足够的时间去经历对图形和颜色的体验与实践。于是项目教师重新调整各类支架提供的关键时间点,在每个知识建构的重要阶段都设计了学生自主探究的环节。在入项活动中,让学生先针对驱动性问题进行思考,填写 KWL 表,取代了之前的建筑艺术欣赏与讨论;在给学生观察各种几何图形组合的造型之前,让他们先在没有任何参考的情况下大胆设计一次;在欣赏艺术大师们对颜色的运用前,让学生们先自己用平板玩"配色游戏"。

在不断地完善过程中,支架的效果反馈提醒着我们要改变惯性思维,站在学习者的角度,给予充分探究的时间与空间,在他们形成了自己的想法与认知后,需要成人经验帮助他们去进一步提高、完善时,再架设学习支架。学习支架的提供在时机上应该"恰到好处"。

三、对关键问题新的理解与思考

(一) 以终为始,预设学习难点

项目化学习让学生能够进入知识的逻辑形式和意义领域进行深度学习,学生经历的项目探究过程指向的是最终的学习成果。所以在项目设计阶段,教师就可以根据该项目最终期望学生达到的学习成果预设各个学习环节可能产生的问题和遇到的困难,准备好合适的学习支架,帮助学生克服困难,达成学习目标。

(二) 分解目标,整合学习支架

项目化学习指向的是学生有意义、有逻辑地学习。教师可以根据项目学习目标和驱动性问题对项目的实施过程进行分解,形成有衔接性的探究子问题链或任务链,从儿童认知规律特点出发,整合项目探究过程中需要的各类支架,让学生的探究过程可视化、条理化,帮助学生理清项目思路,便于学生循序渐进地深入研究学习。

本项目中,项目组教师就首次尝试编写了整合各类学习支架所形成的学习手册。整本手册按项目化学习的环节分为入项探索、知识与能力建构、形成与修正成果、出项展示、反思五个阶段,每个阶段都设计了环环相扣、层层递进的探究活动与学习支架,帮助学生形成学习成果,达成对核心概念的深入理解。其中,问题支架是最重要的支架,需要教师引导学生根据驱动性问题产生有结构、有逻辑、有关联的子问题链为学生提供可持续的探究路径,而每个子问题又可设计任务串帮助学生逐步解决问题,自主建构知识与能力。这样的学习支架架得"有理",在真实情境中,从横向、纵向上引导学生逐步掌握个性探求、独立思考、明晰判断的能力,促进其创造性问题的解决;架得"精准",架在学生知识方法技能缺失的地方;架得"巧妙",架在"恰好需要"的时机;让学生能够对驱动性问题展开可持续的探究。

（三）及时反思，迭代学习支架

学生的学习表现不是一成不变的，在项目化学习的过程中，学生总会面临新的问题。教师要始终站在儿童立场，从学生视角出发，不断反思、总结经验，在项目迭代的同时，根据学生的实际需求，不断创设新的、更合适的学习支架，引发跨情境的迁移，帮助学生在实践中理解核心知识与概念，推动高阶思维，进行创造性地思考，获得心智的自由。

7. 学习支架如何助力学生理解复杂性问题？[①]

一、关键问题

项目化学习的实践中，有不少跨学科的项目出现了这样的情况：同一个主题或同一个核心问题，常常在不同年龄层的学生群中实施。面对这类项目中的复杂性问题，要帮助低年级学生正确地理解问题，以学生力所能及的方式解决，最终使项目有效落地，就需要学习支架发挥作用了。

二、项目与策略

（一）项目简介

"救救北极熊"项目是根据科教版二年级下册自然教材第五单元"动植物的生存环境"第四课——"环境变化对动植物的影响"设计和展开的，同时涉及语文、美术学科的项目化学习，通过 10 课时（自然 4 课时、美术 3 课时、语文 2 课时、校会课 1 课）引领学生在项目中不断思考本质问题：人类活动与环境变化之间的关系。

本项目的驱动性问题是一封来自北极熊的求救信。在驱动性问题所创设的情境中，学生通过经历丰富的学习历程，最终形成两个项目成果——科学展板与生态小卫士擂台赛，用个性化的方式向一年级的学弟学妹分享自己的学习收获，将自己逐渐明确的拯救北极熊与人类活动之间的关系讲述给大家听，从而唤起他们的环保意识。而这也正是二年级学生们依据现有的能力所进行的创造性解决问题的实践。

[①] 作者：上海市徐汇区建襄小学　戴雯

(二) 关键问题在项目中的表现

为了帮助学生理解核心问题,促进学生的持续探究,老师在项目创建之时就有意识地设计了学习支架。但这些学习支架碰上学生真实的学习情况时,却出现了各种各样的问题。

1. 学习支架的实施效果时有时无?

情境一: 入项课上,老师组织学生谈谈阅读了北极熊的来信之后的感受。

起初,老师运用多媒体将北极熊的来信投放在大屏幕上,请学生读一读信的内容。但二年级学生的识字量有限,部分学生无法顺利地通读此信,更无法读懂信的意思,讨论无法顺利展开。为此,老师特将这封信的内容制作成小视频,以北极熊的口吻亲自讲述,从而有效解决了"学生不理解"的问题。

情境二: 老师组织学生联系生活经验和已有知识储备,说说是什么导致北极熊生活陷入了绝境。

在学生讨论的过程中,一些课外知识非常丰富的学生提及了"温室效应""酸化"等复杂且专业的术语。的确,这确实是导致北极熊生活出现各类问题的重要原因,但大部分学生只是听说过这些专业术语,未曾深入理解。

为此,老师提供了相关的科学解说视频。但在观看了视频之后,学生仍然懵懵懂懂。"学生不理解"并没有通过"视频资料"这一支架得以解决。

2. 学习支架只促进了部分学生的学习?

入项课上,老师请学生以四人小组的方式一同观看iPad中老师已经导入的视频资料,再各自想一想北极熊遇到了什么困境,并分析其原因,最后开展头脑风暴,把团队的智慧写在记录单上。

小组成员在观看视频时都非常专注,但有的学生课外知识丰富、思维敏捷、反应很快,一边看一边议论,有的学生则难以参与其中,以至于个别小组的交流成了某位同学的独角戏。而在集体交流的环节,由于同学们所看的视频内容是相同的,先行发言交流的同学抢占了优势,其他同学难以辨析或补充发言,头脑风暴只是成了部分学生的阵风。

3. 学习支架的设计过于理想化?

为了让每个学生都有独立思考的时间、空间以及成果,进而形成小组思维的碰撞,老师特意给每位学生下发了一张便利贴,各自记录下自己的想法,再下发了小组记录单,请学生归纳总结小组的智慧。但这设计并未将老师的理想变成现实,收获预期的效果。

情境一:在独立思考的过程中,不少学生难以用简单、概括的词语清晰地表达自己的核心想法,而是把自己的思考一句一句地写在便利贴上,使得头脑风暴时异常安静,时间都花费在了写句子上,小组交流却没有开展。

情境二:在集体讨论时,学生们根据小组记录单一同分析北极熊的困境与其产生的原因之间有怎样的关系。但二年级学生年龄尚小,思辨能力有限,学生们有的"逻辑混乱",有的"前言不搭后语",导致讨论流于形式,令老师难以招架。

学生的真实学习情况激励着老师不断思考,持续迭代优化学习支架的设计,并从中形成一定的经验与方法。

(三) 解决关键问题的策略、方法

1. 运用异质同质的互补性,促进学生产生真实的交流

学生本身的知识储备是有一定差异的,在关键的知识能力还没有被构建的情况下,讨论往往会成为知识丰富的学生的个人秀。如此,既不能促进学生深入思考、理解核心问题,也不能架起学生之间的横向联系,发展学生的社会性交往能力。

因此,教师需要巧妙地设计学习支架,有意将学生观看的视频、获取的信息分成不同角度、不同层面的内容,从客观角度使学生之间形成信息差,运用同质和异质所产生的互补性去激发学生的好奇心和探索欲,使学生之间产生真实的交流,让学生的思维得以碰撞。

2. 模拟科学家亲历实验,促使学生的理解更为真切

"温室效应""酸化"之类的科学知识是非常复杂而综合的话题。课堂上,仅仅通过视频资料,并不能够使学生真切地明白这些深奥的科学知识。但是如果学生亲自尝试了一些比较简单又指向核心问题的小实验,如同科学家一样在实验中去思考、去总结、去发现,那么学生自然而然地就能突破理解其中的难点,实现项目

带给学生的真正价值。

3. 借助简单的句式,使得学生的表达清楚流畅

低年级学生的表达水平是参差不齐的。课堂上,学生词不达意的情况不仅会使得同学、老师难以理解其所要表达的意思,还会浪费了宝贵课堂时间。因此,为学生提供一些简单的句式则成了有效的方式。这些句式帮助学生清楚地表达了自己的想法,也快速提升了学生的表达能力。

(四) 如何运用上述策略、方法解决关键问题

在整个项目的实施过程中,学生通过课内与课外相联系的方式持续进行探索和学习。老师也根据真实的课堂学习样态,积极调整、迭代着学习支架的设计,以帮助学生逐步理解并解决复杂问题。

1. 在学习资源中建立信息差

情境一:在读懂了北极熊的来信之后,充满好奇心的孩子们关注起"北极熊到底遇到了什么样的生存困境"这个问题。此时,老师为学生提供了一个资源素材包。

老师事先查找了 4 个视频资源下载到 iPad 中,并将 4 个视频资源进行归类,刻意将不同的视频资源推送给不同的学生,使得同学两两之间看到的视频是不同的。

这样巧妙的设计,使学生之间形成了信息差。在四人小组交流的时候,信息差则有助于学生有效地倾听和分享,学生们的"获得感"和"成就感"就更容易得到满足了。

情境二:北极熊的困境由哪些原因造成? 为了帮助学生有逻辑地探寻,老师为不同学生提供了不同的课外读物。

在语文课上,老师组织学生开展有关于"北极熊"的主题绘本阅读,引导学生结合自己拿到的绘本故事填写阅读记录单,及时记录下自己的发现。这些绘本与研究主题密切相关,符合孩子的思维特点。而正由于小组成员的读物内容不同,所以每位组员在小组交流时都格外积极、倾听格外认真,有效激了学生持续探究的兴趣。学生还能运用知识间的勾连逐渐理清思路,将北极

熊面临的主要困难归纳为"环境污染""温室效应"两方面,并意识到这两方面都与人类活动有着密不可分的关系。不知不觉间,学生对造成北极熊的生存困境的原因有了较为深入的了解,他们的自我反思与调控、关爱北极熊保护地球的情感也逐渐被激发。

图 1 关于"北极熊"主题的绘本

2. 在科学家的引领下进行科学实验

什么是温室效应?和人类的哪些行为有关系?面对这个科学含量极高的问题,我们邀请了中科院的科学家们为学生答疑解惑,并适时地提供了 3 个实验"认识二氧化碳""迷你世界中的温室效应"和"迷你世界中的海洋酸化"作为学习支架。

科学家带着简易的设备走近课堂,亲自演示了三个实验,并从专业的角度讲述了科学知识、科学原理。课后,每位孩子也在家中亲自尝试了"白醋泡蛋"实验,体验了一回"像科学家一样思考"。

在实验记录单的引导下,学生将实验数据进行记录、整理、分析,最终得出实验结论(图 2)。学生不仅体验了做实验的乐趣,还初步习得了科学研究的方法,养成了科学探究的习惯。"温室效应"不再遥远,学生的理解更接地气,本项目的难点也有效突破了。

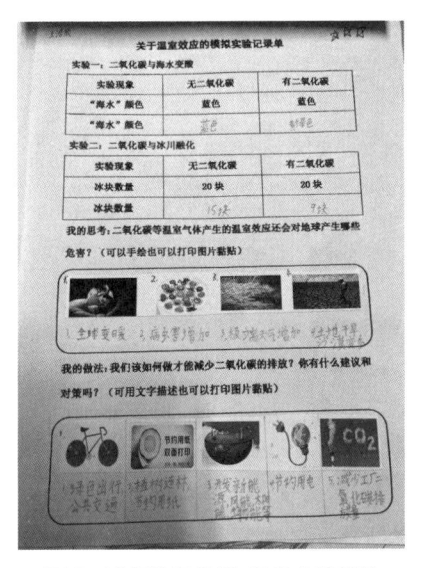

图 2　进行数据分析,得出实验结论

3. 提供句式,提升表达

在项目实施的过程中,学生多次遇到表达方面的困难,有了一些简单的句式,学生的表达更加清晰,学生的讨论也更为有效了。

例如,学生要根据看到的视频内容说一说北极熊遇到了哪些困境及其原因。此时,老师引导学生用"什么怎么样"的句式用一两句话说清北极熊的生活困境。学生一下子就能说清自己的想法,讨论时,同学们很快就从多个角度了解到了北极熊所处困境。

又如,在阅读绘本之后,学生要梳理故事信息,与同伴分享交流。为了帮助学生表达清楚,老师设计了一份作业单(图3),以填空的形

图 3　教师提供"作业单",作为学习支架

式引导学生关注故事的主要内容,把握北极熊所遇到的困境及其原因。有了作业单为支架,学生们的交流更高效了,学生的表达能力也得到了提升。

4. 学科协作,达成成果

为了帮助学生做好科学展板这一新鲜事物,优化最终的成果,自然、语文和美术学科通力合作。

(1) 自然学科:提供范例,了解框架

自然老师通过提供范例,让学生初步了解了科学展板是什么,由哪些部分组成,并分享了许多框架素材,使得学生一下子对科学展板有了比较清晰的概念,很顺利地进入到展板的主题确立与内容安排这一进程中。

(2) 语文学科:写法指导,提升表达

考虑到出项对象主要是二年级小朋友,展板的内容不仅要表述清楚,还要具有一定的吸引力。语文老师通过补充资料来启发学生:用拟人的修辞手法、以"第一人称"的视角,甚至用小诗、倡议书等方式来展现学习所得,丰富表达方式。

(3) 美术学科:学会设计,懂得审美

一份精美的科学展板,一定离不开多彩的美化。美术老师依照课标,提供丰富的素材和模板,让学生学会多种标题的设计、懂得围绕主题选择装饰素材,提升审美能力。

在三门学科老师的协作下,学生制作的科学展板内容丰富、精致美观。出项时,孩子们自信满满地拿着一份份各有特色的展板向学弟学妹进行介绍宣传,博得了一阵又一阵掌声。

三、对关键问题的新的理解与反思

(一) 用学习支架建立信息互补

项目化学习往往是以课内和课外相结合的方式来推进的,为了帮助学生深入理解核心问题,老师常常会给学生大量补充课外读物,补充视频资料。这些资料能够开拓视野,联合更丰富多元的知识,以促进学生深入理解、持续探索。

当学生在理解核心问题存在困难的时候,老师不仅需要精心选择资料作为学习支架促进学生的理解,还可以有意将资料化整为零,分发给不同学生,使学生之间形成信息差,如此,学生的收获将更具个性化,学生之间的交流将更通畅、更有效,也更能够碰撞出思维的火花。

(二)用学习支架引导思维方向

跨学科项目往往需要将一个个子问题抽丝剥茧,方可走向问题的本质。然而在子问题的探索过程中,庞杂的信息互相穿插,好像编织成一张张网,常常令学生和老师迷失其中。因此,老师需要找准关键问题,通过设计学习支架,帮助学生在项目探索的过程中学会拆解、分类、梳理,训练学生的思维,实现思维的跃迁。

本项目中,学生通过讨论总结了造成北极熊的生活出现困境的原因:海洋污染、食物匮乏、冰川融化、气候变暖确实都会对北极熊的生活造成影响,而且这些方面大多互相影响,形成连带关系。然而,这看似繁杂的原因其核心问题正是温室效应。因此,老师通过思维导图的形式,引导学生去发现、去总结,很快便能聚焦问题的核心了。

(三)用学习支架提升认知层级

项目化学习通过高阶认知带动低阶认知。高阶学习一般又是基于"获取和整合知识"和"扩展和精炼知识"两个低阶学习进行的。因此,老师要善于把握项目中的难点,通过学习支架的创设化,帮助学生在低阶学习的过程中有效经历获取、理解、感悟、提炼,实现高阶学习的成效。

正如本项目中,老师通过科学实验丰富了学生的探索过程,让学生在实践中逐步理解"酸化""温室效应"等复杂而综合的科学问题,真正懂得要拯救北极熊的关键在于我们人类要爱护环境、保护环境。在出项阶段,老师提供的素材、模板也有效帮助了学生通过画画、写写、贴贴的方式制作出科学展板,让二年级的学生也能通过稚嫩的画笔阐述这复杂的科学知识,唤起大家的环保意识。

第四章　如何支持团队合作与观照学生个体差异？

"学会交往,善于沟通,具有基本的合作能力、团队精神",这是义务教育培养目标中"有本领"的时代新人的应有之义。学校要培养学生"善于合作学习",项目化学习是重要的途径之一。小组学习是学校项目化学习开展的主流形式,团队合作则是小组学习的核心与关键所在。项目化学习的团队合作需要围绕具有挑战性的问题共同探索、解决问题,从而促进所有成员的成长。[①] 因此,相较于传统的教学方式,在项目化学习中,教师对学生团队合作的支持和帮助尤为重要。

与此同时,项目化学习要遵循"重视差异化教学和个别化指导,培养学生自主学习能力,帮扶学习困难学生"的普遍教学要求。教师在支持学生小组合作的同时要关注学生的个体差异。不同基础、能力和性格的学生,特别是顶部和底部的学生需要得到教师的重点关照。小组学习的目的是让小组内的所有学生在原有基础上得到提升。面对个体差异日益扩大的学生群体,教师需要更好地掌握学生的学情,在项目化学习的设计和实施过程中对有需要的学生个体提供支持和帮助。在项目化学习中,教师可以如何支持团队合作与观照学生个体差异,请参考本章节的三位教师的思考和实践。

8. 如何通过学习活动中的信息技术和学习工具有效赋能学习支架?

　　徐汇实验小学　　顾圣裔

9. 如何在项目化学习中支持学生团队合作?

　　徐汇实验小学　　张怡卓

10. 项目实施如何观照学生的个体差异?

　　世外小学　　姚薇磊

[①] 夏雪梅.项目化学习的实施:学习素养视角下的中国建构[M].北京:教育科学出版社,2020:163.

8. 如何通过学习活动中的信息技术和学习工具有效赋能学习支架?[①]

一、关键问题

如何通过学习活动中的信息技术和学习工具有效赋能学习支架?

二、项目与策略

(一) 项目简介

"我为学校办画展"这个项目是五年级学生的学科类型项目。确定这个项目是因为正值十周年校庆,学校开展了美术节"画画心中美丽校园"的活动,总共收到各种形式的书画作品150多幅。经过询问,学生想要通过举办画展为学校送上一份有意义的礼物。并且他们想要自己来策划画展,觉得这样做更加有成就感,也能学习到更多的策展相关的知识。五年级的学生在小学阶段的美术学习中已经具备了较高的美术知识与技能,因此把策展工作交给他们无非是一种新的学习和挑战。恰五年级的美术欣赏单元内容"走进博物馆"和"身边的美术馆",也与画展策划的学习相关,因此,我们以学科项目化的学习形式开展活动项目,帮助学生通过自己的合作与发现共同参与画展的前期策划。不仅提升了审美感知和艺术表现,在创意实践上也能运用多学科知识,紧密联系生活实际将自己的想法转化为艺术成果,有助于学生形成创新意识,提高艺术实践能力和创造能力,增强团队精神。

学生在这个项目中需要经历的学习历程是:了解展览馆的主要功能,思考举办展览的基本流程,合作分工完成画展的作品挑选、前言撰写、设计场馆效果图、

---

① 作者:上海市徐汇区徐汇实验小学 顾圣裔

绘制宣传海报、周边纪念品等准备工作。最后形成的项目成果是完成画展的策划工作并形成一份策展方案，以小组的展示、介绍评选出最佳策划团队。学生的创造性体现在画展主题设定、前言撰写、海报设计、展品布置等，学生在项目过程中对于作品的赏析及艺术展览的策展工作有了更深的理解。此项目学科为美术，课时为5。

（二）问题在项目中是怎样表现的？

在项目化学习中，教师会根据学生的需要在适当的时机为学生提供帮助，在学生解决当下问题后撤去帮助，将学习主动权逐步转移给学生。本次项目化学习主要解决的问题是小组合作尝试制定一份画展策划书。五年级学生具备了能运用感悟、讨论和比较的方法，描述、分析作品的主要内容和特点。也能根据老师提出的主题和任务或自己的所见所闻、所感所想创作富有创意的平面、立体或动态的美术作品，也能为班级或学校的活动设计作品。根据他们现有的知识技能，对于策划举办画展，他们提出了一些子问题，如：哪些作品可以展出？举办一个画展需要做哪些准备？展出的作品应该如何摆放？用什么方法吸引观众？什么样的策划方案是优秀的？因此，老师需要搭建的支架为：通过参观学习能帮助学生了解展览馆的功能和结构；通过阅读文本资料和观看视频能帮助学生了解展览场地的布置效果和举办绘画展览的基本要求及其过程；通过欣赏与交流能激发学生的灵感与想象，设计出吸引人的海报和邀请函。若希望这些学习支架能有效被运用，就需要运用信息技术和设计不同的学习工具来赋能。

（三）解决关键问题的策略、方法

1. 用美术的方法解决美术问题

在项目实施阶段，学生会面临资源、技术的缺乏而无法继续的情况。因此，为支持学生完成学习任务、实现目标，教师可给学生提供解决问题的学习资源或进行导航，其中包括相关的网络地址、参考书目、文献索引以及其他多种媒体资源，从而减少学生查找资源的盲目性。在《义务教育艺术课程标准2022版》中提到，美术学科注重引导学生理解"美术学习始终要保持好奇心和想象力"，鼓励采用体验化教学、具身化教学、信息化教学等多种教学方法,引导学生以小组合作的方式,开展探究性学习、自主学习、合作学习,以及基于问题的学习、基于项目的学习。因此,美术也需要学生用美术的欣赏、交流、对比、临摹、感悟的方式让学生寻找解决问题的答案。老师只需要提供"绘画工具"或"创作材料"即创造环境、提供思路、给予参考的资料,让学生在一定的框架里自由发挥自己的所思所想。

2. 用艺术家的方式思考

在整个项目化学习阶段,师生、生生间离不开交流和分享。因此,教师可以为学生提供交流的主题和机会,指导学生交流的方法、技巧等,使学生知道如何与他人进行交流学习,认识到与他人交互协作学习的重要性。通过学习单、任务单、设计思路、审美感受的分享、观点碰撞,从而达到鼓励、启迪的作用,为通过方案解决问题打下基础。

3. 在评价中不断改进

不管是过程还是结果,教师需要为学生提供自评或互评的方法和机会,通过不同的评价单让学生明确各个阶段小组活动的目的和意义,如策划书是否完整、小组分工是否合理、设计理念是否符合主题,距离出项展示还有多久,是否能按照规定时间完成任务,从而调控小组和个人的学习进程,维持学习动机,感知学习目标,促进反思与迭代。

(四) 如何运用上述的策略和方法的/是如何解决关键问题的?

1. 博物馆进校园

在入项课中,我们通过信息技术"云游上海博物馆",通过老师的指导学生尝试运用平板电脑在"云端"博物馆上自主挑选一个感兴趣的展馆进行"云"参观并完成一张学习单。学生不但欣赏到了精美的展品,感受了历史文化的熏陶,也能很直观地对展览馆的整体结构和布置进行了解。通过对博物馆中的艺术品的欣赏与分析,学生能从作品本身的角度说出自己的感受,对作品的主题、内容及绘画形式也有了更加广泛的见解。

2. 开启头脑风暴

为了检验学生"云游"博物馆的学习成果,我们组织了一场"头脑风暴",让学生在便签条上写一写举办画展的流程和需要准备些什么。最后以小组的形式集中起来进行交流与分享。主要目的是想知道学生对展览的策划流程了解多少。大部分学生能关注到展览的场地、作品、作者信息、周边文创等方面，但展出场馆布置与宣传提到的比较少。于是我调整了之前预设的学习支架，重点增加了场馆布置这一块，让学生通过阅读规范的策划书和相关办展的学习资料及分配任务来了解举办展览的基本步骤和准备工作。

3. 有趣的学习工具

（1）入围作品信息表

通过艺术场馆的"云参观"和策展相关资料的学习，经过讨论与交流学生了解了艺术场馆的功能和美术馆的布展方法，学生也知道了作品的分类要求。通过填写"入围作品信息表"，能让学生用自己小组的审美标准去挑选符合画展主题和要求的作品，同时把入选的选择标准或理由记录在信息表中。在交流和分享的过程中也能围绕重点开展讨论。如组内成员每人负责挑选15—20幅作品并说明理由，集体通过后把作品编号记录下来。有些小组按照作品的形式、内容进行分类，并在同类型中根据自己在美术课中学习到的欣赏方法对作品的构图、色彩及完整度有了自己的审美标准，并通过小组中的交流与表达，共同挑选符合展览主题的作品。

老师：哪个小组来交流一下，你们挑选出了哪些作品，并说说你们的想法吧。

学生：我们一共挑选出了20幅作品，分别是这几个编号……，这些作品中有3幅国画、2幅书法、1幅剪纸、1幅电脑画、1幅素描，其余的都是用水粉和油画棒画的校园写生。我们也根据作品的内容进行了分类，画校园美景的有10幅，画教学楼里的教室有5幅，还有一些其他地点如操场、校门口。

老师：你们挑选的作品，内容和表现形式都很丰富。这些作品还有什么优势是值得展出的呢？

学生：老师，我们选出的作品，首先他们都画得很完整，构图饱满，色彩丰富，内容也都贴近校园生活，能看出这些同学都是非常用心在完成作品的，而且都特别美观。所以我觉得很能代表我们的水平，所以我们选出了这些作品。

老师:还有哪些小组有不同的分法呀?

学生:老师,我们小组是按照年级来挑选的,我们从不同的年级同学的作品中挑出优秀的作品,因为我们觉得不同年级的作品都要有,这样才能代表我们学校的作品。

(2) 策划小组工作表

画展布展工作较为复杂,而小组工作表能详细记录每位组员需要完成的任务,完成情况和完成的质量,也能让学生的能力在组内得到充分的锻炼。本次项目化学习中,我们把5到6名学生分成一个策展小组,根据头脑风暴和布展相关资料的阅读,每个小组把布展中的任务大致可以分成小组集体任务和个人任务,其中集体任务是参展作品的挑选和墙面效果图的设计,除了小组集体任务,还有个人任务,这些任务大致有展览前言的撰写、展览宣传海报设计、展览周边的设计、策展方案讲解员以及画展导览等任务。在小组中表达能力强的孩子可以选择讲解类的任务,绘画设计能力强的孩子可以选择绘画创作类的任务,文笔好的孩子则可以选择撰写类的任务,无论是集体任务还是个人任务,每个孩子都能根据自己的特长找到适合自己的任务。孩子们各司其职,最终把自己的成果汇总起来,就是一份完整的展览策划方案。

(3) 墙面效果图

为了增加学习工具的趣味性,又能有效模拟并设计出作品的摆放效果图,老师把入围作品制作成了贴纸,再把墙面的展出面积也进行了缩放并打印出来,方便学生进行随意的摆放和布局。哪些作品适合摆在一起?作品摆在墙面的什么位置最合适、美观?学生通过摆放和拼贴就能有一个直观的概念,最后完成的任务单就是一张画展的墙面效果图。

(4) 评价工具

设计不同的评价工具能让学生在学习活动中对自己小组的情况进行评估和反思,如:工作进度表能提醒学生注意时间节点完成任务;小组合作情况表能让学生反思在活动中小组是否合作良好。个人任务达成表能让学生明确自己的职责,认真完成自己承担的任务。最佳策展计划评选表能让学生明确什么样的策展计划是规范的、合理的、完整的。不同的评价工具,也能为学习支架有效赋能,帮助学生共同制定评价内容、细化的评价要求,从而达到活动目的。

三、我对关键问题的新的理解与思考

(一) 如何让画展看起来更加吸引人?

本次的美术项目化学习以校庆办画展为契机,积极调动了孩子们对于办一个属于自己的画展的主动性,在整个过程中学生也能充分发挥自己的美术知识与技能通过小组合作去完成策划任务。在整个过程中有合作交流、有动手操作,也有互相提问与答疑,符合项目化学习的基本形式与流程。不过,由于这是我们学校第一次开展学科类的项目化学习,对相关理论掌握及学习支架的搭建还有很大的不足。策展工作是一个复杂的工作,学生只是通过自己在课堂上的学习去初步了解办展的流程,尝试体验了办展的基本过程,其中还有一些环节是欠缺的,比如画框的挑选、灯光的布置、名牌设计、画框的高度、装裱作品的技能等,所以专业的事情还是想交给专业的人来做,比如请专业的场馆负责人来介绍如何办展,或者亲自带学生去美术馆参观,让学生带着自己的问题在参观的过程中寻找答案,通过体验装裱过程来感受作品装裱的意义,这些都能更加直观地提升审美感知。

(二) 如何让画展策划小组更加专业?

组织一个画展需要进行挑选作品、作品的装饰、展品的摆放设计、海报设计、请柬设计、布展、组织接待和讲解等环节的筹备。这次项目学习的分组是5—6人随机分组,除了集体任务,在承担小组个人任务上有些学生显得有些孤立无援,没有商量、交流的人,除了分享小组进度的时候其他成员能给予建议和意见,其余时间基本都是独立完成,任务没有一个统一的标准和要求。如果老师能在课前设计一个调查工具,按照班级学生的能力和特长进行分组,把整个策展项目按工作性质分成设计组(负责海报设计、请柬设计、作品标签设计)、展览组(负责作品装饰、展品摆放设计、布展)、宣传组(负责宣传文案撰写、画展前言撰写、导览文字撰写),这样分组会更加专业和合理,老师也能根据不同的内容提供更具有针对性的学习支架和学习工具。学生在项目学习中也能有更多的交流和探讨。

(三) 如何当一名合格的参观者?

举办画展是一个是学生展现自己对自然、生活、环境感知的一种方式,通过展览向观众传达美的感受。同时也能让观众在展览中感受艺术文化的乐趣,享受艺术文化的熏陶。作者与观众都需要具备基本的审美素养才能体现出艺术展览的意义。作者传播美的同时观众也要感知到美才行。

贯穿小学五年的欣赏单元的内容,从民间工艺、绘画、雕塑,再到名胜古迹、宏伟建筑、自然环境的欣赏感知,学生能根据不同的欣赏对象用适合的欣赏方法去解读作品、感知艺术也是审美素养的一种体现。因此,核心素养的"迁移"和运用,需要给学生创建真实的情境、搭建展示的舞台,如何成为个性的展览者和有"见解"的欣赏者,对于老师来说在设计项目化学习时都需要考虑。

9. 如何在项目化学习中支持学生团队合作?[①]

一、关键问题

如何在项目化学习中支持学生团队合作?

二、项目与策略

1. 项目简介

作为一位年轻的教师,在本学期我有幸成了我校项目化学习活动的一员。"'小乐乐'礼盒包装设计"是我作为一名项目化新人第一次组织展开的校项目化学习活动。本项目是一个以劳技学科为主的学科项目化活动,是以我校布艺社团制作的"小乐乐"布艺挂件为契机展开的。"小乐乐"作为我校的吉祥物,通过布艺社团同学的巧手变成了一件件表情各异的小挂件。作为我校吉祥物衍生产品的"小乐乐"布艺挂件将被作为小礼品赠送给来我校参观的朋友们。现在它们缺少一个包装,想一想设计一个什么样的包装比较合适?

这个项目是面向四年级的学生学科类型的项目,名字为"'小乐乐'礼盒包装设计"。之所以确定这个项目,是因为学校非遗社团的学生会制作很多精美的非遗作品,这些作品经常会作为礼物赠送给来校参观的参观者。但精美的作品却总是包装在普通的包装袋里,这些包装袋随处可见,没有体现我们学校的特色。本次项目设计的驱动性问题是"如何帮学校非遗社团作品设计合适的外包装盒"。

学生在这个项目中需要经历的学习历程是:

[①] 作者:上海市徐汇区徐汇实验小学 张怡卓

(1) 资料采集；

(2) 小组讨论设计理念，绘画设计草图；

(3) 制作前期准备，讨论研究制作包装盒需要哪些工具或者数据；

(4) 尝试运用选择的材料制作纸盒；

(5) 纸盒展示与小组讨论；

(6) 根据讨论二次制作。

学生在项目过程中对于纸盒的尺寸、材质、造型样式有了更深的理解。本项目涉及的主要学科是劳技，共4课时。

2. 问题在项目中是怎样表现的？

项目化学习活动多以小组分工合作的活动方式进行开展，但是在实际情况下，很多学生都是分工"自"作而不是"合"作，各做各的并没有体现合作。这种现象主要集中表现在包装盒制作环节，有较多的小组组员仅仅只是做到了共享设计图，在制作时根本没有考虑分工，每位同学都在按照设计图做自己的盒子。这让原本的高效分工变成了每个人的单打独斗，不光大大地拉长了制作的时长，更是在低效率的同时也拉低了成品的质量。也有一部分小组的成员出现分工不均的情况，劳动能力较强的同学会分配到大量的工作，而其他能力较弱的同学则会出现放弃劳动任务等情况。因此许多设计得很好的项目都会拉长课时，甚至会出现完不成原有计划目标等情况。为了更高效地开展项目化学习，教师需要想办法支持学生的团队合作，提高分组活动的效率和学生的团队合作意识与能力，让项目化学习活动顺利推进，提高课堂效率。

3. 解决关键问题的策略、方法

(1) 提供交流平台供学生进行倾诉

建立一个交流平台，让学生把团队合作中碰到的不开心的事情以匿名的方式投进交流平台，借由这些信息让学生们出谋划策，以此为契机找到解决问题的方法。在交流中让其他学生站在旁观者的角度去看待问题，也为之后在团队合作中碰到相关的问题时能够有一定的指导借鉴意义。提供面对面交流的平台，让学生通过现场沟通的形式解决问题。通过交流让双方明白对方为什么会生气、对方希望自己做些什么，为更好地解决问题提供一种可能。

(2) 对学生进行适时鼓励

鼓励学生敢于尝试,养成在失败中总结经验的习惯。在劳动过程中会有一部分孩子会下意识地否决自己的能力,对自己的作品不满意或者会放弃原本赋予创意的一些想法,此时老师需要及时给予肯定,让孩子能够继续大胆地尝试做下去。

(3) 凝聚团队合作精神

组织发现闪光点活动,邀请每位组员说一说小组成员优点,建立学生自信心。活动的评价标准不一定要拘泥于成品的好坏。在团队合作中起到凝聚力作用,始终努力参与活动都是同学们的闪光点,通过说一说的方式既能肯定每一位小组成员,也能更好地凝聚团队精神。

4. 如何运用上述策略、方法解决关键问题

教师与学生换位思考,从学生角度去设计支架,教师在项目化学习中也不是一味地"隐身",在必要时刻站出来,对学生的合作提供一点提示。如果项目化的入项是一个项目化活动的基石,那么团队合作就是整个活动上层建筑的强力黏合剂,起着重要的凝结作用。"'小乐乐'礼盒包装设计"项目的开展是以团队合作的形式进行的,这也是当下项目化活动中常见的一种形式。这种习以为常的合作方式却让项目化的开展陷入泥潭之中。

(1) 团队分组及小组间发生的问题

本次项目化活动考虑到后期团队合作的磨合,我采用的是自由分组模式。班级的学生都以较快的速度分为了人数为 4—6 人的 9 组成员。从最初的分组开始乃至整个过程都伴随着程度不一的争执声,恍如一个小小社会中的人间百态。有的是组员内部矛盾,觉得小组内自己分到的制作材料太少了导致部分成员做的成品较为好看;有的是出于嫉妒之心,觉得组内做得好的同学抢占了他们的风头,在双方缺乏沟通的情况下对组内同学进行了排挤,最终不得不进行小组拆分;有未完成的半成品在教室存放期间被多次恶意破坏的;有因为组员分工不均,组员反映组长只负责分派任务,自己却没有任何作为,引起了组员不满的情况;也有自暴自弃型认为自己做不好放弃不做的,形形色色情况层出不穷。

透过现象看本质,资源分配不均、人员对立、缺乏沟通、分工不合理等是引发团队矛盾的主要原因。

(2) 团队合作中产生问题的原因及解决办法

① 资源分配不均

考虑到资源分配平等性，在学生进行设计包装盒之前教师会为每一组成员准备材质、数量相等的材料和制作工具。但在实际的操作过程中，组内材料的资源分配不均却成了团队合作分崩离析的主因之一。相较于团队合作的模式，学生更多的是熟悉以自我为中心的单打独斗模式，在小组拿到统一分配材料的一瞬间，学生不会去考虑分工的问题，而是下意识想要"抢"到足够的材料以保证属于自己的作品能顺利制作完成。此时，来抢夺材料的组员就主动成了敌对成员，谁多拿了这些材料就等于要破坏所谓的团队合作。像这样子用个人主义来偷换团队合作概念的小组不在少数。此时不能说学生自私自利，更多的是学生长期以来养成的下意识习惯。

此时指导教师应该及时介入，但相对于提前预防教育，解析团队合作的意义与规则，还不如遇到问题时及时引导班级学生群策群力去发现问题、解决问题来得更切实有效。在材料下发后，我第一时间给班级同学建立一个"树洞"平台，在尝试运用选择的材料制作纸盒一段时间后让学生把团队合作中碰到的不开心的事情以匿名的方式投进树洞，借由这些信息让学生们出谋划策，以此为契机找到解决问题的方法。提出问题和解决问题的同学都在讨论中理解到底怎么样才能算是团队合作。在讨论中通过教师的适时引导明白合理分工的重要性，应该根据设计好的设计图分配每位组员负责制作的部分，再根据分工分配确实需要的材料。碰到材料冲突时应该错开使用时间，或者根据需要公用。

② 成员内部矛盾激化

本次项目化活动采用的是自由分组模式。因为是学生自由组队，团队起初是和谐的。然而，随着包装盒制作进程的加快，组员之间出现了分歧。其中一组成员的 A 同学特别擅长动手制作，不光是在课堂上专心研究，更是利用课余时间超出预期地把属于他自己的板块都已经制作完成。由于性格内向，不善于表达，A 同学又开始制作起了小组其他成员应该制作的内容。这一情况被组内 B 和 C 同学发现，两位同学指责 A 同学制作得太快，并且猜测 A 同学肯定是在家里通过家长的帮助才能把包装盒制作做得那么精美，完全是作弊的行为。

小组组员争吵是团队合作必不可免的过程,在有了一次"树洞"活动后学生对团队合作的规则和概念有了一定的了解。在此之后,成员发生争吵时,教师应给予一定的关注,但不是用直接出面调解的形式去帮助孩子解决问题,而是静观其变,给予足够的时间让学生尝试解决问题。在学生自己无法解决矛盾的情况下,教师可以提供双方一个平台进行一次调解。这个平台给双方学生一次坐下来心平气和沟通的机会。通过这次沟通,小组成员把A同学自顾自做不考虑其他组员的进程等情况,以及组员生气的原因告知了A同学。而A同学觉得只要做出好看的作品就行,觉得自己明明为了小组很努力,最后却被组员排挤表示很伤心,很愤怒。在双方都无法理解对方的情况下,A和B、C等其他成员重新进行分组。A同学选择独立成组,剩余的其他成员则继续抱团。在团队重新分组后,作为指导教师,我又对班级所有学生强调了一次项目化活动中团队合作的评价要求并且告知其他小组新小组的分组情况。

除了组员之间的对立,还有组与组之间的对立。在包装盒制作的最后收尾阶段,出现了多次作品被恶意破坏的情况。针对此情况教师应立即查明动手人员名单并及时进行双向干预,第一层是找到学生私下进行教育,第二层是与班主任老师一起通过班会课对学生进行疏导,引导学生树立正确的价值观,做正直的人,把育德树人的工作潜移默化地渗透到项目化活动中。

③ 分工不合理

分工不合理一直会贯穿在项目化活动的各个环节中,该问题在最后的展示评价环节中尤为突出。项目化活动的最后需要每个小组进行成果展示演讲,演讲需制作PPT进行展示,PPT需要由学生在课后自行完成。其中有部分小组组员反映,小组组长以自己没时间为由仅给组员分配了制作PPT和撰写发言稿的任务。这样的分工不均让其他的组员倍感压力。

对于这样子的现象我并没有做过多的介入,但教师作为项目化活动的组织者,要及时关心及知晓每个小组活动的相关进程,并及时记录发生矛盾的情况。在学生成果展示的同时可以针对相关情况进行适时的提问,询问学生针对分工不合理的现象,组内找到了哪些方法去解决问题,真正地做到通过小组合作的方式让学生明白如何合作、如何发现问题、解决问题,让学生更好地得到成长。

（3）开展团队合作的评价

在最后的评价环节中，我们把团队合作这一项纳入到作品评选会的评价机制中。为了对应评选会环节，我和学生讨论提出演讲的过程中不光需要展示学生在这个活动中自己的成功，更希望学生能够展示团队在合作过程中发现的一些问题及反思。这些反思包括思考组员合作发生了什么样的矛盾，自己应该怎么解决，在今后碰到相同的情况，有什么更好的方式去解决问题等。最后合作出项的评价机制由原来的最佳工艺和最佳设计两项改为最佳工艺、最佳设计、最佳团队合作三项。我们将最佳团队合作的标准大致确定为：分工明确、按时完成作品以及组员克服困难、凝聚团队合作精神。

根据评价奖项和评价要求，学生和老师进行投票。最后发现 A、B、C 三位同学所在的两个小组并未得到团队奖，从未有过争吵的小组也没有，反而是分工不均的小组在不断沟通磨合的过程中，他们用较为完整的作品和打动人心的演讲把组员项目化活动中无论好坏的每一面都如实地展示在了大家的面前。这一小组没有只展现美好的一面，而是把他们之间发生争吵的情况，组员之间如何努力地打破僵局，学习合作的过程完整地展示在了班级的面前。虽然他们有面红耳赤的争吵、有自我为中心的小心思，但最后他们都尝试着改变自己融入小组合作，他们用真诚打动了全班同学和在座的老师，最终根据评价标准得到了最佳团队合作奖。

三、对关键问题的新的理解与思考

整个项目化活动，是以学生为主体展开的，但教师在活动中对于学生发生的问题进行适时的点拨也非常重要。在发生问题后，教师需要根据问题原因进行分析并或明或暗地采取针对性措施较好地解决团队矛盾。时刻关注事态的发展，适当的时候介入以免矛盾变得尖锐。同时，本项目中团队合作奖的评价方案较为简略，可组织学生对奖项的评价标准做组织讨论，让评价标准更加的完善。这对于教师的个人素养有着非常高的要求。今后我会去多阅读一些活动组织、德育方面的书籍作为知识储备，多多观摩其他老师的项目化活动，多学习、多成长。

10. 项目实施如何观照学生的个体差异?[1]

一、关键问题

项目实施如何观照学生的个体差异?

二、项目与策略

(一) 项目简介

本项目是以数学为主、涉及美术的项目化学习,面向的是三年级学生。在本次项目化学习中,以制作年历为目标,要求学生在数学课上,通过教师提供的学习支架,以小组合作的方式完成"2020年的年历"的设计,理解"年月日"的概念,然后能在美术课上,独立完成"2021年的年历"并进行美化,送给自己的朋友、老师、家人。

本项目的驱动性问题是:2021年即将来临,我们如何亲手制作一份年历送给自己的朋友、老师、家人,作为新年礼物呢? 本项目共计4个课时。前两个课时主要为数学课,通过合作完成"2020年的年历"并掌握年月日的相关知识;后两个课时主要为美术课,利用学会的方法制作"2021年的年历"并美化。本项目主要分为四个任务:独立制作月历卡、核对月历卡与整合年历、归纳总结、制作2021年的新年礼物——日历。

(二) 关键问题在项目中的表现

在教育领域,我们常听到教育界人士呼吁"注重质量而不是数量",但在实际

---

[1] 作者:上海市世外小学 姚薇磊

的教育教学过程中,却往往出现了"一刀切"的现象。学生们被教师视为"同质",被迫接受一种适用于大多数人的教学方式。本项目传统的教学方式就是老师让孩子们观察年历,只要借助年历自然能找到指定的月份、日期和星期,找出不同月份的天数区别,这种教学模式在一定程度上就抹杀了学生的个性化特点。

跳出这种模式,我们让学生通过小组合作,一起制作2020年年历。没有了现成的年历作为参照,就要寻找不同的办法来定位、排列日期,学生在合作的过程中就会出现不同的差异。老师在教学过程中更好地了解学生认知水平、思维方式和学习兴趣方面的差异,为每个学生提供更有针对性的教学策略和方法,尽可能地满足不同学生的不同需求,并在学生的发展过程中,不断调整教学内容和方法,以确保学生在个性化发展中取得最好的效果。因此,在当今教育中,我们需要"注重质量,重视个体"。

(三) 解决关键问题的策略、方法

1. 教师要留意观察分析学生学习的个人特点

教师要通过观察分析,了解学生的特性。学生在遇到问题时的表现是值得分析的迹象,从中有可能发现他们独特的认知特征和动机倾向。教师要多提这样的问题:"为什么会感到困惑,卡在哪里了?""为什么老是出同样类型的错?""为什么会出现反常现象?"学生学习中明显的顺利也是值得关注分析的,从中可以发现学生擅长解决什么样的问题和学习的动力所在,分析学生在什么状况下特别顺利,在思维和理解方面具有什么特点,等等。

2. 针对不同差异的学生要采取有针对性的教学策略或方法

不同差异的学生具有不同的学习需求和方式。采取有针对性的教学策略可以根据学生的差异性,提供个性化的学习支持,满足他们的学习需求,促进他们的学习进步。如果不采取有针对性的教学策略,这些差异可能会导致学生之间的学习差距进一步扩大。而通过有针对性的教学,可以减少差异对学习的影响,使每个学生都能够得到平等的学习机会。同时教师通过采取有针对性的教学策略,可以更好地应对不同差异学生的需求,提高自己的教学效能。这将帮助教师更好地满足学生的需求,增强学生对教师的信任和尊重,促进良好的师生关系。

3. 教师要提前预设并根据实际教学情况调整针对性的教学策略或方法

在项目设计和实施中，教师要提前预设学生可能的不同表现，并在实施中观察学生的相应表现，从而提供有针对性的支持。在设计时，教师需要对学生的学习特点有全面的掌握和了解，知道他们的优势和困难所在，从而有针对性地设计教学活动和不同的教学策略，提供额外的支持和辅导，帮助学生弥补自身的学习差距，减少差距的扩大。在课堂上，根据学生的不同需求和反馈情况，教师可以及时调整教学策略，提供个性化的学习支持，促进学生的主动参与和深入理解。

（四）如何运用上述策略、方法解决关键问题

针对不同学生的差异，教师可以借助提问、任务单、学习资源、小组对话、范例等不同形式的有针对性的教学策略。这样可以更好地满足学生的学习需求，提高他们的学习效果。我对学生的学习差异及其针对性教学进行了有益的探索。

子问题 1：如何正确地填写连续两个月的月历卡？

活动一：小组分工，每人独立完成连续两个月的月历卡。

大任务驱动让学生充分暴露自己的经验，不少同学就困在了第一步，会碰到哪些类型的情况？老师又为这些出现不同表现的学生提供了哪些学习策略？

第一类学生学习基础差，平时没有接触过年历，也没有年月日的常识。他们会误认为每个月的 1 日在月历卡的第一格，就这样盲目地完成了任务。课堂上还有一位孩子是把每个月的最后一天填在月历卡的最后一格，这是老师课前没有提前预设到的，老师机智地把这两种错误归并在一起，采取的策略是启发学生检查两个月份能否首尾衔接，例如 3 月 31 日是星期二，可是 4 月 1 日星期日，没办法衔接，说明肯定填错了，让学生继续寻找方法填写月历卡。

第二类学生见过年历，也掌握某天星期几就对应写到星期几的格子里的方法，但是他现在不知道这个月的任何信息，就没办法填写月历卡而空在那里。老师采取的策略是要求学生把自己的困惑记录在任务单上，等晚些时候一起交流。

第三类学生见过年历，也掌握某天星期几就对应写到星期几的格子里的方法。因为明确记得几月几日是星期几，比如拿到的月份正好是自己的生日月，而顺利完成当月的月历卡。老师可以追着提问"10 月完成了，那 9 月能完成吗？"让

学生继续填写其他月份的月历卡,看看是否会碰到困难,学生又是如何解决这些困难的。

活动二:根据节气再次独立填写月历卡

通过活动一的交流反馈后,学生知道一定要有一些信息才能填写自己的月历卡。于是,老师提供二十四节气信息,学生根据此信息再次独立填写月历卡。在完成此次活动的过程中学生有哪些不同层次的表现呢?老师又是如何指导的呢?

第一类学生对数学的理解能力比较弱,没有读懂月历卡的信息,还是无法根据节气的信息来填写自己的月历卡。老师采取的策略是准备一张完整年历,根据该学生任务单上的困惑来提供信息,比如学生想知道 5 月 1 日星期几,就直接告知他后让他继续填写。

第二类学生有一定的理解能力,但是知识面狭窄,能根据节气的信息填写月历卡,但有填写错误。比如日期重复填写了,又或者不知道某个月份的天数,如 2 月份的天数填写错了。老师暂时不提醒,在下一环节生生交流核对时才会引出大月与小月,平年与闰年的知识。

第三类学生偏向于逻辑思维,对数学的理解能力强,能够根据节气信息完全正确填写自己的月历卡。老师采取的策略是让学生寻找核对的策略,检查自己的月历卡是否填写正确。有些孩子校对首尾是否衔接、节气信息是否正确来核查自己的月历卡。

子问题 2:如何核对出一份正确的月历卡?

活动一:重组交流,互相核对

一个人的智慧总是有限的,我们采用了流动的、开放的小组合作形式:每个人在初始小组分配到 2 个月份;中间经历重组,与拿到相同月份的同学进行交流。在重组的情况下,又有什么新情况呢?

第一类学生没有团队合作意识,缺少一个主心骨,不会一起交流核对。老师以为在组长的带领下可以一起探究,就没有提前预设过这类情况。当老师发现有一小组没办法核对的时候,立刻思考,想到的教学策略是示范和演示核对方法,如校对首尾是否衔接、节气信息是否正确,让这个小组能顺利完成任务。

第二类学生没有总结归纳的能力,只会一起核对,但找不到正确的依据。老师的教学策略是引导学生把月历卡与 3 月的节气核对，并检查连续两个月能否首尾相连。

第三类学生对数学感兴趣，乐于参与数学活动，自觉学习并发展数学能力。他们会核对填写的月历是否正确，并能一起找到正确的依据。例如负责 1 月与 2 月的小组，发现自己小组 2 月的天数有不同的答案，有一位同学的生日正好是 3 月 1 日，所以他记得 3 月 1 日是星期日。通过小组讨论，他们最后得出“今年的 2 月有 29 天”的结论，不是因为本来知道或同伴告知，而是通过“有理有据”的数学推理而来。也有其他小组通过交流发现自己的错误，并核对出一张正确的月历卡，老师让这类学生们总结与回顾填写核对依据（图 1）。通过这样的重组交流与探究，老师就可以在这个环节引出大月有 31 天，分别是：1 月、3 月、5 月、7 月、8 月、10 月、12 月。小月有 30 天，分别是：4 月、6 月、9 月、11 月。2 月是一个特殊的月份，平年的时候 2 月有 28 天，闰年的时候 2 月有 29 天。

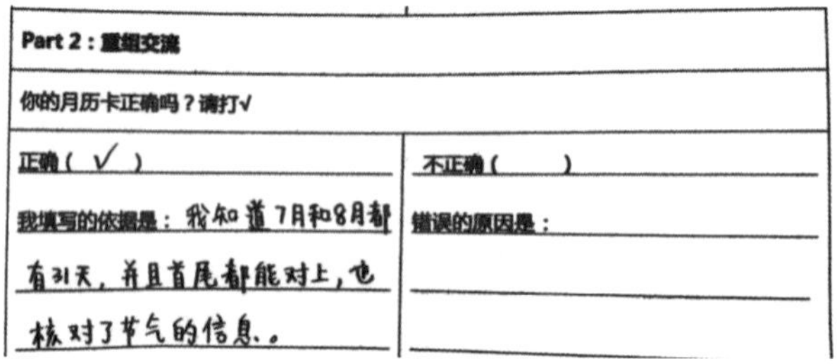

Part 2：重组交流	
你的月历卡正确吗？请打√	
正确（ √ ）	不正确（ ）
我填写的依据是：我知道7月和8月都有31天，并且首尾都能对上，也核对了节气的信息。	错误的原因是：

图 1　学生的总结与回顾单

三、对关键问题的新的理解与思考

实施差异化教学给老师带来了很大的挑战。首先，教室中存在不同能力水平和学习风格的学生，这意味着老师需要同时了解和处理不同层次学生的学习任务和需求，然后根据不同的需求设计和调整教学内容和方法，对于课堂的教学管理和组织提出了更高的要求。其次，老师课前先要预设好学生的认知水平，猜想会有哪些情况出现，需要提前准备好提供的学习策略。当然有时候也会不在预料之中,会有新情况出现,老师就要机智地当场调整教学策略。尽管实施差异化教学面临挑战,但它也能够为学生提供更好的学习体验和成长机会。通过努力和不断的实践,老师可以逐渐克服这些挑战,提供更有效的差异化教学。

要让学生经历高质量的项目化学习,就要对项目化学习中的高阶认知策略进行设计。在后期的课堂中,发现学生对于本单元中的周期问题掌握得比较薄弱,如"8月3日是星期三,9月25日是星期几呢?"。回顾一下此次项目化学习,在填写月历卡的时候,当学生出现困惑的时候,其实有些学生就是利用周期推算,但是教师在这里只是轻描淡写地点评"这样的计算有点麻烦",然后提供24个节气作为学习支架,把所有的重点都集中在当月的节气上,而忽略了有部分优等学生可以利用周期问题推算。在这个环节,我们教师提供的策略是不是可以划分得更详细一点呢?

总之,我根据学生的不同表现,提供了有针对性的学习策略,鼓励学生个性化地总结如何正确地完成老师的任务。这样,就给予了学生更具体的支持和更多元的表达方式,还促进学生的个性成长和全面发展。这使得差异化教学成为一种有效的教学策略,能够更好地满足学生的学习需求,提高教学效果。在小学数学中进行差异化授课可以让小学生很好地学习数学,还可以让学生发展自己的特点,让他们投入数学课堂上,从而提高学习效率。

第五章　如何评价学生的项目化学习成果与学习过程？

项目化学习的一个重要特点是需要产生可见的公开成果，需要通过现行的项目成果看到学生的学习过程。好的项目成果应该能回答驱动性问题，包含对核心知识与能力的转化和迁移，体现创造性，对自己和他人有影响力。[1] 学生学习成果展示的过程也是对学习过程的总结和反思。项目化学习的评价与成果的产生、公开的成果汇报紧密相连。同时，项目化学习还要对学习实践的整个过程进行评价，以引发更深层次的学习和理解。

然而，如何对项目化学习开展评价是项目化学习实施的痛点和难点。项目化学习要求设计者同时运用过程性和总结性评价策略及多元主体参与的评价方法来促进学生真正投入学习。[2] 项目化学习中的评价是多元且丰富的。本章节的两位教师介绍了他们在预设评价标准、与学生一起制定评价标准、引入多方群体的评价、用描述性评语进行评价等方面的实践与探索，可以为其他被评价难倒的教师提供一些启示和借鉴。

11. 如何与学生一起制作语言运用成果的评价标准？

　　启新小学　蒋祎旻

12. 如何开展促进成果改进的评价？

　　田林第四小学　林磊

---

[1] 夏雪梅.项目化学习的实施：学习素养视角下的中国建构[M].北京：教育科学出版社，2020：179—180.
[2] 夏雪梅.项目化学习设计：学习素养视角下的国际与本土实践[M].北京：教育科学出版社，2018：114.

11. 如何与学生一起制作语言运用成果的评价标准？[①]

一、关键问题

如何与学生一起制作语言运用成果的评价标准？

二、项目与策略

(一) 项目简介

《义务教育语文课程标准2022年版》已经在2022年4月正式颁布，在新课标中，新课标在第一部分"课程性质"明确指出："语文课程应引导学生热爱国家通用语言文字，在真实的语言运用情境中，通过积极的语言实践，积累语言经验，体会语言文字的特点和运用规律，培养语言文字运用能力。"语文教学中，能体现语言运用能力的成果形式分为写作和口头表达。在小学阶段，口头表达的展现成果有复述大意、讲故事、详细复述、简要复述、创造性复述等形式。

我以四年级上册语文第八单元教材"历史人物故事"为依托，结合雏鹰假日小队的德育活动，设计了"霓虹背面——上海故居历"的语文学科项目化活动。本项目以"上海是一个拥有着悠久的历史和深厚文化底蕴的城市。在鳞次栉比的摩天大楼下，有多少不可磨灭的历史足迹藏在幽静的弄堂里……如果要制作一份上海故居月历，推荐12座名人故居，讲述他们的故事，展示他们在上海这块文化宝地上曾有的风采和特殊的贡献，你会选择怎么做呢？"为驱动性问题，引导学生走访上海的名人故居，搜集历史名人与上海的故事，录制讲故事音频。在这个过程中，学生借助故事的情节特色、结构特色提升复述能力，培养语言表达能力，养成良好

[①] 作者：徐汇区启新小学　蒋祎旻

的阅读习惯,提高思维条理性,进一步激发对我国历史的热爱之情,明白上海这一座城市的灵魂和价值所在。

在入项活动中,学生剖析驱动性问题,将它分解成若干个子问题,并尝试着探索解决问题的路径——学生思考月历必须要包含哪些元素并梳理出一份清单。在这个过程中,学生自然会产生一个新问题:名人简介和故居简介的文字都很长,放在月历上不好看。由此,学生联系三年级所学的乐高课程,自主确定下来:我们要做一台上海名人故居有声月历。后一阶段,学生设计产品生产流程图,在查阅资料、搜集设计元素、设计月历页面的同时,补充阅读人物生平传记,在几番探讨中确定故事,并借助教材中的语文要素,尝试简要复述人物故事。

而简要复述名人故事,则是本项目的核心活动。

(二) 关键问题在项目中的表现

小学阶段的语言运用及评价非常重要,因为这个阶段是孩子们语言发展和形成的关键时期。通过在小学阶段学习语言运用和评价,孩子们可以逐渐提高他们的阅读、写作、口语表达和听力理解能力。这些基础语言技能不仅对他们在学校的表现有直接影响,而且对他们未来的学习和职业生涯也至关重要。良好的语言运用和评价能力可以帮助孩子们更好地理解和欣赏所学的内容,提高他们的学习效果。同时,通过评价自己和他人的作品,孩子们可以培养自己的批判性思维和创造性思维,增强对学习的兴趣和热情。

在三年级的学习中,学生已经掌握了详细复述的方法,通过学习语文四年级上册第八单元课文后,又已经学到了两种简要复述的方法:"抓住主要内容复述,不重要的内容省略着说"以及"按照事情的发展顺序说"。但学生在实践简要复述时,主要还是跟着直觉走,运用删减修饰性表达、省略明显的重复性语言等简单粗暴的方法来说,并未有意识地去梳理故事的讲述顺序,也不明白如何分辨哪些内容是主要内容。而对于不重要的内容,学生也没有思考是应该要直接省略着说,还是要通过归纳提炼概括地说。此外,学生最后的复述成果也没有和本活动创设的情境结合起来,解决驱动性问题。归根到底,学生很难理解语言表达相关知识技能的核心概念。

在学习语言表达相关知识技能的时候,学生学习的过程性成果和学习总成果往往是脱节的。在课堂上,学生借助教师提供的支架,能够较好地完成学习任务,但当要完成自己独创性成果的时候,学生又会觉得无从下手,不知道课堂上学到了什么?怎么帮助自己解决问题?即使学生有评价表可用,原先的评价表普遍是教师制定,学生在使用时着重关注别人给自己打了多少星,而修改成果时又将标准抛在脑后,更依赖于师生一对一时给出的修改建议。这是因为学生对于标准中的条例不能完全理解,只凭直觉模模糊糊地给予评价,更不明白为何要从这几方面来评价,何谈利用标准修改自己的成果。学生最关注的评价是出项时的最终评价,但那时已是活动尾声,评价标准并不能帮助学生产生动力去完善自己的作品,促进学生形成更好的成果更深刻地理解核心概念。

(三) 解决关键问题的策略、方法

学生的成果之所以存在上述的问题,说明学生对于简要复述的含义模糊不清,要解决这个问题,教师可以运用以下方法:

1. 引导学生提炼学习经验,制定标准

制定标准的前提就是要理解核心知识概念。学生在制定标准的过程中,应该不断回顾自己的实践经历,将自己经历中解决问题的经验提炼出来,化为要点。学生在学习实践中会遇到各种各样的问题,这些问题指向的就是核心知识概念,同时也是制定评价标准的要点。因此,在学生尝试制定评价标准之前,教师应引导学生回顾学习经历,梳理遇到的问题和解决的方法,将其转化为关键知识要点,从而形成评价标准。

2. 让学生在使用中修改评价标准

评价标准是指引学生不断改进和取得成果的"明灯",它必须要体现核心概念和能力,也必须能帮助学生查缺补漏,发觉学习过程中被遗漏的知识碎片。因此,教师让学生在使用过程中体验评价标准制定得是否合理,能不能全面地评价成果,能不能在后续很明确地帮助自己改进成果。在这个过程中制定出的评价标准,才是真正接地气的、最有效的改进工具。

3. 教师引导学生用评价标准改进学习成果

在学生制定评价标准的过程中，往往越是针对核心概念和能力的标准，越是模糊不清。教师要抓住学生设计过程中的错误和问题，及时指导学生，结合教材，回顾学习经历，厘清概念，帮助学生真正掌握知识能力，完善标准。

4. 如何运用上述策略、方法解决关键问题

（1）教师预设评价标准

能有效帮助学生修改完善成果的标准，必须能驱动学生理解核心概念，在情境中解决问题。简要复述是在一定的情境下，将故事最主要的内容简洁地说给别人听（图1）。简要复述的基础是要读懂文本，理解故事中人物的精神品质，其目的，是通过简要复述故事，表达自己的观点和感受。

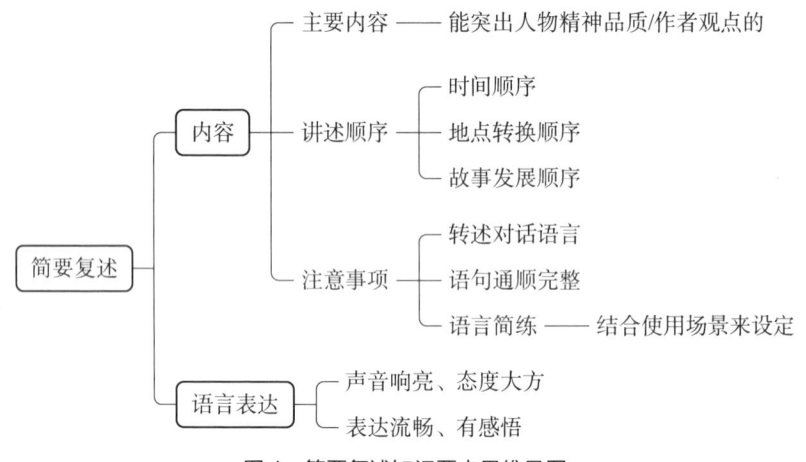

```
                    ┌─ 主要内容 ── 能突出人物精神品质/作者观点的
            ┌─ 内容─┤              ┌─ 时间顺序
            │       ├─ 讲述顺序 ──┤─ 地点转换顺序
            │       │              └─ 故事发展顺序
            │       │              ┌─ 转述对话语言
简要复述 ──┤       └─ 注意事项 ──┤─ 语句通顺完整
            │                      └─ 语言简练 ── 结合使用场景来设定
            │        ┌─ 声音响亮、态度大方
            └─ 语言表达┤
                     └─ 表达流畅、有感悟
```

图1　简要复述知识要点思维导图

本活动的情境是让学生通过介绍上海红色名人故事及故居，来宣扬上海红色历史，体会这些名人的爱国情怀。

课前，我梳理了简要复述的知识要点，并预设了简要复述名人故事的评价标准（表1）：

表1 教师预设的简要复述名人故事评价标准

指标	观察要素	评价指向
内容	突出人物精神品质	简要复述的核心要点
	按照一定顺序讲述	
	转述人物主要语言	
	能在一定时间内讲完整	结合活动情境
语言表达	语句通顺	语言运用的要求
	声音响亮态度大方	表达的要求
	表达流畅有感情	

（2）与学生一起讨论制定评价标准

在以往的实践中，我发现，如果将教师预设的评价标准直接交给学生，学生往往不能用来有效地修改自己的成果。究其原因，学生不能理解这些要求，自然也不能用来正确评价成果。唯有学生将核心知识内化，自主生成的评价标准，才能解决这样的问题。因此，我让学生在课堂上制定简要复述评价标准。

① 小组合作，明确评价指向，提炼学习经验

在小组合作中，学生起先无从下手，制定的标准全都指向语言的要求，如：口齿清晰、语言流畅、声音响亮等，与核心知识简要复述并不相关。在这一阶段，我给每个小组布置了一项任务：制定完评价标准后，选择你觉得最重要的一条写在黑板上。当第一个小组自信又骄傲地在黑板上写出他们的标准——按一定顺序简要复述，其他小组立时明确了制定评价标准的方向，不断回顾自己简要复述的实践经历，将自己经历中解决问题的经验提炼出来，化为要点。

当越来越多的小组在黑板上展示自己的成果时，其他小组又面临新的挑战：自己的标准和别人的重复了怎么办？这些学生只能深入回忆，在记忆中翻箱倒柜，找寻被遗落的知识"硬币"——零散在学习过程中的知识要点，如：转述人物语言等。

② 全班交流，再次梳理方法，调整评价标准用语

当所有小组将自己的成果展现在黑板上后，学生自发地察觉问题：有的标准互相重复，有的标准是不合理的，有的标准表达得不清不楚。此时，我让学生自主

辩论,学生对某一标准发表质疑,相关小组予以回应,说清自己的理由,大家一起评判其合理性,思考如何表达更清晰。在这一辩论的过程中,学生的思维得到碰撞,通过同伴的论述,对于简要复述的方法再次得到梳理,对简要复述的意义更加清晰明确。同时,学生考虑到月历的使用场景,无论是放在办公学习的场所,还是摆在家中,使用者不太可能长时间观看月历,因此讲述名人故事的时间不能太长,2分钟足矣,由此制定出"在2分钟内讲完整"的标准。

但在标准的表达用语上,小组间存在不小的争议:有个小组展示的标准是"按一定的顺序表达",而有的小组则写为"按时间、地点、事情发展……顺序来说"。两位小组的成员各抒己见,都认为自己的表达更好,也各有拥趸据理力争,一时无法达成统一意见。此时,我适时引导学生回顾以前的学习经历:我们使用过的评价标准的语言是怎么样的? 最后,大家得出结论,在简要复述时,我们可以根据故事原文梳理出表达顺序,有的是按地点转换,有的是按照事情发展顺序。但在制定标准,形成评价量规时,我们的语言要简练。第一种表达语言更加简练,所以选择第一种。

制定标准用到的语言和简单的反思总结又有不同,它更精炼和标准。在语言的转化过程中,学生又一次梳理了核心概念和要点,更加精准地把握核心知识。

最后,初步制定的评价标准(见表2):

表2 学生初步制定的简要复述名人故事的评价标准

内容	抓住主要内容说,次要内容省略着说
	按照一定顺序讲故事
	能在2分钟内讲完整
	转述人物主要语言
	语句通顺
语言表达	声音响亮态度大方
	表达流畅有感情

这份标准已初见雏形,学生既关注到了简要复述的核心概念,又能联系情境

设计符合实际的标准。可以看出,对于简要复述的关键概念,学生使用的语言"抓住主要内容说,次要内容省略着说"是直接摘录教材上的,并不是从自己的理解和运用中转化而来的,可见,学生对于核心概念仍然是懵懂的,这份标准很难有效地帮助学生解决核心问题。

③ 通过实践检测标准的合理性

我选择了一则名人故事"永不消逝的电波"让全班共读,并思考如何简要复述这则故事。"永不消逝的电波"先介绍了李白求学时勤奋好学,再讲述他冒着生命危险坚持发送情报直至牺牲的故事。我邀请负责这个故事介绍的小组中的成员小A来简要复述,其他小组利用制定好的标准来评价,检测标准是否能正确地评价复述成果,能否覆盖简要复述中遇到的所有问题。

在检测过程中,学生发现这份标准能比较有效地评价大部分显性表现,小A的讲述语句比较通顺,是按照事情的发展顺序讲述的,但他没有能在2分钟内将故事讲完,而是超时到了6分钟。对于人物的对话,他也没有完全做到转述主要语言。但关键性问题——有没有抓住主要内容说——并不能准确地评价。这份评价标准不能帮助学生来判断故事中哪些内容是主要内容,更不能对成果的修改起到帮助作用。小A详细复述了故事中的两件事,讲完以后,学生在故事中的两件事是否都要讲述,哪件事要重点讲述这些问题引发了争议,而评价标准不能帮助他们解决。

④ 回顾学习经历,理解核心概念,修改标准

要解决这个问题,我先带领学生回顾学习《西门豹治邺》的经历,让学生说一说,为什么课文第二部分"惩治巫婆、官绅"是主要内容?学生得出答案,因为这部分内容最能体现西门豹的聪明智慧和以民为本的精神品质。于是,学生将所学迁移到这堂课中,主要内容就是最能体现人物精神品质,最能表现作者观点或要说明的道理的内容。

最终,学生修订评价标准(见表3):

表3 学生修订后的简要复述名人故事的评价标准

内容	突出人物精神品质
	按照一定顺序讲故事
	能在2分钟内讲完整
	转述人物主要语言
	语句通顺
语言表达	声音响亮态度大方
	表达流畅有感情

⑤ 根据标准修改自己的复述

明晰了核心概念,学生在小组中再次深入读文,交流读文感受,抓住时间、地点等关键词梳理故事的发展顺序,列出提纲,再标记出哪些内容最能体现人物热爱祖国的精神品质,然后再次尝试简要复述。回到那则名人故事,学生思考道:李白坚韧和忠诚令人铭记,他坚守自己的信仰,宁死不屈的精神更值得我们讲述,因此第二件事应该讲得详细些,第一件事可以用一两句话带过。

三、我对关键问题的新的理解与思考

评价和学生的学习是一体的,评价标准是一个能把所有知识点整合在一起的综合载体。设计评价标准则是给学生构建一个整合的情境,能帮助学生在使用标准来检验成果过程中暴露出学习的问题,完善自己的成果。

(一)教师要形成知识地图

教师首先要将所有关于核心知识梳理清晰,还要将学习过程中零散于各处小的知识点整合起来,形成一个清晰的知识地图。由此才能在课堂中引导学生在设计评价标准时,对所涉知识与能力的每一个核心要素进行分析,明确每一个容易混淆的概念,整合解决问题的各种方法。

(二) 重点关注学生对核心概念的理解

光有知识技能的整合梳理还远远不够,评价标准不仅仅是知识点的罗列,更是要帮助学生突破学习上的难点。所以,教师要在学生解决问题的过程中深入观察学生在核心知识点上的学习样态,要理解学生是怎么学习的,他/她的思维水平是处在什么位置,他/她的学习困难在哪里。

在设计过程中,教师要让学生在小组合作、实践体验中有大量的时间空间试错,产生问题,暴露对核心概念理解上的偏差。教师要排除基础性的失误,同时抓住关键问题有重点地引导学生,让学生学会借助教材来丰富自己的成果,在尝试利用评价标准修改成果时,重点关注学习难点是否得以解决,不断地反思自身的学习经历,最终学生得以真正掌握核心知识,产出一个精彩的、有个性的、经得起推敲的产品。

(三) 灵活安排评价标准出现的时机

在项目化学习中,评价标准通常可以在不同的时机出现,以支持和指导学生的学习过程,同时也为教师提供工具来评估学生的学习情况和需求。通过合理使用评价标准,教师可以帮助学生更好地理解项目的要求和期望,提高学生的学习效果和成就。

对于指向核心概念的评价标准,我选择了在学生几经修改成果但效果甚微,经历接连的失败仍然不得其法的时候让学生制定评价标准。这个时机是提供了学生从另一个角度观察成果的机会,学生既能从结果出发,衡量自己的成果能否解决驱动性问题,又能从起始开始,重新梳理为了解决驱动性问题,我们到底得到了哪些"法宝",这些"法宝"能不能用来打败这一关的"boss",我会用这些"法宝"吗?在这一过程中,学生得以真正掌握核心知识,又有机会查缺补漏,提高学习效果和成绩。

12. 如何开展促进成果改进的评价？[①]

一、关键问题

如何开展促进成果改进的评价？

二、项目与策略

（一）项目简介

"小鲤纸币诞生记"是我和我的团队设计并实践的第一个数学学科项目，共 8 课时，对应的教材内容是沪教版数学一年级第二学期"认识人民币"。小鲤鱼是学校的吉祥物。本项目的驱动性问题是：如何用自制的"小鲤币"参加爱心义卖？本项目源于学校的传统活动"爱心义卖"。每年的 3 月份是学校的"爱心月"，而"爱心义卖"则是其中的重要活动之一。

在以往的爱心义卖中学生直接使用人民币进行交易，但是我们逐渐发现了不少弊端。弊端一，在以往的爱心义卖上，每个班级总是会有一两位"扫货"的学生，携带大量人民币，买下大量商品，导致第二批进入爱心市场的学生能购买的商品非常有限。为此，学校发放过限购券，但是学生既要携带人民币、限购券，又要拿着买来的商品，非常不方便，丢失人民币、限购券、钱包的事情屡屡发生。弊端二，疫情来袭，让我们明白安全卫生的重要性。经过多人之手的人民币显然携带了大量的细菌，而且人民币还不易消毒。所以，学校迫切需要一套在爱心义卖上流通的货币，以解决限购和安全这两个问题。

在入项课上，通过观看学校历年爱心义卖的活动集锦，引出驱动性问题。围

[①] 作者：上海市徐汇区田林第四小学　林磊

绕"如何制作小鲤币?",学生以人民币为参考,在创造小鲤币的过程中认识人民币,而每一个小组设计产生的小鲤纸币就是这个项目的团队成果。各个小组需要通过PK,产生代表班级的小鲤纸币,最后通过班级之间的PK再产生一套学校的小鲤纸币,成为学校爱心义卖市场上的流通货币。对团队成果的评价是贯穿在整个PK过程中的。之后,学生需要把人民币兑换成小鲤纸币,来参加爱心义卖活动。在这个活动中,学生会逐步厘清"元、角、分"之间的进率,并尝试用小鲤纸币在爱心义卖市场上进行买卖。在最后的出项课上,学生以小组为单位分享交流他们在爱心义卖市场上的收获和疑问。在这一环节,对学生公开的成果汇报,也融入了相应的评价。

(二) 关键问题在项目中的表现

在项目化学习中,评价是非常重要的一部分,它伴随在项目的整个过程中,并与成果的产生以及公开的成果汇报紧密相连。而对于成果以及公开的成果汇报的评价,可以引发学生的自我反思,引导学生更深层次地探索与创造,深化对成果甚至是整个项目的理解。这个评价的过程也让成果不断地迭代与完善。然而,不少教师,包括我在内,在刚开始实施项目化学习的时候,往往对评价的开展是存在困惑的,尤其是开展促进成果改进的评价。

教师对评价的开展都具备一定的理论知识储备,知道要将过程性评价和结果性评价相结合,知道要评价主体多元化,知道如何编制评价量表等。但是,将这些理论知识运用于教学实际,在项目的开展过程中设计评价活动并在课堂中实施评价,这是有一定难度的。刚开始,教师往往会只注重评价的形式而触及不到评价的目的。比如在"小鲤纸币诞生记"这个项目中,学生对团队成果进行评价时,他们往往是凭自己的喜好进行评价的,所以评出的小鲤纸币与老师预设的结果出入很大,有的甚至是缺乏货币元素的"次品"。而评选出一套小鲤纸币后,评价活动也就随之结束了,这样的评价也没能促进成果的改进。而要使评价促进项目成果的改进,发挥好评价该有的作用,这更不是一蹴而就的,它需要教师在实践的过程中不断尝试、反思和改进。于是,在本项目的开展过程中,我们就聚焦评价,探究怎样开展评价活动才能促进成果的改进。

(三) 解决关键问题的策略、方法

我们在项目化学习的过程中开展评价，并不是为了要把学生的成果分成三六九等，而是要促进成果的改进，让学生对成果和项目有更深入的理解。通过"小鲤纸币诞生记"这一项目的实施，我对评价有了如下的认识：

1. 与学生一起制定评价标准

要使评价具有指向性、指导性，就要制定评价标准。让学生能非常清晰地知道应该从哪几个维度去进行评价，以及每一个维度下的成果应处于什么水平。那么，团队成果在哪一维度上做得不够好，还需改进，就能一目了然了。这样的评价，比起学生凭感觉、凭喜好的没有指向性的低位评价，就更加地科学、客观、可操作。更重要的是，评价标准一定要与学生共同制定，不能直接由教师给出评价标准。因为与学生共同制定的评价标准，是得到学生认同的，也是学生能理解的，所以在运用时就会更公平公正。

2. 引入多方群体的评价，并将评价的结果反馈给学生

在每个小组交流结束后，学生在评价单上完成评价后，可以请几位学生说一说他是怎么评的，以及这样评的原因是什么。老师也可以做一个简单的小结，帮助学生提炼信息，并提出建议。让小组成员能够接收到来自多方的反馈信息，从而促进反思与改进。所以老师一定要对成果或公开的成果汇报做出最终评价，绝对不能以自评、互评来取代师评。项目化学习是一种学习方式，需要老师对学生一个项目做下来的成果进行评价，并要把这个评价反馈给学生。

3. 不要单单用分数、等第来呈现评价结果，更重要的是描述性的评语

分数或等第只能让学生了解到自己的水平，但是它不能反映出成果的优点和不足。所以在分数或等第的背后，教师需要指出每一组还有待完善的地方，可以让学生们明白在下一次的公开成果汇报中需要改进些什么，或者对于这项成果还可以怎么改进，下次出成果的时候，要注意些什么等。

(四) 如何运用上述策略、方法解决关键问题

在这个项目中，我们主要开展了三轮评价，分别是在小组PK和班级PK时对团队成果小鲤纸币的评价，以及在出项课上对公开成果汇报的评价。

（1）第一轮评价：在小组 PK 时对团队成果小鲤纸币的评价

在第二课时上，每位学生都会完成一张小鲤纸币的设计，通过在小组内交流分享，选择其中的一款设计作为团队成果的雏形，并进行完善与美化，继而形成一份团队成果——一套小鲤纸币。待每一组公开交流自己小组的小鲤纸币之后，我们就组织学生对全班 7 个小组的小鲤纸币进行评价，每一位学生手拿一枚小鲤鱼贴纸，在自己喜欢的一套小鲤纸币的下方粘上贴纸进行投票。得票最多的一套小鲤纸币就将代表班级参加年级的 PK，最终评选出一套作为学校爱心义卖的流通货币，会在第五、六课时的爱心义卖上供大家使用。

当每个班级的学生完成对团队成果的评价，评选出一套班级小鲤纸币后，我们马上就发现了问题。有的班级评选出的小鲤纸币与老师的预设出入很大，虽然美观但是缺少货币的元素。若最终评选出这样"不符要求"的小鲤纸币在爱心义卖市场上流通，那么这种结果与本项目的设计初衷和项目目标相悖。其次，评选出小鲤纸币之后，似乎已经"完成任务"了，无论是那些"落选"的小鲤纸币，还是被评选出的那套小鲤纸币，它们的不足之处和改进方向是什么，学生不得而知。

于是，我们对之前的评价活动进行了反思，发现单单用粘贴纸的方式进行团队成果的评价，学生往往只关注了成果的外表，并从自己的喜好出发进行评价，这本就是一种比较低位的评价。项目没有从目标出发设计相应的评价标准供学生参考，评价缺乏一定的指向性，更不用谈让评价去促进成果的改进了。

（2）第二轮评价：在班级 PK 时对团队成果小鲤纸币的评价

在开展班级间的 PK 时，基于对第一轮评价的反思，我们对各个班级产生的小鲤纸币的评价进行了调整，不能再停留在投票的这种评价方式了。要使评价具有指向性，就要引入评价量表。根据目标，由教师确定评价维度，制定评价标准，设计了一份评价量表（表 1）并分发给了学生。

表 1 小鲤纸币评价表

项目	等　第		
要素齐全	4 个要素齐全（币值、防伪条、序列号、银行名称）	有 2—3 个要素	仅有 1 个要素
	☆☆☆	☆☆	☆

续 表

项目	等　　第		
设计美观	布局合理，能完美体现校园文化	布局不合理或没有体现校园文化	布局既不合理也不能体现校园文化
	☆☆☆	☆☆	☆
构思新颖	在外观等多个要素中体现创造力	在某个要素中体现创造力	模仿人民币的设计
	☆☆☆	☆☆	☆

各个班级代表依次开始展示团队成果。当一个班级完成了汇报后，每一位学生根据评价表的内容进行评价，由组长用计算器算出得到的总☆数，再汇报给老师，由老师最终算出一个平均数作为该班成果的最终得分。待全年级八个班全部交流完毕之后，老师就对得☆最多的三个班级发放了奖状，也评选出了一套可供学校爱心义卖流通的小鲤纸币。

但是，修改后的评价活动还是存在问题。我们发现，不少学生不会运用这份评价表进行评价，有的是因为识字量不够而看不懂评价单上的内容，有的是因为对评价单上的内容不理解而不知道给作品打几颗☆。还有一小部分学生是嫌麻烦，到评价后面几个班级时就随意报出他们打的☆数，而没有根据评价标准来进行评价。

我们又不禁开始思考，这样的评价似乎只是一个"为了评价而评价"的形式，没有触及评价的本质和目的，即这种评价没有改进意义。出现这种问题，关键就在于这份评价表是由老师制定好之后分发给学生，并默认学生都会"生生互评"。其实学生是不理解、不认同、不会用的，因此在促进学生成果改进上也发挥不了什么作用。

所以我们认为，我们不仅仅要引入评价标准，更重要的是要与学生一起制定评价标准，并保留学生的说法，不用再由老师"翻译"成严谨的表达，让学生在评价时能更容易理解和操作。而且一起制定评价标准，也有利于学生对成果的理解。

（3）第三轮评价：在出项课上对公开成果汇报的评价

基于对第二轮评价的反思，在出项课上对公开成果汇报的评价时，首先做的调整就是教师与学生一起共同制定评价标准。

在出项课上,学生需要以小组为单位进行公开成果汇报。所以,要对公开成果汇报进行评价,首当其冲的就是制定一张评价表。有了之前的"教训",这次我们不再是单单由老师独立编制了,而是根据出项课的内容,我们与学生一起制定一张评价表。

针对老师抛出的问题"你们觉得上台交流在项目中的收获时,应该注意些什么",学生开展了热烈的讨论。学生们分别说出了"上台后要面向大家,站得端正一点""声音不能太轻,要让大家都听得到,听得清楚""不要紧张,人要精神一点""要说得全面"……再通过老师的引导将这些内容梳理、分类、归纳,最终得到了三个评价维度,即表达、内容和仪态,并将学生讨论得到的一些要点作为每一个评价维度下的描述,在一定程度上保留了学生能理解的"儿童语言"。

对于评价方式,老师提供了一些常见的样例供学生自己选择,决定使用给脸蛋"画张嘴巴"的方式。考虑到一年级学生的年龄特点和已有经验,我们还在评价单的汉字上标注了拼音。通过师生合作,最终形成了一张交流汇报评价表(表2)。

表2　交流汇报评价表

评价维度	具体表现	画张嘴巴
表达	声音响,听得清,有条理,不啰嗦。	☺
内容	包括四点: 人民币换小鲤纸币;爱心义卖中怎么算钱和付钱;获得的收获;遇到的问题。	☺
仪态	自然大方,站姿端正,面向大家,抬头挺胸。	☺

在运用这份评价单进行评价时,学生能根据小组的具体表现进行评价,而且评价时"认真谨慎"。通过观察,我们发现学生的评价也是比较客观,符合实际的。

其次,我们还对原先出项课的设计进行了微调。微调的原因在于,当老师和学生一起讨论制定评价表时,有几位学生不约而同地提到,除了交流怎么兑换小鲤纸币,怎么买东西算钱外,交流其他内容会扣分吗?课后,我们询问了这几位学生还想交流些什么内容?有的学生说了他在布置摊位方面的收获,但他认为这不属于换币和交易的范畴;有的学生说了他在义卖中遇到的问题,并不是收获。我们认为这些在项目中生成的内容,也是学生成长的表现,是非常有价值的,而且有些内容,如遇到的问题,是促进成果改进的很好资源。

因此,我们不仅将这几位学生的建议写进了交流汇报评价表的"内容"维度,还在出项课正式实施前,将原来仅围绕"在爱心义卖市场上你有什么收获?"这一子问题进行分享交流调整为:除了可以小组交流义卖过程中的交易过程与换币情况,学生还可以交流其他方面的收获;同时也可说说发现的问题、心中的疑惑,而对于提出的这些疑问,还要让学生自己通过讨论来解决,最后形成"金点子",以此来修正项目成果,为之后3月份全校的爱心义卖做好准备。

这样调整之后,我们发现学生确实有不少在项目中生成的问题,通过评价的带动,促进了成果的改进。比如,有的小组发现,无论是顾客在购物时,还是营业员在找零时,都发生过把5角的小鲤纸币当作5元的来用。学生通过讨论,最终得到的金点子是"将5元与5角的小鲤纸币在颜色上做区分,不要都用紫色;其次,5元的字号可以比5角的字号更大",对小鲤纸币的改进提出了可行的方案和方向。

又如,有的小组发现,爱心义卖市场上有些商品的标价不合理。一本原价14.6元的书标价为18.6元。学生通过讨论,认为这是一本二手书,价格应该比原价便宜,更何况这是爱心义卖,目的是献爱心,所以即使是新书,原价出售也是不合理的,更不应该高于原价。最后,为了买卖的方便,价格可以是整元数,最好是10元、5元这种价格。学生的这番交流,使得下次在准备爱心义卖商品时,标价会更合理。

最后,我们引入了多方群体对公开的成果汇报进行评价,目的是想让评价的结果更科学公正,反馈到学生的结果更全面细致。每一个小组上台汇报在项目中的收获、疑问等之后,学生除了在评价单上进行评价之外,老师还让下面的学生说一说"他们汇报得怎么样",学生们就会根据评价单上的一些评价要素来谈谈各自的看法,之后老师再进行简短的小结,并适当地给小组提出一些建议。这样的处理,让交流的小组接收到了来自同伴和老师的反馈,进而明确了改进的方向。

此外,在这节出项课上我们还邀请了素养研究所的研究员,浦发银行的部门经理,学校的校长作为专家评委。每一个小组会在汇报中提出在爱心义卖过程中发现的问题。然后由各个小组现场讨论问题解决方法,并当场发表观点。此时就由专家评委老师对支持的观点进行举牌,评选出"金点子",并对学生的观点进行口头点评,让学生能更好地理解"为什么这一条成为了金点子?那一条还能怎么改进?"。

通过以上三点调整,在出项课上对学生公开成果汇报的评价,与之前的两轮评价相比,确实逐渐从形式走向了实质,在一定程度上为成果的改进提供了参考。

三、对关键问题的新的理解与反思

虽然"小鲤纸币诞生记"这个项目只实施过一次,但是在这个项目开展的过程中,让我对促进成果改进的评价设计与实施有了层层深入的理解。在实施评价时,不能只流于形式、硬搬方法,而是要明确评价的目的与项目的目标。要设计和开展促进成果的评价,还需要注意以下两点:

(一)教师的评价不能被取代。对于成果或公开的成果汇报的评价,可以有学生的自评互评,也可以引进专家资源,但是不能用自评互评完全取代教师的评价。教师要对每一份成果或每一组的公开成果汇报进行评价,并及时地、清晰地反馈给学生,以此促进学生的反思和成果的改进。

(二)学生的评价能力是需要习得的。客观的评价才有促进成果改进的意义。而对于小学生而言,做到客观评价是不易的。学生的互评能力也是需要习得的。所以老师也可以拿着评价量规,结合某一组的汇报,与学生一起进行试评价。通过这样的举措,促进学生进一步理解评价维度、把握评价标准、提升互评能力。这样才有利于评价带动的反思与修正。

所以,若要再次实施这个项目,我们首先会对第一轮评价和第二轮评价进行调整。先与学生一起讨论制定评价团队成果的量规,并与学生一起拿着这份评价表试评几次,一来可以在实操中进一步调整评价表,二来也可以提升学生们运用评价表进行评价的能力。其次,我们还会将这个项目设计为一个跨学科项目,而不仅仅只局限在数学学科。因为我们发现学生在义卖过程中的收获和问题,除了数学学科的元角分之外,还涉及了不少其他学科的内容,如美术学科的版面设计、道法学科的规则意识等。

第四部分
典型案例：项目化学习课堂样态

徐汇区各小学在探索项目化学习的过程中，积累了丰富的、具有一定代表性的项目化学习案例。这些案例是在教师、教研团队、学校实践团队的共同支持下所创生的。很多案例在不断迭代的过程中已经成为了学校推进项目化学习的特色案例。在本书中，我们选取了其中六个项目化学习案例。这些案例在项目类型上覆盖活动项目化学习、学科项目化学习、跨学科项目化学习。在活动项目化学习案例阅读中，大家可以重点关注教师如何在设计与实施中引导学生经历提出问题、理解问题到形成初步成果、讨论交流、最终形成出项成果的过程；在学科项目化学习和跨学科项目化学习的阅读中，大家可以思考教师是如何借助问题情境、学科项目成果促进学生对相关学科关键概念的深度理解的。为了更好地让大家看到项目化学习的课堂样态，每个项目化学习案例不仅详细地呈现了项目化学习的设计方案，还呈现了从入项到出项的完整的项目实施过程，以及实施过程中学生遇到的问题、教师搭建的学习支架等。

第一章 活动项目：教室灯光真的影响了学生的视力吗？[①]

项目课程类型及课时数	课程类型	年级	课时数
	活动项目	四年级	12
所属学校	上海市教育科学研究院实验小学		
设计者	于萍 李丞夏		
实施者	于萍 李丞夏 仲珉 刘慧		

一、为什么做这个项目？

本项目是面向四年级学生的活动项目。项目源于校长室收到的一封来自家长的信，来信反映学校教室照明不够，影响了学生的视力。那么，该如何基于证据给家长回应呢？

为了解决问题，学生在这个项目中经历了丰富的探索活动。首先，通过头脑风暴、问卷调查等方式，形成了对这个问题的初步认识。接着，通过科学实验、专家讲座、查阅资料等方式，掌握了教室照明的影响因素，完成了教室照明知识的基本建构。然后，开始分小组探究，先合作制定了教室照明调查方案，再根据方案有序开展调查。最后，根据调查结果，给小许同学家长写了一封调查报告。在整个项目探索过程中，学生经历了创造性解决问题的过程，学会了用证据来支撑自己的观点，并且知道了如何保护视力。

[①] 作者：上海市教育科学研究院实验小学 于萍

二、这个项目是如何设计的?

(一) 项目目标

1. 能积极地、有条理地从不同角度对教室照明问题进行思考和分析,创造性地解决学校教室照明科学性论证的问题。

2. 能正确而灵活地运用工具,对教室照明相关数据进行收集、测量、整理、描述和分析等,并根据结果做出简单的判断和预测。

3. 能理解调查取证工作的科学性和严谨性,对待问题不能仅凭主观感受,还要进行调查、实验,用证据来支持对"教室灯光是否影响了学生视力"的判断。

4. 为解决与学习和生活相关的问题,根据问题和实际条件,尝试撰写简单的教室照明情况探究计划和研究报告等。

(二) 挑战性问题

1. 本质问题

如何有理有据地回应问题?

2. 驱动性问题

一天,校长室收到一封来自家长的信。"尊敬的校长,我是四(1)班小许同学的家长。来信是想向您反映一个问题:进入四年级以来,小许同学视力下降明显。据他反映,上课时教室比较暗,使得他看不清,影响了他的视力。希望您能妥善处理,谢谢。此致,敬礼! 四(1)班,小许同学家长。"作为上教实小的小主人,你将采用什么方法来调查这个问题,请基于证据给家长回应。

三、项目实施

(一) 入项:逐层推进,实现项目破题

1. 请援令发布,代入问题解决的主角

入项的目的之一是让学生感受到驱动性问题与自我的关联,激发学生的内驱

力,形成问题解决的使命感。因此,教师选择了请援令发布事件,用校长室的请援引起学生的高度重视,带动学生的主体意识,使学生快速进入角色。

"亲爱的同学们,今天校长室发布了一项紧急请援令,希望同学们能用自己的探究精神和能力,帮助校长室解决一个重要问题。事情是这样的:最近校长有些烦恼,因为她收到了一份来自四年级一位家长的信,来信反映学校教室照明不够,影响了学生的视力。为了找出问题的真相,校长邀请我们四(1)班所有同学组成项目专案调查组,对这个问题作出深入探究,给这位家长一个有理有据的回应。你们愿意吗?"

在学生们异口同声的"愿意"声中,教师随即拿出写有项目驱动性问题的请援令,班长接过请援令,在全班学生面前读出驱动性问题,表示项目正式启动。

2. 头脑风暴激荡,引发对问题的创造性想法

请援令燃起了学生解决问题的欲望,但如何入手解决问题呢? 教室里响起学生们叽叽喳喳的议论声,显然他们心里埋藏着各种各样的想法,不吐不快。这时,学生们需要充分倾吐内心想法的机会,于是教师顺势请出"头脑风暴"学习工具,把学生们初步想法的价值最大化,在众多观点的碰撞、激荡中生成更多创造性问题解决方法的思维种子。

"对于这个问题,你们有什么想说的呢? 下面就让我们针对这一问题,进行一场头脑风暴吧。"

教师出示头脑风暴规则:

(1) 计时5分钟;

(2) 不对他人观点进行任何评判;

(3) 可以对他人观点进行补充、完善;

(4) 鼓励人人发言。

5分钟很快过去了,学生们意犹未尽。"小许同学觉得看不清可能是因为他的座位位置不好。""班里其他同学觉得教室照明影响了他们的视力了吗? 可以举手投票。""可以让学生发通知,调查一下大家对教室照明的看法。""如果真的是灯光不好,就换灯,如果不是,就让小许同学自己注意用眼卫生。""有可能不是灯光有问题,而是屏幕太亮了。""如果觉得灯光不够,可以引入自然光。""我们得知道教室有多少灯，到底够不够亮。”……众多想法中有的浅层、有的深入；有的具体、有的笼统。学生在观点碰撞的过程中，加强了对驱动性问题的认识深度，拓宽了对驱动性问题的理解空间。

3. KWH 表追问，进一步挖掘线性化认识

头脑风暴中学生经历了众多散点状认识的洗礼，这些观点在学生脑海中游荡、乱撞，无法形成一种清晰的、线性的、有条理的认识。此时，学生需要转换视角，对刚才的众多观点进行审视和思考。于是，教师出示了 KWH 表（见图 1），帮助学生思考解决这个问题过程中可以用到的已有知识（K），没有掌握想要知道的内容（W）。而关于这个问题打算如何解决（H）先不用思考。

教室照明的调查

关于这一问题 我的已知	关于这一问题 我想知道	关于这一问题 我打算如何解决（进一步学习）
灯暗会导致视力下降	灯到底要不要加亮？	
灯太亮也对眼睛不好，可使用加亮减亮来调灯。	是一些地方灯调亮还是都调暗？	
	灯对其他同学有影响？	

图 1　教室照明调查的 KWH 表

“K—W”的填写使学生对头脑风暴环节产生的新认识重新思考，合并类似的想法、删去不合理的想法，并且按要求将散状观点初步安置，连点成线，让思路初现条理。

4. 计划表引领，形成对问题解决的网状化理解

在学生梳理了对项目的已知和未知后，如何基于已知、探索未知，形成问题解决的基本路径呢？有的学生还没有认识到这时需要确定解决路径与解决方案了，有的学生对确定解决方案存在畏难情绪，感觉头绪众多，无法下手，认为自己没有能力制定这样一个整体性的探究计划。在项目化学习的初期，需要教师提供学习支架对学生进行指引和支持。

首先，教师通过计划表（见图 2），引导学生分小组对驱动性问题的解决步骤进行讨论，形成各个小组的初步解决方案。其次，以小组为单位，进行全班交流，在小组间的互相质疑、补充的过程中，形成方案共识。

图2　教室照明调查的研究计划

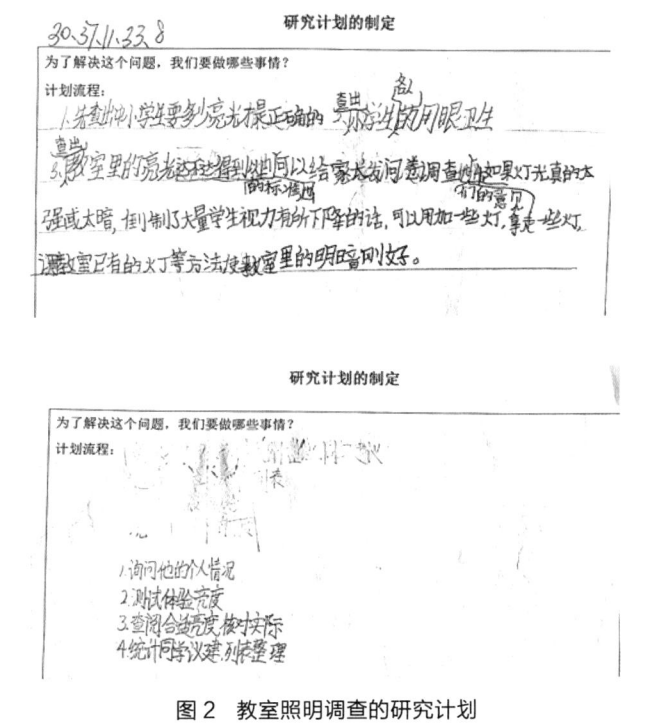

最后,经过班级层面的交流,在老师的引导下,形成了接下来要逐步研究的几个子问题:"教室照明影响了学生的视力"是真的吗? 什么决定了教室照明是否合理? 我们教室的照明符合标准吗? 如何把调查结果和建议反馈给家长?

经过这一系列的活动创设,学生们顺理成章地从点滴想法扩展成多元化的思考,又梳理成条理清晰的解决路径。这一过程让学生对家长来信、教室灯光、学生视力等展开了充分的思考,加深了对驱动性问题的理解,并让学生经历了由少到多,由繁到简的思维方式,让学生增加了规划问题解决路径的经验。

(二) 知识与能力建构:合作探究中解决问题

1. 子问题1:"教室照明影响了学生的视力"是真的吗?

面对个别学生及其家长对教室照明情况的质疑,首先要明确这是个别现象还是普遍现象,还有多少人会认为教室照明影响了学生的视力。于是子问题1从了解其他学生的主观感受出发,展开了问卷调查。

首先,共商问题,形成调查问卷。学生围绕"了解班级学生对教室照明情况的感受"和"探究教室照明科学性"两个基本方向,集思广益,提出合适的问题。在教师的带领下,学生汇总、分类、合并问题,有序生成调查问卷(图3)。

其次,收集问卷,绘制统计图表。下发并收集问卷之后,学生思考如何整理并呈现问卷信息。教师提供有关统计图表的分类、功能、绘制流程等的学习资料。学生以小组为单位,经讨论选择合适的统计图表类型,按要求绘制统计图表(图4)。

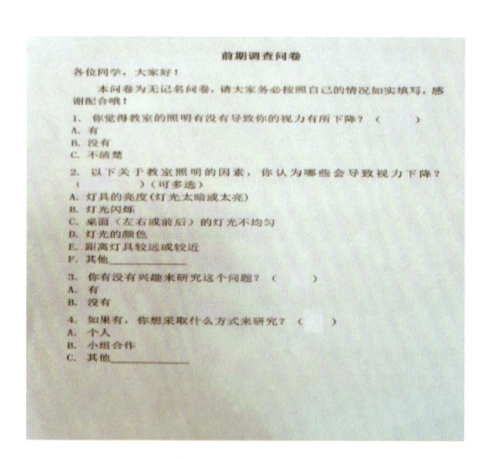

图3 教室照明情况调查问卷

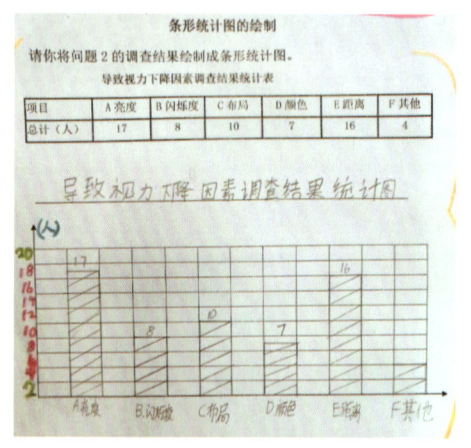

图4 教室照明相关的条形统计图

最后,解读信息,形成调研结论。学生根据组内绘制的统计图,解读相关数据,交流讨论统计结果,形成全班性共识:第一,班级97.6%的学生认为教室照明合理,没有影响自己的视力;第二,学生们大胆猜测:影响教室照明科学性的因素可能有灯具亮度、桌面与灯具的距离、灯具布局、灯光颜色。

2. 子问题2:什么决定了教室照明是否合理?

(1)"照亮一面墙"实验:动手操作,验证猜想

在前期调查问卷中,学生大胆猜想了"教室照明影响因素",那么如何想办法来验证自己的猜想呢?在教师的启发引导下,学生想到可以求助于科学实验。于是,教师提供了相应的支持:一个是实验器材——若干个可调节亮暗的手电筒,还有一个实验记录单(如表1)。

表1 比一比谁能把同样大小的墙面照得更亮

实验器材：	实验器材：	……
方法一：	方法二：	……
结论一：	结论二：	……

实验活动以小组为单位，比一比谁能把同样大小的墙面照得更亮。学生根据实验单和实验材料，设计并进行了首轮实验。但在汇报交流的过程中，发现学生控制变量的意识或能力不足。如要探究墙面亮暗与手电筒数量的关系，学生考虑到了要让手电筒的档位一样，但忽略了要使手电筒与墙面的距离保持一致（见图5）。通过评价反思，学生及时调整实验方案设计，并在第二轮实验活动中修正错误，补全了对变量的控制（见图6）。最终得出实验结论：手电筒与墙面的距离不同、所用手电筒的个数不同、手电筒的位置排列不同、手电筒的档位不同等，都会影响墙面的亮暗。

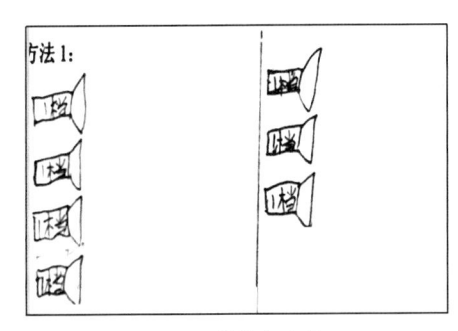

图5 首轮实验单

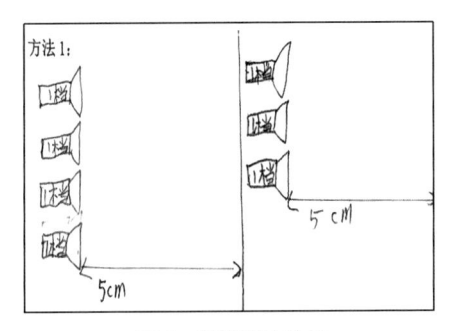

图6 调整后实验单

（2）校外专家科普讲座：权威引领，获悉结论

经过对自己大胆猜想的验证，学生们对教室照明相关知识形成了基本理解，同时也在实验探究的过程中产生了新的疑问，如照明亮度、频闪等与视力有什么样的关系？如何进行照明亮度的测量？照明亮度的单位是什么？为了给学生们的猜想验证提供更加科学的解释，给学生们进一步解疑答惑，学校邀请了校外专家开设科普讲座，一一回应了学生的上述疑问，从专业的角度让学生明确教室照明的标准。在与专家的交流互动中，学生认识到虽然影响教室照明的因素有多

种,但最关键的指标是照度(图7)。

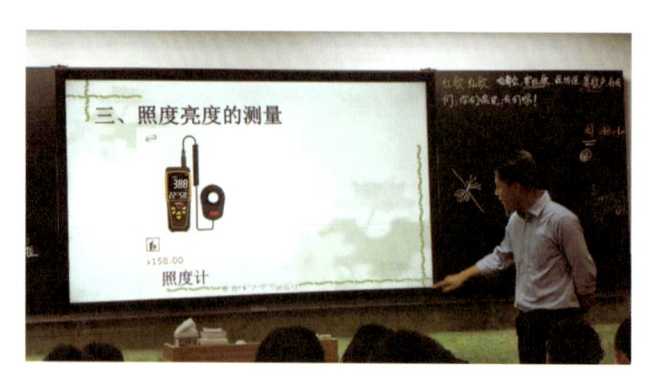

图7 专家讲座

这样,通过"猜想—验证—结论"的科学探究路径,学生对教室照明相关知识的理解逐渐从主观的感性猜测转变为客观的科学认识。

3. 子问题3:我们教室的照明符合标准吗?

(1) 小组合作,测量照度

为了对照度(教室照明科学性的关键指标)进行测量,教师提供了照度仪和测量记录单。其中"测量记录单"引导学生思考两个问题:第一,如何使用照度仪?第二,应该选取教室哪些位置作为测量点?

首先,学生在教师指导下学习照度仪的使用,总结照度仪的使用方法和注意事项。接着,引导学生思考测量点的分布应符合什么标准。然后,再让学生小组讨论"如何才能做到均匀布点"。在学生充分思考但仍有困惑的情况下,给学生提供"中心布点法"的相关资料(见图8),让学生阅读学习。学生结合自己小组之前的讨论,写一写、画一画、说一说,充分理解了中心布点法的科学合理之处。然后,根据中心布点法布置教室环境,实际布点,使用照度仪,全班集体测量桌面照度并汇总测量数据。

(2) 对比数据,判断科学性

经测量获得教室照度数据后,学生阅读"中小学校教室采光和照明卫生标准",提取了桌面照度的标准数据。通过比对实际数据和标准数据,发现学校教室照度是符合标准的(图9)。

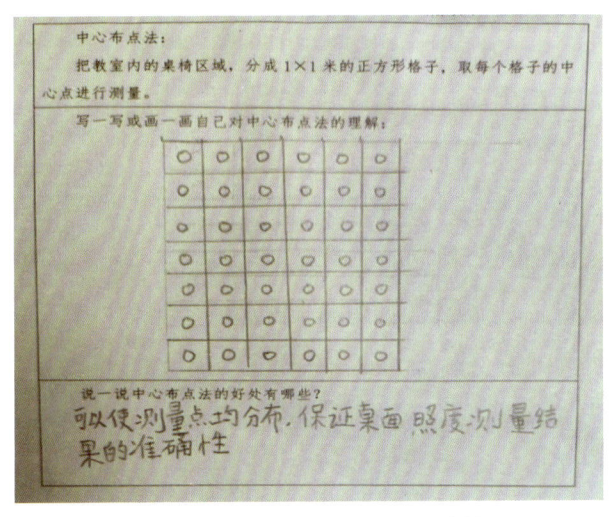

图 8　照度测量的中心布点法解读单

图 9　教室照明情况调查结果分析

4. 子问题 4：如何把调查结果和建议反馈给家长？

首先，师生回顾问题解决过程，梳理关键节点。教师与学生一起回忆从入项开始所经历的解决教室灯光问题的整个过程。教师抛出如下问题：问题解决过程中，你印象最深的是哪个环节？你认为哪个环节最重要？你是怎么从刚听到问题时的茫然无措到现在的信心满满，这中间经历了什么？学生在这些问题的引领下，总结解决问题的基本方法和创新思路，梳理已经形成的阶段性成果。

其次，确定成果形式，完成最终成果。在已有阶段性成果的基础上，学生以小组为单位，确定最终成果的呈现形式。有的小组选择科学性较强的"教室照明情况调研报告"，有的小组选择可读性较强的"给小许同学家长的一封信"，也有的小组选择图文并茂的小报形式等。

(三) 成果完善与出项

1. 初验成果,交流改进

学生分组完成成果后,教师经浏览发现存在以下问题:第一,采用书信为回应方式的小组,对书信格式的相关要求含混不清,而且书信行文中存在很多语病。第二,采用调研报告为回应方式的小组,书写方式较为随意,缺乏一定的科学严谨性。第三,在把经历过的一系列活动凝练成文本成果的过程中,不少小组缺乏一定的条理性。

为了解决这些问题,教师安排了两个活动:第一,寻求"专家"支持,找来语文老师,根据学生在行文过程中出现的问题,进行有针对性的讲解和示范指导。第二,借助"同伴力量",在班级内开展了小组交流分享。此次交流分享借鉴了"世界咖啡研讨法"的基本形式:首先,每组选择一名"成果讲解员"留守本组阵地,向来访者介绍自己小组的成果,并接受来访者的质疑、评价或建议。其次,其他组员深入多个自己感兴趣的小组进行研讨,以口头表达或写卡片等形式贡献自己的想法、建议,并要把学习到的好的观点带回到自己的小组。最后,组员回归,以小组为单位汇总联结刚才收获的各种建议,并有针对性地对自己的成果做出修改。例如,有的小组在调研报告的证据解释中写得很笼统,而在其他小组的建议下,最终修改得更加具体、有层次(见图10、图11)。

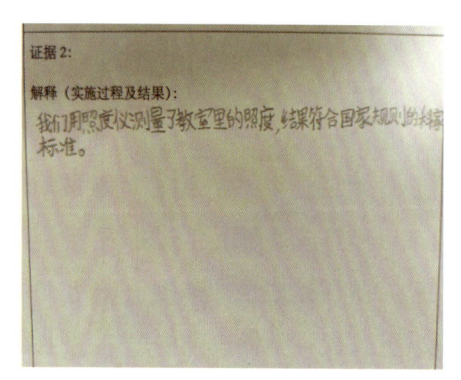

图10 修改前

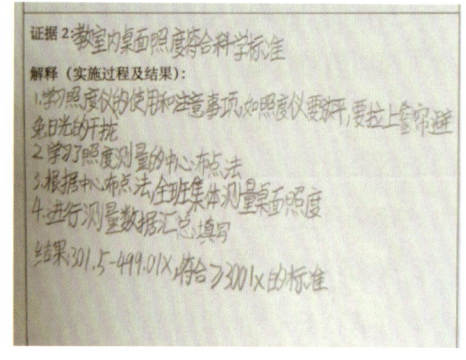

图11 修改后

2. 凸显过程，多彩化出项

由于每个组的研究结论具有一致性，为了保证出项活动的多样性和精彩纷呈，我们讨论决定出项的展示活动不仅可以展示结果，也可以展示问题解决过程中的关键点或成长点等。最后，经小组研讨、全班商议决定：本着"人人参与，激励成长"的原则，出项展示活动由全班5个小组共同完成，细数我们在问题解决过程中的收获和成长。这5个小组的展示试图回答以下三个问题：为了解决驱动性问题，我们做了哪些事情？获得了哪些成果（阶段性成果和最终成果）？收获了哪些成长？

第一组：情景剧：从迷茫到澄明。小组成员用情景剧的形式展示学生初次接触驱动性问题时产生的一系列想法，包括好奇、疑问、猜想等，从而暴露学生的认知起点和难点。通过情境再现，学生复盘反思，感受头脑风暴在问题解决中的非凡价值；明白遇到问题，要积极地从不同的角度进行思考，对问题进行拆解分析，而不仅仅是被动地聆听、接收信息。

第二组：知识精进"汇"：看我知识变！变！变！本小组展示了学生探索教室照明影响因素的过程：通过调查问卷进行"猜想"——开展照亮墙面实验"验证"猜想——专家讲座给出"标准"。学生通过要点回顾，呈现了自己对教室照明相关知识从原有盲区到全新理解的转变过程，明白了自己知识与能力建构所走过的完整过程。

第三组：错误大盘点：从失败中学习。本小组展示学生对教室照明情况的调查过程，并通过正误对比的方式，把测量中学生遇到的困惑和学习难点呈现出来。例如，在探索照度仪使用的过程中，学生从无视其他光源的干扰到主动屏蔽干扰，这中间学生增长的是照度仪使用的知识与技能。类似这样的"试错—改错"反映出"做中学""边实践边成长"的理念，学生明白了调查取证工作的科学性和严谨性（图12）。同时，学生感悟到：作为积极的行动者，要调动已有的知识经验、能力基础，创造性地解决真实情境中的问题。

第四组：成果打造记：有调查，有真相。学生通过书信、调研报告等相对科学和专业的形式给予回应，展示调查报告的内容，明确报告应包含调查背景、调查内容、调查过程和调查结果等。通过这一活动，学生明白了任何事情都不可以空口无凭,需要去进行调查、实验,用证据来支持观点。然后,学生对整个调查工作进行反思,知不足而后进。

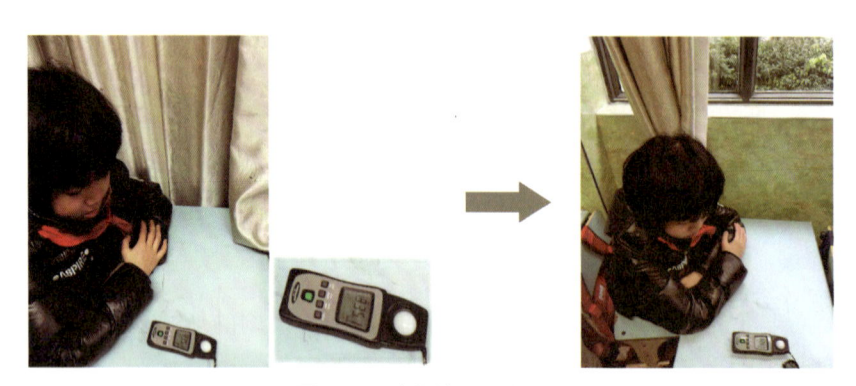

图 12 照度仪使用方法调整

第五组:拓展延伸:学生视力的保护。对照明情况的调查并不代表探索过程的结束,任何知识的学习都不是一次性的,都会与其他知识产生关联。"既然教室照明没有问题,小许同学的视力为什么会下降呢?""学校有多少跟小许一样视力下降的同学呢?""我们怎样才能保护好自己的视力呢?"这些关联问题让学生自发地衍生出一个关于视力保护的学习和宣传。一个小组就主动向卫生老师了解视力保护的方法,宣传眼保健操和正确的读写姿势,呼吁学生注意用眼卫生,爱护自己的眼睛。同学们也纷纷表达了对保护视力的重视。

(四) 反思与迁移

1. 评价单引领,助力项目反思

项目进行过程中,第一次让学生反思时,直接给出了一个反思单(见表 2),让学生在回顾项目学习过程的基础上进行填写。但 3 分钟过去了,大部分同学的反思单上空空如也,接着教师调整反思方式,以小组为单位,进行反思性讨论,在讨论的基础上进行填写。但 5 分钟过去了,反思单上仍然只有寥寥数字。由此,我们意识到,学生可能还不具备反思的能力,学生的反思需要支架。于是,我们把评价单(见表 3)提供给学生,让学生依据评价单上的评价标准,结合自己及小组的学习表现,进行反思。终于,学生们的反思活动有了抓手,反思落到了实处。同时,

评价单不仅可以作为学生判断出项活动优良的依据,也为学生的出项活动设计和实施提供了很好的支架,为出项活动提供了方向和细节支撑。

表2 反思单

姓名：_____ 日期：_____

项目回顾	目标回顾：	
	过程回顾：	
项目反思	自己哪些方面做得很好？	
	自己哪些方面可以做得更好？	改进措施：
	我们小组哪些方面做得很好？	
	我们小组哪些方面可以做得更好？	改进措施：

表3 项目化学习评价表

评价维度	评价标准	分值(1—5)
探究过程	能选择合适的调查样本,统计整理出学校学生对教室照明情况的看法	
	能通过猜测—验证—结论的探究过程,确定教室照明的影响因素	
	能正确而灵活地运用测量工具,测量并分析出教室照明情况	
	能有理有据地撰写调研报告,针对来信给予回应	
成果的展示	能运用图表、算式、文字等方式,呈现出小组的探究过程和成果	
	能体现出探究过程中小组的有效合作	
小组合作	每位成员都承担团队角色和责任,热情投入任务	
	在项目学习过程中愿意为其他同学提供帮助	
	能够在探究过程中有序分享自己的想法,并虚心听取别人的建议	

2. 持续探究,助推迁移与拓展

教室照明情况调查和反馈的结束是不是就代表这个项目终止了呢？有的学生眼见有了调查结果,就停止了思考,缺乏发现问题和提出问题的能力。但有的学生能基于已有的调查结果,进一步发出疑问。这时老师请出一张问题单,鼓励学生相互提问和启发。有的同学提出"家里的学习照明功能环境是否科学呢?"在这一问题的指引下,学生利用教室照明的相关知识对家庭照明进行诊断和改造。对教室照明情况的调查,不仅让学生得到了调查结果,更让学生收获了照明知识和调查能力。从教室到家庭的情境转变,可以培养学生利用已有知识解决新情境中的问题的迁移能力。

四、专家点评

(一) 真实情境:驱动学生主动迎接挑战

开展项目化学习的前提通常是学生在真实的学习与生活中遇到了困惑或亟待解决的问题。本项目是由校长室的"一封来自家长的信",引发"基于证据给家长回应"的项目学习。从校长室的请援发布,到班长接过请援令,案例融入了更多与学生自我关联的真实元素,学生在该项目化学习中体验到的"主人翁"角色更加真实,它不仅能帮助学生快速进入角色,增强作为校园主人翁的意识,还有助于充分发挥学生的主观能动性和创造性,引导学生综合运用多学科知识、技能和思维方式解决问题,让学习真正发生。

(二) 搭建支架:激活高阶思维推动问题解决

项目学习注重在真实情境中运用科学思维和系统方法进行持续协作、探究,具有自主性、实践性等特点。其中,学习支架是撬动项目学习深入开展的重要支点。

本项目在入项阶段,教师通过设置请援令发布、头脑风暴、KWH 表追问、计划表引领四个活动环节,不仅实现了角色的代入、如何创意解决问题、如何审视思考问题的方法和研究计划的制定,而且充分关注培养学生计划先行的意识,让学生意识到项目是一个周密计划的系统工程(但不限于此)。

在"基于证据给家长回应"问题解决的项目学习期间,教师将学习支架与"问题和需要"相对应,不急于介入,而是等到学生需要或请求获取信息的时候才提供以知识、能力、方法为主的图表、讲座、口头评价等学习支架。例如,在鼓励学生对

"教室照明影响因素"大胆猜想的基础上,适时提供实验记录单和实验器材让学生进行验证,帮助学生建立与以往所学知识或已有经验的关联,探索问题和已有知识、将要学习的核心知识间的联系。在实验交流过程中,对导致对比实验结果不一的预设,教师则给予及时的评价干预,激励学生反思、辨析,完善实验中控制变量的关键因素。这一过程不仅使学生学会制定系统的实验方案和步骤,还发展了学生的科学思维。

当学生在实验探究中产生一连串疑问时,如:照明亮度、频闪等与视力有什么关系,照明的亮度如何测量等,教师及时搭建了专题讲座学习支架,由专家及时助力学生突破知识与能力的难点、盲点,从专业的角度促进项目化学习的深度开展。在"如何把调查结果和建议反馈给家长?"问题支架引导下,学生与教师对学习内容、学习方式、项目设计、项目管理进行了全面的反思,用有效反馈来指引后续的行动。

(三) 多元评价:提升学生核心素养

评价在项目化学习目标的达成方面至关重要。本项目在评价标准和反思单的提供中,不仅设计相关的解决问题的知识、技能与方法,同时涉及了学生的合作、分享、迁移、思辨……关注学生过程中的体验、感悟,为学生认识客观世界,构建人际关系,重建自我经验提供了方向,充分关注核心素养的培育和发展。

点评人:徐汇区教育学院　赵萍

第二章　音乐学科项目：丝竹声声话江南[①]

课程类型及课时数	课程类型	年级	课时数
	音乐学科	五年级	8
所属学校	上海市徐汇区高安路第一小学		
设计者	周佳春		
实施者	周佳春、唐宇洋		

一、为什么要做这个项目

随着信息时代日益发展，数字音乐、虚拟歌手等流行元素成为了学生欣赏音乐的主流内容，他们对中国传统音乐文化的理解越来越少，而新课标中艺术课程的核心素养之一就是"文化理解"，这对弘扬中国传统文化，了解文化的多元性，增强历史观、国家观、文化观提出了明确的要求。

这个项目是面向五年级学生的学科项目。五年级的音乐教材中出现了多个与民族乐器音色、不同地域音乐相关的作品，其目的就是想要通过这样的作品增加学生对民族音乐相关知识及其文化背景的学习。在以往的教学中，老师们以人文单元"民乐悠扬"为主线逐个介绍作品，演唱歌曲，学生多以单一作品习得为主要学习方法，很难形成作品间的联系和知识的迁移，也就不易到达音乐文化理解的层面。针对这样的问题，此次项目化学习的设计依据课标，立足教材特点，围绕"江南丝竹乐"这一地域音乐特点开展学习、探究。学生在这个项目中需要经历的学习过程是：了解江南丝竹文化、了解江南丝竹音乐特点、掌握音乐表现所需要的

[①] 作者：上海市徐汇区高安路第一小学　周佳春

信息技术,最后形成的项目成果是一次"江南韵"音乐发布会。学习的创造性体现在音乐、音响的组合编配、信息技术的有效运用上,学生在项目过程中对于江南丝竹音乐的特点形成自我建构和深入理解,将音乐的本体知识与其相关文化进行关联与融合。

在项目实施的过程中,老师与学生形成探讨问题、解决问题的课堂氛围,在每个活动中引发学生的思考,从而产生疑问,进而需要搜寻资料进行交流,对音乐知识的理解与文化演变的脉络逐步厘清。老师提供任务单与思维导图等方式,为学生搭建学习支架,用自主思考与小组合作两者相结合的方式,学生将自己获得的知识作为关键资源投入到小组学习中,产生横向的联系,在思维不断地碰撞中学生进一步内化这些音乐知识,最后整理自己本次创编音乐所需要的方法,最终,他们不仅完成了具有江南丝竹乐风格的音乐创编,同时进一步打开了对于中国传统音乐文化的理解,打下热爱、传承中国音乐文化的基础。

二、项目设计

(一) 项目目标

1. 音乐学科素养目标

感受与欣赏:能通过聆听、比较,知道江南丝竹音乐乐器音色、旋律特点、表现形式等方面的音乐元素;对江南丝竹音乐文化发展、音乐特点的相关问题进行探寻。

音乐创造:能根据江南丝竹音乐的特点运用音乐创作的手法编创短小的丝竹乐旋律;通过知识、技术等方面的问题解决,对江南丝竹音乐片段的创作成果进行设计和改进。

2. 学习素养目标

创造性实践:以音乐要素特点为抓手,编创具有江南丝竹乐基本特点的旋律。
探究性实践:能通过自主探寻、交流协商的方式表达对江南丝竹音乐的理解。
社会性实践:能与同伴一同依据创造规则,合作完成音乐创编并表演。
审美性实践:进行聆听比较并细致分析音乐的各种特点。
技术性实践:出项成果中要运用信息技术手段进行音乐创作、编曲。

（二）挑战性问题

1. 本质问题

民族乐器表情达意的形式与风格特点是怎样的？

2. 驱动性问题

身处江南地区——上海，这里的生活中弥漫着各种乐音，软糯的吴方言夹带着清新的丝竹乐，请你做个音乐制作人，如何用现代的媒体软件展现江南丝竹乐的魅力？

三、项目实施

（一）入项

1. 前置性任务驱动

入项课前，老师在"畅言晓学"平台上发布一项前置任务。

任务内容："暖风轻轻吹，春雨淅沥沥，春意盎然的季节里，我们所生活的江南春色如何？一起来看一看，听一听，感受她的美丽神韵，采风上海的音乐与乐音。"

任务主要目的：让学生进入这个项目的地域氛围之中，打开学生的思维认知。激起了很多同学的好奇，城市中喧闹的声音不绝于耳，但到底哪些才是上海人耳中最熟悉的音乐呢？

任务呈现的成果：五一小长假，同学们采集到了 207 条音视频，经过梳理寻找到了曲笛清脆的声音，沪剧软糯的唱腔等。

2. 提出驱动性问题

入项课时，同学们共同分享了假期探寻到的声音，交流了音响采集的理由和感受，拉近了与江南丝竹乐的距离。为了让学习不断升温，随即抛出驱动性问题：身处江南地区——上海，这里的生活中弥漫着各种乐音，软糯的吴方言夹带着清新的丝竹乐，请你做个音乐制作人，如何用现代的媒体软件展现江南丝竹乐的魅力呢？

(二) 规划学习内容

问题一出,一石激起千层浪,怎么才能展现这种音乐的魅力呢?做个 ppt 介绍,学唱沪剧?……学生与身边同学立即形成自然小组,以"在此次学习中需要了解哪些知识?"为题开展讨论。

1. 独立思考并小组讨论学习方案

每个同学先都随着问题的指向独立思考 2 分钟,然后用大约 5 分钟的时间在小组中各自发表意见,小组共同将所有类似的问题罗列出来。随后进行 5 分钟左右的组际交流,相互启发思维,最终每个小组进行修改并递交了各自思考的内容(图 1)。

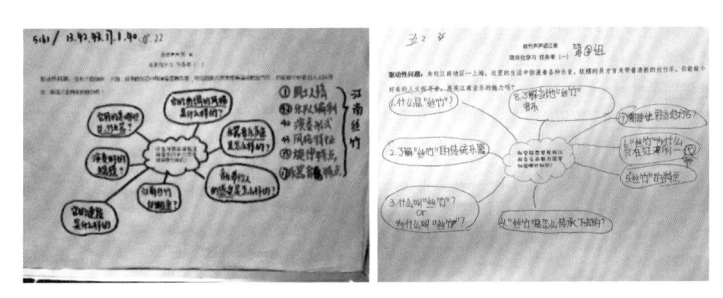

图 1 构建学习内容思维导图

2. 汇总分类形成学习内容

课后,老师将所有班级各小组的想法进行汇总、梳理,共获得 37 条与后续学习相关的问题,有些直接涉及学科核心知识,比如:江南丝竹的演奏乐器有什么特点、江南丝竹的音乐曲调是怎样的,等。最终根据这些问题规划出了此次项目化学习的内容。(表 1)

表 1 丝竹声声话江南入项中的问题清单

丝竹声声话江南 项目化学习 问题清单	
1 江南丝竹有哪些代表乐器?	5 江南丝竹与其他音乐有什么不同?
2 江南丝竹有哪些代表曲?	6 是否了解江南丝竹的发展史?
3 江南丝竹有哪些特点?	7 江南丝竹有什么表演方式?
4 江南丝竹的起源地?	8 江南丝竹有哪些分类?

续 表

丝竹声声话江南　项目化学习	
问题清单	
9　丝竹乐为什么会在江南如此流行?	23　需不需要学习上海话?
10　是否了解江南地区的人文?	24　江南丝竹是单人演奏还是多人演奏?
11　为什么叫"丝竹"?	25　江南丝竹是什么?
12　丝竹的音色是怎样的?	26　江南丝竹的表演节奏是怎样的?
13　丝竹是用什么做的?	27　一定要用吴方言来演唱江南丝竹吗?
14　丝竹是如何演奏的?	28　江南乐器有什么特色?
15　江南丝竹是谁发明的?	29　听过与江南丝竹有关的音乐吗?
16　江南丝竹影响的范围有哪些?	30　去哪了解江南丝竹?
17　江南丝竹文化传播情况	31　江南丝竹是如何传承的?
18　江南丝竹流行的原因	32　江南丝竹的将来会怎样?
19　怎么表达江南音乐?	33　江南丝竹的魅力是什么?
20　江南丝竹产生的原因和环境	34　江南丝竹的演奏场景是什么?
21　江南著名丝竹演奏者有哪些?	35　江南丝竹表达的情感是什么?
22　江南丝竹有哪些诗句描写?	36　江南丝竹的创作背景

图 2　丝竹声声话江南学习内容

(三) 知识与能力建构

子问题 1：江南丝竹的音乐画风是怎样的?

在这个阶段,学生借助课内、课外资源进行大量的聆听,尽可能地了解江南丝竹音乐的整体特点。

图3 学生运用的课内与课外资源

课内学习中,五年级第二学期第二单元"民乐悠扬"的教材中有一首江南丝竹乐《紫竹调》和一首广东音乐《喜洋洋》,学生通过聆听总结自己的感受,例如:《喜洋洋》听起来非常热闹欢腾,而且用到了许多乐器,然而《紫竹调》听起来有些舒缓、柔和,等等,学生能清晰地发现两首乐曲其截然不同的音乐表现特点。课堂中,教师还补充了江南丝竹八大曲(节选),在课内聆听的基础上,同学们进行小组合作收集更多的乐曲进行组内聆听,及时进行交流和梳理,用"磨耳朵"的方式形成对江南丝竹音乐的初步感知。在这个学习过程中,学生不仅聆听了大量音乐,更在海量搜索中了解到与江南丝竹文化发源、发展相关的文字资料,对江南丝竹音乐有了较为初步的整体认识。

子问题2:江南丝竹音乐的表现力从何而来呢?

基于学生已有的学习基础,第二阶段从两个方向引领学生进一步探索江南丝竹音乐文化。

(1) 江南丝竹演奏形式的灵活多变

由乐器引入,聆听江南丝竹曲《行街》音频片段,抛出关键问题"音乐中出现了哪些中国传统乐器?"。学生通过聆听辨别猜测出的结果是多样的,在交流中教师通过板书罗列乐器名称,并引导学生根据乐器材质进行归类。然后,通过视频直观的验证之前所聆听的版本中用到了四件丝竹乐器,笛子、琵琶、扬琴和中阮,还有打击乐器快板。随后教师播放第二段音乐,不同版本的音乐,学生发现乐器增加了,乐队的编制发生了轻微的变化。教师在此时引入一个新的问题,同时播放同一段音乐的第三个版本,请学生聆听时关注三段音乐是否是同一首乐曲,并根据学生的需求回放前两段音乐,他们会发现三段音乐是同一首乐曲,但是不同版本的演奏,都会存在一些差异,例如速度不同、使用的乐器不同,演奏的形式也会略有不同。由此学生总结出江南丝竹音乐的特点是灵活多变的。教师随后抛出问题,"江南丝竹灵活多变的演奏形式是怎样形成的呢?",学生也自发地产生了针对性更强的疑问:"灵活多变演奏会带来怎样的好处?""乐手们能适应这种即兴的演奏吗?"等。学生带着这些疑问在课下进行新一轮的探索与学习。

(2) 丝竹乐器音色清新悦耳

在这个阶段,学生借助个人自主学习和小组汇总整理两张任务单完成学习,学生先各自通过资料查询总结归纳江南丝竹的丝类、竹类乐器以及它们的音色特点及表现力特点(图4)。主要围绕的是乐器音色的探寻,经过个人资料查找、音视频欣赏,再到小组、班级之间的共同交流,达成对乐器音色特点的共识。

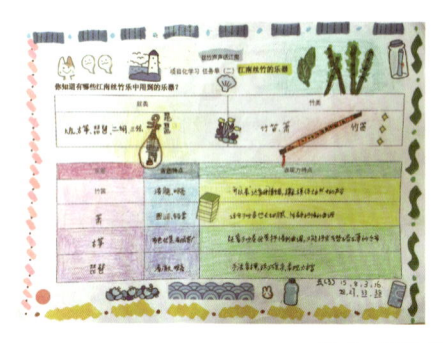

图4 任务单(二)江南丝竹的乐器

探寻乐器的过程中,笔者发现只借助教材中笛子独奏曲《牧笛》或其他音(视)频资料的学习很难让学生产生学习的代入感和真实性,无法让学生对乐器的音色特点、演奏技法等产生直观的感受。另外,此次项目化学习的成果是要运用软件技术支持音乐创编活动。这样的学习需求就提醒教师在实施中让软件技术提前介入,利用课堂时间,借助库乐队软件中的三件仿真乐器,探索丝类乐器的音色和演奏技法等(图5),借助"音虫"软件的音色库,让学生了解江南丝竹乐器的音色、音域特点,鼠标、按键、触屏技术以及软件的基本操作贯穿在整个知识建构的学习过程中。

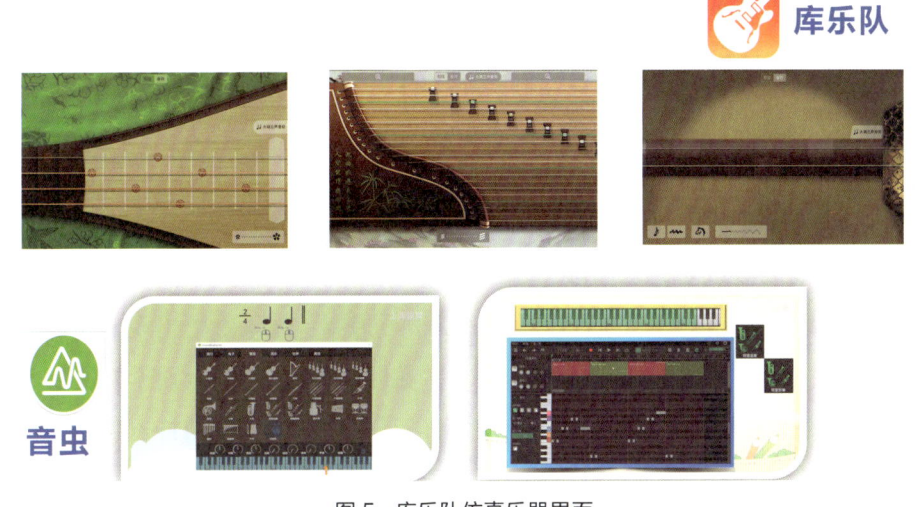

图5 库乐队仿真乐器界面

子问题3：软糯、清丽的江南丝竹乐旋律如何构成？

在这个阶段的学习中，学生需要对江南丝竹乐的旋律特点进行了解，以教材中江南丝竹乐作品《紫竹调》为例，共同分析节奏、音高的典型特征，从而基本了解旋律的特点。

在学习中，学生通过识读多个音乐片段的乐谱以及聆听体验感知到五声音调、加花、重复的创作手法时，产生了创作意愿，他们希望即刻按照这样的创作规则写出自己心中江南丝竹的韵味。此时，教师为每个学生分发了一张便笺纸，让大家根据了解到的旋律特点即兴记录自己心中产生的旋律，也就是通常我们所熟悉的"打草稿"，虽然第一稿写出的旋律记谱并不规范，但通过组内交流和老师个别指导的方法，同学们基本掌握了旋律创编的一些要素，为后续完成作品留住了一闪而过的灵感。

子问题4：小小作曲家该怎样演绎江南丝竹乐？

这个阶段的学习，有两个重要方面。一方面，要利用"音虫"软件合作制作江南丝竹小曲，这个过程中学生要掌握"音虫"软件的音色库、输入音符、复制粘贴等功能，基本的学习样态为课内输入、课外实践。教师制作相关的短视频微课，让学生学习技术,并通过畅言平台进行视频发布,让学生可以课后继续进行重复学习,实现线上、线下翻转式学习。

另一方面,每个组根据组内同学的创意旋律,选出最符合江南丝竹乐特点的旋律,共同编配相应的乐器、速度、力度、技术支持的方式等内容。基于对"库乐队"和"音虫"两个软件的基本操作方法,决定采用什么样的创作技术,分工完成任务。

(四) 成果修订与完善阶段

项目化学习中非常核心的特点就是"以学习为本",当学习中出现非常显性的需求时,应当即时调整方案,满足学习需求。在即兴创作旋律后,同学们纷纷开始交流自己的作品,产生了很多问题,比如:音乐符合了五声音调的特点但是为什么不好听?某某同学创编的旋律比我的更加婉转、柔美,这是为什么呢?……学生共同探讨着这些问题,发现节奏不密集、缺少"加花"的旋律听起来呆板,旋律中的音程总是出现大跳,忽上忽下的就不怎么婉转。这些交流和总结为学生创编旋律打开了新的思路。最终的创作中很多学生兼顾了这些音乐创作手法,让江南丝竹音乐的韵味更为浓郁。此外,学生还为自己所创作的曲调命名,更清晰地表达自己的情感意象。

(五) 出项阶段

各班进入到"江南韵"音乐成果发布会的展示阶段,各小组利用前期学习的所有知识进行整合,完成小组的"江南丝竹乐"作品。

展示一共分为两个部分,即作品简介和作品展示:

1. 作品简介

各小组首先拿着创作设计图介绍自己的创作意图,如:"创编过程中的灵感来源是什么?怎样将这些创作意图融入进自己的音乐中?在创编中用到了哪些课堂中所学的知识?"等(见表 2)。

表2　旋律创作成果示例

作品呈现	学生的创作意图
曲名：落樱	创作这条旋律时，想到了有一年春天去西塘，坐在乌篷船上游览，岸边樱花树上花瓣飘落的景象，所以取名为《落樱》。旋律中用了重复使用前十六后八（×××）的节奏型，表示一片片花瓣掉落，选用的主干音是中国五声音调，具有民族韵味。
曲名：	这条旋律想表现的是在杭州虎跑泉游览时看到的景象，水流缓缓流淌，一阶一阶有规律的感觉，所以每个小结的节奏都是密集的十六分音符和四分音符的组合，很有规律。

从旋律创编的成果看，学生呈现的旋律书写并不十分规范，但其想表达的意图较为明确，学生的设计意图说明更体现了他们用音乐表达江南水乡精致的思维，同时遵循了江南丝竹乐小巧雅致、五声音调的基本特点。

2. 作品展示

经历了旋律编创，学生需要借助信息技术手段将旋律用音乐软件进行制作，但每个小组成员对软件技术掌握程度不同，所以并不是每个小组的作品都能很直观地被看到，有些可惜。但在交流的过程中各小组之间相互学习，播放完自己的作品后，小组成员也会与小观众们进行互动，这些观众"小评委"也会给出自己的建议并给予赞扬和鼓励。这样思维的再一次碰撞能让学生对于这个项目中"江南丝竹"音乐文化的理解更加深入、有效。

图6　学习成果展示　软件创编截图

四、项目评价

整个项目化学习过程中一共设计了两个方面的评价。一份是建构知识过程中学生对自己学习情况反馈的自评表(见表3),另一份是对学习成果创作进行评价的评价表(见表4)。

表3 学习情况自评表

评价内容	评价指标	4 3 2 1 0
此次学习中我的收获	1. 我觉得学习中我增强了根据问题查找相关信息的能力。	☐☐☐☐☐
	2. 我觉得这次学习我了解到了很多原来不知道的知识。	☐☐☐☐☐
	3. 我觉得用软件技术进行音乐创编很有趣。	☐☐☐☐☐
	4. 我掌握了软件技术创编音乐的方法。	☐☐☐☐☐
	5. 我能和组内同伴很好地分工、合作进行学习。	☐☐☐☐☐
	6. 我对自己组创作的作品很满意。	☐☐☐☐☐
说明:请根据评价指标进行4—0程度的判断 4 非常同意,3 比较同意,2 一般,1 不太同意,0 完全不同意		
针对学习你最想说些什么:		

表4 学习成果评价表

评价内容	评价指标	评价判断(小组互评)
旋律创作情况	1. 能用民族五声音调编写旋律。	☐能 ☐不能
	2. 每小节均符合节拍规则进行旋律创编。	☐能 ☐不能
	3. 旋律用到江南丝竹乐加花的方法。	☐能 ☐不能
	4. 旋律委婉、流畅,具有江南韵味。	☐能 ☐不能
	5. 创作的旋律与作品名表达的含义相符。	☐能 ☐不能
成果发布情况	1. 能按时完成音乐创作成果。	☐能 ☐不能
	2. 能运用媒体终端软件完成作品。	☐能 ☐不能
	3. 能完成作品创意设计构思。	☐能 ☐不能

除了两张评价表以外,学习的各个阶段,甚至一些比较重要的交流、协作活动中,运用师生共同商讨将"学习要点"转化为"评价观察点"的方法开展评价,让学生在学习的同时随时通过评价明确目标,纠正方向。

五、专家点评

本项目围绕"江南丝竹乐"这一地域音乐,借助五年级音乐教材中的人文主题和相应的音乐作品,引导学生开展项目化学习。学生在项目学习过程中了解江南丝竹文化、了解江南丝竹音乐特点、学习运用音乐表现所需要的信息技术,并通过"江南韵"音乐发布会展现学习成果。该项目化学习借助信息技术激发学生对江南丝竹音乐的兴趣,在项目实施过程中引导学生对江南丝竹音乐的特点形成自我建构和深入理解,将音乐的本体知识与其相关文化进行关联与融合,提升了学生的音乐表现能力、学习能力、研究能力。

本项目在实施过程中不仅培养学生分析问题、规划学习方案、使用现代工具以及团队合作等学习能力,更提高了学生的学习主动性,培养了学生创造能力。

该案例的亮点在于:

1. 师生共同参与项目化学习。项目学习中,老师设计学习任务单,学生梳理问题清单,老师与学生共同探讨解决问题的方案,形成良好的共学共研的氛围,促使学生在探究活动中逐步厘清江南丝竹乐的文化演变脉络。

2. 项目学习关注音乐学科素养和学习素养的培养。教师通过设计"江南韵"音乐发布会的出项成果评价表,将"学习要点"转化为"评价观察点",引导学生发现自己在项目学习中遇到的问题并及时做出调整和修改。

3. 充分体现"以学生为本"的理念。在项目学习的不同阶段提出不同问题,以问题驱动引导学生主动探索。教师还在不同阶段通过提供实践案例引导学生自主学习。

4. 运用信息技术赋能学习。教师通过信息技术手段让学生感受江南丝竹乐器的音色,同时尝试创编旋律,写出自己心中江南丝竹的韵味,形成一件较完整的艺术作品。

本项目的设计体现"以学生发展为中心,产出为导向"的学科教学理念,不仅促进了学生对江南丝竹知识的掌握,也增进了学生对江南丝竹文化的理解,同时还引导学生学习运用信息技术来创作音乐,培养学生的创造能力。这样的学习方式在小学高年级音乐课中值得借鉴与尝试。

点评人:徐汇区教育学院　姚梅

第三章　学科项目：延长面包保质期的策略研究[①]

项目课程类型及课时数	课程类型	年级	课时数
	科学	四年级	16
所属学校	上海市世外小学			
设计者	陈铀		
实施者	陈铀及科学组成员		

一、为什么做这个项目？

2022国家新课程标准出台，其中指出科学课程要培养的学生核心素养主要是指学生在学习科学课程过程中，逐步形成的适应个人终身发展和社会发展所需要的正确价值观、必备品格和关键能力。学习不止于知识的领会理解，更关注运用知识去创造和解决问题，在正确价值观导引下生发出高阶思维、创造性的人格。

本项目学习方案，选自世外小学科学课程四年级"生态系统"单元。以大概念统筹设计单元教学，以项目化学习为载体，在基于问题解决的多学科整合下培养学生系统分析、决策、问题解决等高阶思维。首先，学生在这个项目中需要经历的学习历程是："项目导入——根据驱动性问题提出有待研究的子问题"、"知识与能力建构——信息调查与微课"、"基于调查的假设——对影响面包发霉的因素提出假设"、"分组及测试"、"基于大数据的实验数据分析"、"形成储存面包方法的有效策略与模型制作"、"分享及评价"及"反思及产品迭代"。最后形成的项目成果是：形成有效延长面包保质期的策略及模型。

---

① 作者：上海市世外小学　陈铀

学生使用发散思维对"影响面包发霉的因素及策略"产生了各种不同的想法与假设。发散思维的目的是不加评判地收集思想，并在过程中产生潜在的方案与可能性。随后学生使用"控制变量法、观察法、记录法"等，测试假设、验证想法，通过聚合思维分析思想，将其与目标进行比较，并加以改进。

在本项目中，两种思维的相互平衡，有助于团队探索不同的相关想法，并从彼此的想法中获得启发，最终形成各种防止面包发霉的解决方案，且方案是开放的，而不是唯一的。学生在项目过程中对什么是霉菌、霉菌的繁殖、霉菌作为分解者与环境的关系有了更深的理解。

二、这个项目是如何设计的？

本项目出自：四年级科学学科——生态系统单元。根据国家课程标准及NGSS，本项目对标的学科内容核心概念（core idea）为：生态系统的构成及相互作用。跨学科概念（crosscutting concept）为：因果关系。主要科学探究能力及工程实践（scientific and engineering practice）为：制定计划、搜集证据、分析证据、得出结论；明确问题，提出方案，筛选方案，并能监控学习过程和反思学习过程与结果。

本项目的重点学习内容为：微生物是什么？它们的作用是什么？它们是如何生长与繁殖的？在生态系统中的作用等。学生已经掌握了构成生态系统的主要组成部分：生产者（植物）、消费者（动物）、分解者（真菌、细菌等）。而学生对分解者的背景知识了解的广度与深度，远远少于生产者与消费者。

（一）项目目标

1. 通过"项目导入"学习任务，能根据项目化学习路径，将驱动问题进行分解，提出项目子问题，并制定相应的探究计划。（科学）

2. 通过"探究影响面包发霉的因素"学习任务，能从不同的途径查阅资料，获取信息，并用科学语言和概念图，记录整理信息；知道生态系统由非生物、生产者、消费者和分解者组成；知道霉菌是生态系统中的一种分解者；知道霉菌是一种微生物；知道食物变质是微生物的繁殖引起的腐败变质；能基于所学的科学知识及

观察,对影响面包发霉的因素提出科学假设。(科学,信息技术)

3. 通过"分组测试"学习任务,能根据不同假设,利用"控制变量法"设计分组实验;能使用Microbit、Mind+对实验环境中的温度、湿度、光照等条件进行监测与控制;能使用Design Routine数字平台进行项目过程性记录。(科学,信息技术)

4. 通过"实验数据统计与分析"学习任务,能使用Microsoft Form形成对"影响面包发霉因素"的数据统计;能使用数字平台形成数据图表,将数据可视化;能运用分析、比较数据的方法得出科学探究的结论,形成"影响面包发霉的主次因素"的分析报告。(科学,信息技术)

5. 通过"形成防止面包发霉的策略与装置"学习任务,能基于研究结果,运用创造性思维的基本方法提出防止面包发霉的方案或制作储存面包的装置;能具有初步地实施设计方案的能力;能对方案、产品进行测试和修改。(科学,信息技术)

6. 通过"展示与分享"学习任务,能借助信息技术、实物使用"画廊漫步"策略向他人解释自己的方案或装置,对探究过程和结果做出自我评价与调整;初步具有主动交流探究成果的意识,提升反思和改进的能力。(科学,信息技术)

7. 通过"评价与反思"学习任务,能形成评价标准,并代入角色进行评价;能使用"SCAMPER""What, so what, now what"策略进行项目反思与迭代。(科学)

(二) 挑战性问题

1. 本质问题

(1) 霉菌作为分解者,在生态系统中与其他因素之间的关系与影响是什么?

(2) 如何根据实验数据,设计有效的方案?

2. 驱动性问题

四月的上海逐渐进入梅雨季节,学校食堂内作为日常储备的面包,没过几天,就开始出现发霉变质的现象,造成了极大的浪费。你有什么好的策略,可以延长食堂内面包的保质期同时不影响面包的口感?

三、项目实施

(一) 入项

本项目出自"生态系统"单元,入项活动分为两部分:

1. 教师首先为学生提供了题为"what are good scientific questions——什么问题是一个好的科学探究问题"的科学讲座培训。引导学生通过观察生活,联系本学科内容,提出有待解决的真实问题。以"可被测试、具有启发、能解决实际问题"为标准,在产生的 320 个问题中,学生投票选出了——"四月的上海逐渐进入梅雨季节,学校食堂内作为日常储备的面包,没过几天,就开始出现发霉变质的现象,形成了极大的浪费。你有什么好的策略,可以延长食堂内面包的保质期同时不影响面包的口感?"这一驱动问题。让学生能基于对挑战性问题的思考主动学习,从而将具体的知识和技能都能被问题结构化、组织化。

2. 引入驱动问题后,第二个入项活动为"直观体验"。学生结合原有的生活经验及已有的对"发霉"的认知,对即将过期的面包进行发霉观察。这个阶段,不同学生将面包置放于他们认为容易发霉的环境,并进行一周的观察以获得对"发霉"的直观体验,并在此过程中,记录产生的有待探究的真实问题。(表 1)

表 1　在直观体验中探究"发霉"问题

Know about "mold" with hands on activity "霉菌"初体验

What makes the mold grow? Now, you have a piece of bread, you can put it in different places for a week to do an observation. Here is what you need to label on the bag. 是什么让霉菌生长?你可以将面包放在任何地方,进行一周的发霉观察,在袋子上标注:生产日期、发霉日期、面包置放的地方。

Raise your real questions and research 提出真实问题并调查

How can you solve this problem? You can't jump in and start experimenting. It's important to do a little research. Are there any questions you want to figure out before starting an experiment? 该如何解决这个问题?在开始具体实验之前,调查尤为重要。你有什么问题想弄清楚吗?

Q1：_____

续　表

```
Q2:_____
   _____
   _____
   _____

Q3:_____
   _____
   _____
```

(二) 知识与能力建构

子问题 1:什么是霉菌?

在长周期的项目学习中,怎样让学生持续探索驱动性问题是项目设计者考虑的核心问题。教师通过对高阶认知策略和主要学习实践的设计,促进学习者在复杂情境中的心智转化。

在项目入项阶段的体验过程中,学生为解决驱动问题并形成解决方案,产生了"什么是霉菌? 霉菌的繁殖方式是什么? 霉菌生长繁殖的环境是什么?"等真实问题。

我们明确对学生提出带有问题解决、系统推理分析、决策等高阶认知策略的项目任务后,学生在探究"什么是霉菌"的过程中,在与各种材料、文本的互动中,再进行低阶学习,例如:查找、识记信息,将信息组织化,巩固和理解信息,形成完成作品所需的知识网络和技能准备,从而形成高阶学习和低阶学习的整合。学生通过信息调查,完成对食物变质的概念理解,学生明确面制品变质主要以霉菌作用最为显著。通过调查,完成对什么是霉菌的概念构建。在此环节中,通过课堂中观察学生的学习情况与他们提出的问题,确定难点为:1. 不知道如何进行信息搜索。2. 不知道如何快速地辨认网络信息的真伪。3. 不知道如何进行信息概括。而教师在此环节给予的支架为:1.可供学生随时调取的微课:what is mold?(什么是霉菌);How to resarch online?(如何利用信息技术,进行正确有效的信息搜索),从而有针对性地解决了学生的实际困难。(表 2)

表2 学习支架设计

How to research information and record? 如何在网上检索信息？

Searching the internet is a basic skill for contemporary students. You enter a word or a phrase into a search engine and up comes a stack of irrelevant information. What you need is the ability to refine your search to get exactly what you want. Here are 4 steps you can follow:
1. Identify the keywords in your question
  For example: If the question is how many types of mold can grow in a bread, then its keywords aretype, mold and bread.
2. Choose a search engine (Baidu, Bing, Google or etc.)
3. Use specific keywords
  If type mold into your search engine, the results will include many pages about mold, whereas typing bread mold will return a more concise range of mold types.
4. Record keywords
  Choose words or phrases that relate to your question.

在网络上搜索信息是当代学生必备的技能之一。你在搜索引擎中输入一个词句，可能会跳出无数不相关的信息。你需要做的就是精炼你的搜索内容。以下有四个步骤：

1. 确定问题中的关键词。

例如：如果你的问题是"面包上能长多少种不同的霉菌"，那么关键词就是"种类""面包"和"霉菌"。

2. 选择一个搜索引擎（白度，必应，谷歌或者其他）。

3. 使用准确的关键词。

如果你只是输入"霉菌"，那么会有无数页关于霉菌的内容。但当你输入"面包 霉菌"，你能得到更加精准的霉菌种类。

4. 记录关键词。

筛选网页中的信息，有选择地记录与你研究问题有关的关键词句。

子问题2：面包发霉可能和哪些因素有关？

在这一环节中，教师为学生提供"如何做科学假设"的培训，引导学生了解科学假设是基于调查的假设，而不是随意的猜测，它是基于信息搜索、直观体验、初步分析做出的假设。为此我们设计了作业单，给予学生做科学假设的框架。学生基于对子任务1——霉菌的知识构建，结合入项阶段对面包发霉的直观体验，形成对"影响面包发霉的因素"的开放性假设。

通过充分的讨论交流,最终在这个环节形成了以下几种假设:1.环境酸碱性;2.湿度;3.光照;4.真空与否;5.面包与空气的接触面积;6.面包种类;7.温度;8.不同酱料。

表3 作业单的设计

Step3 Make a hypothesis — What affects bread molding? 提出假设	
This is when you make a prediction based on research. This is not an "I think..." prediction, it's a statement that will either be proven ture or faulse base on experimenting. An expression would be: 根据实际经验及调查做出"影响面包发霉的因素"假设。这不是一个"我猜……"的预测,而是一个能通过实验被证明真伪的科学假设。表达式为: _____ will affect bread molding.	
FACTORS 因素	
1	
2	
3	will affect breading molding.
4	影响面包发霉
5	
6	

How to make a scientific hypothesis? 如何提出科学假设?

A hypothesis is a tentative, testable prediction to a scientific question, not just a guess. In particular, your hypothesis may begin with a question which could be further explored through background research. A testable hypothesis is not a simple statement. It is rather an intricate statement that needs to offer a clear introduction to a scientific experiment, its intentions, and the possible outcomes. Hereare some important things to consider when building a compelling hypothesis:

1. State the problem that you are trying to solve.
2. Make sure that the hypothesis clearly defines the topic and the focus of the experiment.
3. Try to write the hypothesis as an if-then statement.
4. Follow this template: If a specific action is taken, then a certain outcome is expected.
5. Define the variables
6. Independent variables are the ones which are manipulated, controlled, or changed.
7. Dependent variables, as name suggests are dependent on other factors of the study. They are influenced by the change in independent variable.

假设不只是猜测,而是对一个科学问题的初步预测,它可以通过实验验证。

一个可通过实验测试的假设不只是一个简单的陈述,它需要提供对实验明确的指向、实验目的和可能的结果。以下是一个假设需要满足的必要内容:

1. 表明你要解决的问题——假设需要清晰地指出实验主题和重点;
2. 尝试用"如果……那么……"表达;
    ——根据这个模板:如果某种特定行动被实施,那么预期会产生某种结果。
3. 明确变量
    ——自变量是可控的、可更改的变量
    ——因变量随自变量的变化而变化

(三) 合作探究阶段

子问题3:如何通过实验验证假设?

在合作探究阶段,学生预设通过"对比实验,探究影响面包发霉的因素,通过数据统计与分析"得到"影响面包发霉的主次因素排名"从而为后续形成"防止面包发霉解决方案"提供支撑。在这一阶段,学生根据形成的8种不同的假设,形成8个不同的实验小组,进行对"影响面包发霉因素"的分组测试。他们以小组合作的形式分步规划实验设计、实验操作及过程性记录。

1. 实验设计:团队学生根据之前提出的假设,选择一种影响面包发霉的因素,设计实验,列出实验设计中的难点。(1)如何进行控制变量?(2)如何量化实验观察?(3)如何创设较为理想的实验环境?

2. 团队头脑风暴,形成实验方案:教师组织学生讨论如何借助设备创设对比实验环境,并对实验环境进行监测与控制,团队学生能选择合适的Microbits,Mind+模块传感器运用于实验实施之中,最终形成小组实验方案。

3. 使用Microbits,Mind+等软件程序对实验中的温度、湿度、光照等对"影响面包发霉的因素"进行监测与控制。小组成员对实验中出现的问题及时记录、反馈并解决问题。

4. 实验过程性记录:学生通过在线平台上传每日记录的实验数据,包括日期、图像、霉菌数量、大小(直径)等。

与此同时,教师也通过为学生的学习难点提供支架,确保项目的实施。教师首先观察并统计学生在设计实验中面临的难点,形成核心问题:"如何使用'控制变量法'并创设实验环境,做对比试验。"通过与学生对话促进对问题的深层分析,引导学生思考"在外置环境不稳定的情况下,如何借助辅助设备,对实验环境进行监测与控制"。基于学生的难点,对"采用控制变量法进行实验"的任务进行了分层设计:(1)能使用Microbits,Mind+对实验环境进行监测。(2)能使用Microbits,Mind+对实验环境进行监测、警示及控制。同时提供学习支架——在任务单中为学生列出可选择的模块、传感器、可用的简单编程语句,供学生勾选使用。建立控制变量法、观察法、记录法的资源库,方便学生在遇到问题时,随时调取。(表4、表5)

表4 _____对面包发霉的影响

Experiment: test what affects bread molding.
实验:测试影响面包发霉的因素
Materials: 2 pieces of bread
材料:两片相同的面包

1 Basic information of bread 面包基本信息

	Detailed
Types 种类	
Ingriedients 配方	
PD 生产日期	
ED 保质日期	

2 List control in this experiemnt 列出实验常量与变量

Control in a science experiemnt is a sample that remains the same all the time throughout the experiment in order to receive accurate results. A dependent variable is the variable being tested in a scientific experiment.
实验常量是指在整个科学实验中,需要保持不变的因素。
实验变量是指在实验中,需要被测试的因素。

Tick the control and dependent variable in the chart below 勾出实验常量与变量

	常量	变量	具体信息
Types 品种			
Ingriedients 主配料			
Contact area 接触面积			
Temperature 温度			
Humidity 湿度			
Illumination 光照			
Vacuum 真空			
Acid and base 环境酸碱			

续 表

List detail information about dependent variable 实验变量的具体信息
Eg：humidity1 湿度—30%备注：塑料箱内； humidity2 湿度—90%备注：带加湿器的塑料箱内。

表5 实验支架设计

对照实验学习支架 Scaffolding for designing controlled experiments

	对照实验组	
主要涉及概念	控制变量法、变量、常量、编程设计 controlled experiment, independent variables, controlled variables, programming	
任务关键词：	温度、湿度、光照、真空 temperature, humidity, illumination, vacuum	
原理：	编程、感应器、测试 Programming, sensor, testing	
Tick what you can use in your design：		
Scientific Concept	Description	Tick
Light sensor 环境光传感器	You can use light sensor to monitoring the strength of light in the experiment. 可以使用环境光传感器监测实验环境的光照强度。	
Temperature sensor 温度传感器	You can use temperature sensor to monitoring the temperature change in the experiment. 可以使用温度传感器监测实验中的温度变化。	
Humidity sensor 湿度传感器	You may use humidity sensor to monitoring the humidity change in the experiment. 可以使用湿度传感器监测实验中的湿度变化。	
Buzzer 蜂鸣器	You can use the buzzer as an alarm when experiment condition is changing. 当实验环境出现变化需要调整时，蜂鸣可以作为一种警报的方式。	
LEDs 发光二极管部件	You may use LEDs to show the real time data or to show message. 可以使用LED灯管来显示实验环境中的实时数据，或显示报警信息。	
Ultrasound sensor 超声波传感器	You can use ultrasound sensor to monitoring the size of the bread and the growth of the mold. 可以使用超声波传感器测定距离来监测面包的大小及霉菌的生长。	

续 表

Scientific Concept	Description	Tick
Programming software: 编程软件（mind+等）	You can use programming software to program the sensor system and alarm system. 可以使用编程软件编写监测程序及报警程序。	
CODE A sensor system:	If you want to code your device, here are some tips: ☐ Device capable or executing Python code or Microbits ☐ Free Python editing software, such as Mu or Atom, if you use microbit, please check https://makecode.microbit.org/ ☐ Light sensor ☐ LEDs of various colors ☐ Programmable buttons ☐ Buzzer or speaker ☐ Connector cables and breadboard ☐ While this activity can be completed using individual components, numerous kits exist with all of these materials included, such as Cubit, LEGO, Raspberry Pi, and Arduino **1 Determine your independent variable** — You will determine your independent variable based on your hypothesis. 确定实验中的变量——根据之前提出的科学假设，决定对照实验中的变量是哪一种因素。 **2 Set up an sensor** — based on what variable you are going to test, set up the sensor. You also can use sensor to monitoring the controlled variables during experiment. 设置传感器——针对你所将要实验的变量，放置对应的传感器，同时也可以使用温度传感器或湿度传感器来保证实验中常量是保持一致的。 **3 Add a light indicator to reflect the measurement** — You can use LEDs or buzzer to reflect the testing result based on the data that sensor collected. 可以使用LEDs或者蜂鸣器来对监测的数据设置一些提醒或警告。	
Add your idea 你的想法:	Here are some useful tips you can share with your friends 列出你想分享给伙伴的有用的小方法：	

子问题 4：如何从实验结果中得出结论？

经过一周的对比实验与观察，每组学生形成如下的实验数据（以湿度为 80% 小组为例，图 1、图 2）：

实验二： 温度——80%
预设： 湿度为80%时面包发霉比较快

Date	Photo of Bread 照片	Description 描述	Number of molds			
			0—5 mm	5—10 mm	10—20 mm	>20 mm
Day 1		无明显变化	0	0	0	0
Day 2		无明显变化	0	0	0	0
Day 3		无明显变化	0	0	0	0
Day 4		靠近中央的多个角落都有绿色或白色的霉菌出现	10	0	0	0

Day 5	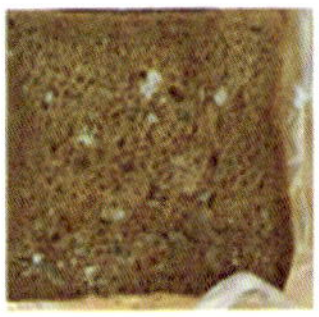	四周开始出现少量霉菌。昨天出现的部分霉菌变大了。	>50	3	0	0
Day 6		在面包的中央出现了一个巨大的白色霉菌。面包一侧出现了更多霉菌。	>50	5	1	0
Day 7		霉菌在面包的各个角落疯狂生长。有些霉菌开始长到一起。	>50	4	1	1

图 1 湿度对发霉的影响

实验	勾选
1 你是否每天进行观察与记录	✓
2 你的信息是否真实可靠	✓
3 你的实验结果与预设是否一致	✓

4 Conclusion of this experiment 你的结论：
<u>在60%的湿度下，面包第五天开始发霉，发霉量较少，霉菌变大变多的速度慢；在80%的温度下，面包第四天开始发霉，发霉数量多，且数量增多的速度很快。由此说明，面包在湿度大的情况下，更容易发霉。</u>

图 2 学生实验观察记录分析

学生们发现即使测的是同一个变量，例如"湿度对面包发霉的影响"，但由于每个人选择的湿度不同，数据也不相同。为了获得精确的"影响面包发霉的因素排行"，学生们首先采用了相互采访的方法记录数据，发现数据量大，且在跨班级采访中，极其不方便，数据也容易错漏。于是，在老师的推荐下，使用 microsoft forms 发布数据统计问卷，统计全年级实验数据，获得实验数据高效且精确。（图 3）

图 3 使用 microsoft forms 进行数据统计

随后将各组数据可视化、生成数据图表（条状统计图、折线统计图等），再通过对数据的横向和纵向的比较与分析形成影响面包发霉的因素排行榜（表 6）。同时针对数据统计结果围绕以下几个问题做分析：如果所得到的实验结果和预期的结果一致，那么它可以验证什么理论？实验结果有什么意义？说明了什么问题？如果所得实验结果与预期结果或理论不符，应分析其可能的原因。以此，为后续的防霉装置，提供数据支撑。

表6 根据实验数据,将影响因素按照影响面包发霉的程度由大到小排名

(注:影响程度最大的为1,最小的为7)

Factor 影响因素	Rank 排名
Types 面包品种	
Jam 酱料	
Contact area 接触面积	
Temperature 温度	
Humidity 湿度	
Illumination 光照	
Vacuum 真空	

(四) 成果修订与完善

项目成果阶段学生基于前期的研究,将设计出防止面包发霉的有效策略,完成设计草图,制作出初步装置,并能根据设计储存面包。在实施过程中,一开始由于缺少系统的设计思维,在设计与制作成品过程中,出现随意化与理想化的状态。例如:不考虑实际运用,设计的产品成本高于面包本身;选用的装置材料,不考虑食品卫生等。

为此教师通过对学生"设计思维与方法"的培训(图4),设计任务单,将设计与制作的过程进行合理的结构化,分解成以下几个步骤:1.利用思维导图,呈现对面包发霉的认知与理解;2.呈现对"防止面包发霉"的主张;3.罗列产品需要的材料及作用;4.设计草图并注解。(表7)

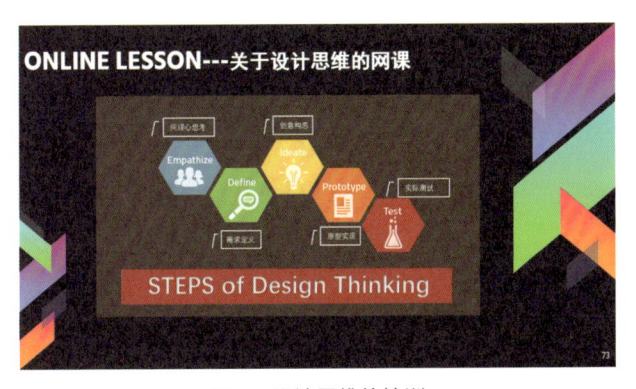

图4 设计思维的培训

表 7　延长面包保质期的初步方案

Step 6 Plan — how to keep bread from molding

1 Use mind map to show your understanding of mold
通过实验及交流分享，请同学们用"思维导图"的形式呈现你对霉菌的了解
（包括霉菌喜欢的生存环境、霉菌的克星、影响霉菌生长的因素等）

My idea of keep bread from molding 我对"面包防霉"的主张是
_____
_____

2 Materials "我的面包防霉装置"所需的材料
_____
_____

3 Design Draft（label each part）设计草图并标记每个部分

4 Description 描述你的设计意图
_____
_____

结合驱动问题中的所设限的实际情况——学校食堂储存面包。与学生共同制定产品标准——产品能有效阻隔面包发霉、利于食堂环境内置放（图 5），且相对性价比较高。学生通过团队合作，合理修订与完善项目成果（图 6）。

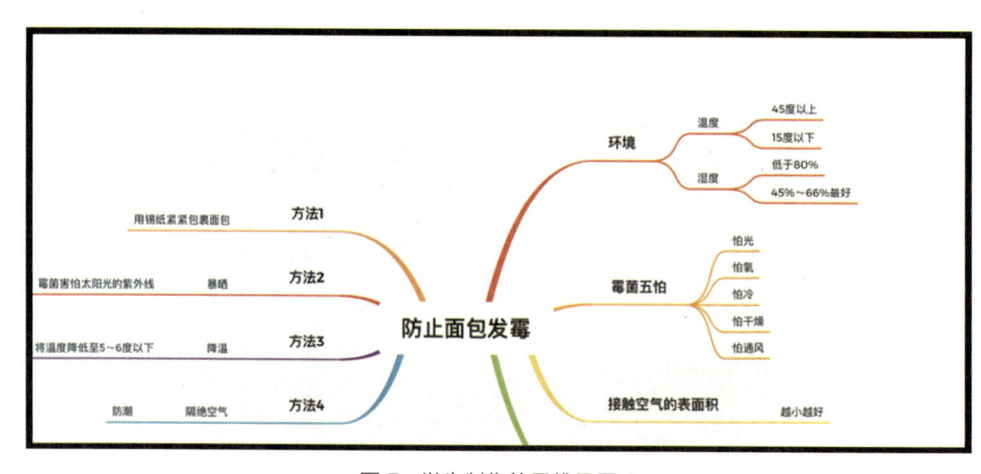

图 5　学生制作的思维导图 1

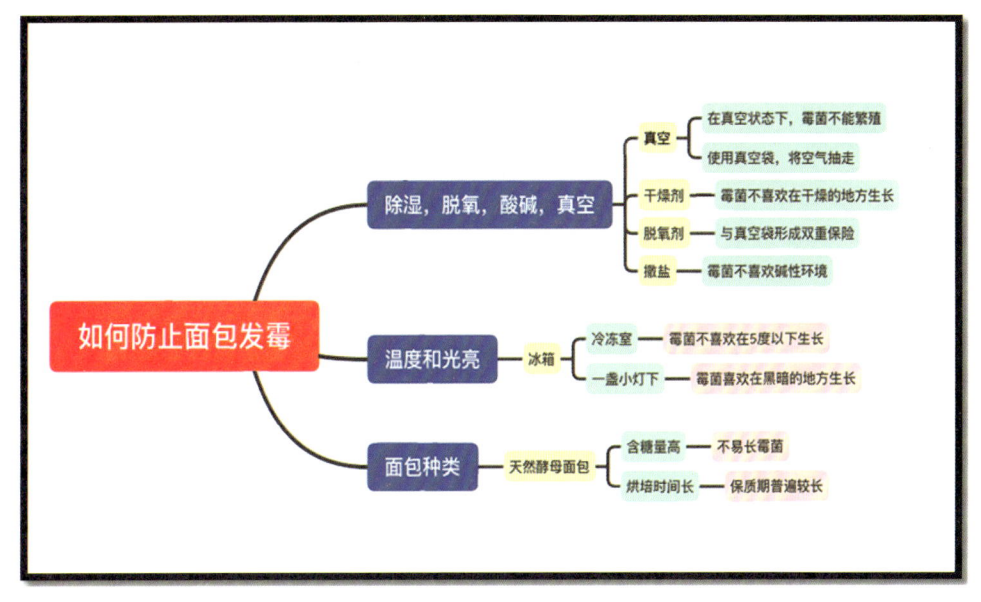

图 6　学生制作的思维导图 2

基于研究，学生形成不同的项目成果，体现了对项目本质问题的理解，关键能力的习得与运用即：霉菌作为分解者，在生态系统中与其他因素之间的关系与影响是什么？如何根据实验数据，设计有效的方案？

学生形成的项目成果如下：

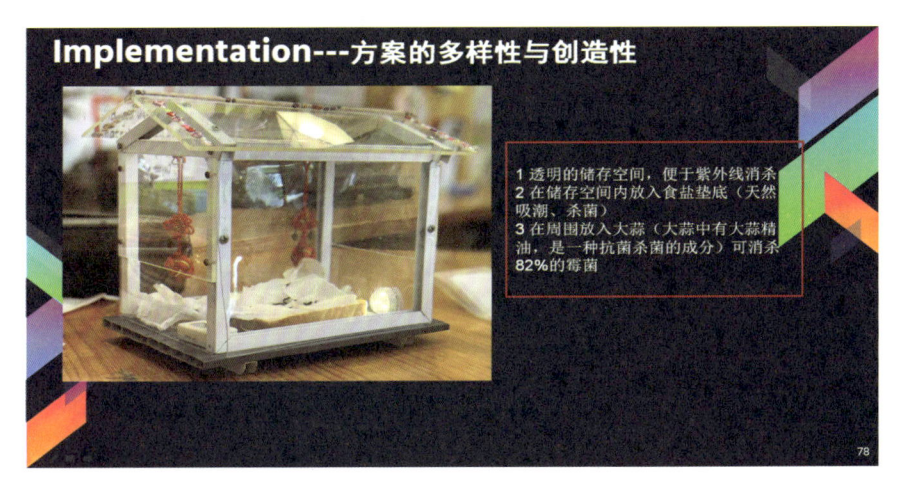

图 7　学生项目研究成果 1

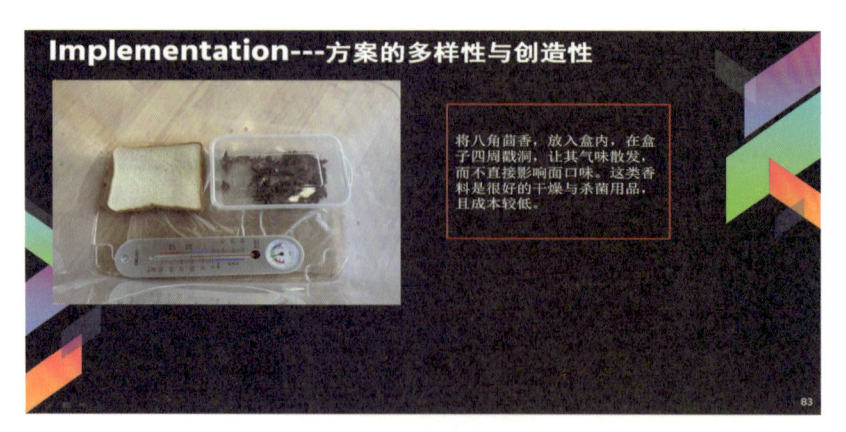

图 8　学生项目研究成果 2

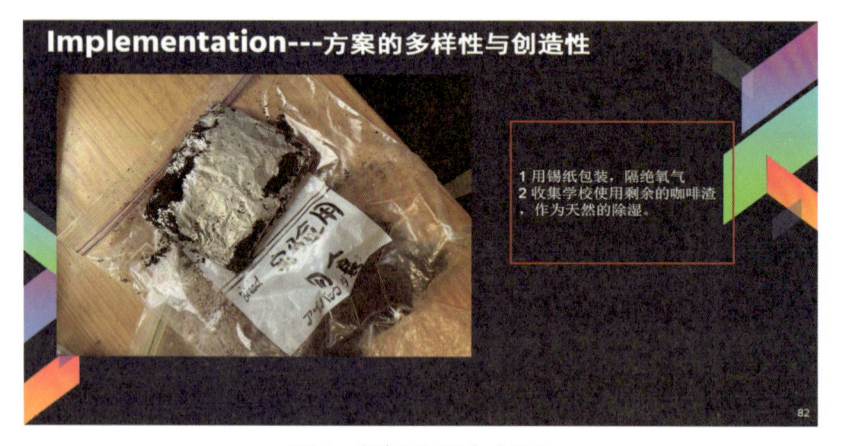

图 9　学生项目研究成果 3

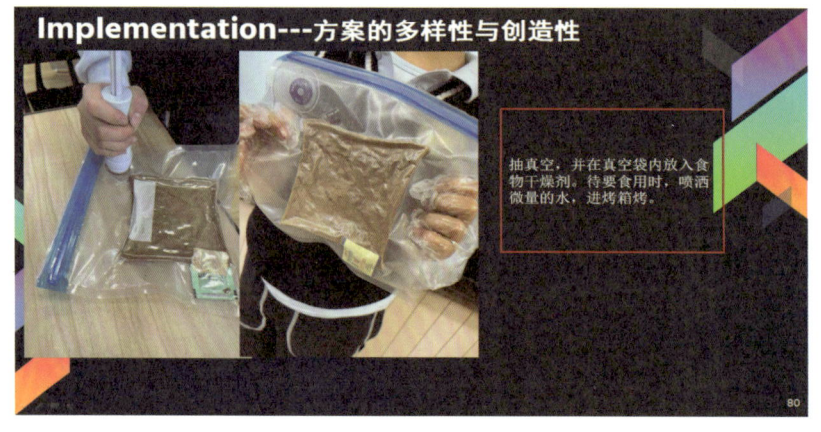

图 10　学生项目研究成果 4

图 11　学生项目研究成果 5

(五) 出项

研究成果通过"画廊漫步"形式进行展示及交流。教师设计了评价量表,分别从"防霉方案设计、防霉的有效性、沟通与交流"三个部分,由学生进行互评,并设计有明确的分值标准参考,其中,"comment"一栏,可以填写最值得借鉴或表示迟疑的部分。(表 8)

表 8　GALLERY WALK 画廊漫步

Name 姓名	Design 防霉方案设计	Effectiveness 防霉有效性	Communication 沟通与交流	Your Comments 你的评论
1				
2				
3				
4				
5				
6				
7				
8				
9				
10				
……				
26				

评价标准：

本次"画廊漫步"的参评内容有防霉方案设计、防霉有效性、沟通与交流三项。每项内容满分为 5 分，请根据以下标准进行打分。(表 9)

表 9　画廊漫步的评价表格

	4—5 分	2—3 分	0—1 分
防霉方案设计	能够考虑多种发霉因素的影响，制定较为完整的方案	能够制定简单的设计方案	不能够制定出方案
防霉有效性	面包完全没有发霉且能够保证一定新鲜度	面包有少量的发霉	面包发霉情况严重
沟通与交流	能够将设计原理、方法和实施过程清晰完整地与参观者主动进行介绍	能够简单地将设计原理、方法和实施过程主动介绍给参观者	能够简要讲述设计原理、方法和实施过程

＊"Your Comments 你的评论"一栏中，可以填写最值得借鉴或是迟疑的观点。

例如有的学生提出可以将设计的思维与策略用于家庭其他食物的储存等等，对后续的产品迭代，起到重要的作用。其次，在出项环节中，为了更好地对项目成果进行改进与迭代，同时邀请组内各位老师、食堂后勤人员参与评价之中。

(六) 反思与迁移

学生能根据在"画廊漫步"展示之后的反馈，结合教师为学生提供的 SCAMPER 反思工具，对整个项目做出反思与评价(表 10)。当我们进行项目反思时，学生可以站在一个旁观者的角度，再一次审视整个过程，从项目实施的有效性、知识概念构建的整体性，到项目合作形式、合作方法等进行复盘。

表 10　SCAMPER 反思

Substitue 替代	
Combine 整合	
Adapt 调整	
Magnify 修改	
Put to Other Uses 另用	

续 表

Eliminate 消除	
Rearrange 逆反	

SCAMPER 策略：

- Substitue 替代：

Think about substituting part of your product/service or process for something else. By looking for something to substitute, you can often come up with new ideas.

思考当前创意或概念中有哪些内容可以被替代，例如产品中是否有可以被替换的原材料、组件，通过这个过程你能得出一些新的想法。

- Combine 整合

Think about combining two or more parts of your problem to create a different product/process or to enhance synergy.

思考哪些元素需要组合在一起来改善产品创意或概念。例如，将不同产品整合在一起，将不同设计目标/想法结合在一起，是否能产生意想不到的结果。

- Adapt 调整

Think about which parts of the product/service or process could be adapted to remove the problem, or think how you could change the nature of the product/process.

思考产品创意或概念中有哪些元素可以调整。例如，有哪些功能可以进行调整，是否可从他处借用部件、工艺或创意，或是否可以改变整体产品/方案。

- Modify 修改

Think about changing part or all of the current solution to distort it in an unusual way. By forcing yourself to come up with new ways of working, you are often prompted into an alternative product, service or process.

思考如何修改产品创意或概念,以便更进一步改进。例如,哪些属性可以改变(大小、颜色、形状、味道、声音、包装、名字),哪些范围可以放大或缩小?

- Put to Other Uses 另用

Think of how you might be able to put your current solution to other purposes, or think of what you could reuse from somewhere to solve your innovation problem. You might think of another way of to meet your Job To Be Done or find another market for your product.

思考如何将产品创意或概念运用到他处。例如,是否能将该创意或概念用到不同的场景/行业,废料是否可以回收并产生新产品。

- Eliminate 消除

Think of what might happen if you eliminated various parts of the product/process/problem, and consider what you might do in that situation.

简化已有的产品/概念,去除非必要的构成元素。例如,确定产品核心功能和非必要功能,如无必要则去除。

- Rearrange 逆反

Think of what you would do if part of your problem/product/process worked in reverse or done in a different order. What would you do if you had to do it in reverse?

思考与你的产品创意或概念完全相反的情况是怎样的。例如,改变产品使用顺序,使产品里外反转或上下颠倒等会产生什么结果。

最后通过项目的实施,将在项目内学习到的知识、观念迁移至日常生活之中的健康饮食、合理规划家庭食物配置。

(七) 项目评价

我们将每个项目阶段按照"学习任务""学习方法"与"学习态度"设计评价量表,学生通过自评、互评与师评对核心知识、主要的高阶认知策略、重要的学习实践进行过程性评价和总结性评价,促进项目的实施。(表11)

表 11　项目进程中的评价量表

项目阶段	评价维度	具体要求	达成情况 自评	达成情况 互评	达成情况 师评
一、项目导入	学习任务	完成"分析驱动问题,列出待研究子问题"活动,知道可以根据项目化学习路径,将驱动问题进行分解,提出项目子问题,并制定相应的探究计划。			
	学习方法	能将问题进行分解,用图示或文字描述解决问题的顺序。			
		能够制定比较完整的探究计划。			
	学习态度	在好奇心的驱使下,表现出对面包发霉原因的探究兴趣。			
二、探究面包发霉的影响因素及形成解决方案	学习任务	完成"调查面制品变质原因"活动,知道食物变质是微生物的繁殖引起的腐败变质;知道生态系统由非生物、生产者、消费者和分解者组成;知道霉菌是一种微生物,是生态系统中的一种分解者;知道微生物与环境的关系。			
		完成"讨论收集可能影响面包发霉的因素"活动,知道如何提出科学假设。			
		完成"分组及测试"活动,知道设计控制变量实验的方法,记录观察面包发霉的过程,验证科学假设。			
		完成"实验数据统计与分析"和"得出结论"活动,能统计实验数据,将数据可视化,分析数据得出影响面包发霉的主次因素。			
		能设计出防止面包发霉的有效策略或制作出储存装置。			
	学习方法	能通过网络信息搜索、微课和查阅科学书籍等方式获取信息,并用科学语言和概念图记录整理信息。			
		能运用控制变量法设计实验验证猜想和假设。			
		能使用 Mind+、Mircrobits 等软件程序对温度、湿度、光照等环境条件进行监测,收集实验数据。			
		能使用 Design Routine 等在线工具对实验进行过程性记录。			
		能使用 Microsoft Form 等软件统计实验数据,并运用在线平台(Photoadking.com 或 Nces.ed.gov)将收集到的数据可视化,并进行数据分析。			
		能基于研究结果,创造性地提出防止面包发霉的方案或制作出"有效储存面包"的装置。			

续 表

项目阶段	评价维度	具体要求	达成情况		
			自评	互评	师评
三、呈现设计成果	学习态度	乐于探究,大胆假设			
		小组合作,有序分工			
		乐于交流,耐心倾听			
		基于事实表达观点			
	学习任务	完成"展示及分享"活动,能以"画廊漫步"的形式展示交流实验成果。			
	学习方法	能借助信息技术、实物等方式向他人解释自己的方案或装置。			
	学习态度	乐于交流,耐心倾听。			
四、报告反思	学习任务	完成"评价、反思及迭代"活动,能根据评价标准对方案或装置进行评价,对持疑的观点提出进一步改进措施,撰写项目反思与总结报告。			
	学习方法	能运用"角色扮演"来对方案或装置进行评价。			
		能运用"SCAMPER奔驰法"对探究结果进行迭代性思考,形成迭代方案。			
		能运用"What, so what, now what"反思模型,对整个项目进行反思。			
		能有依据地质疑他人观点。			
	学习态度	乐于交流与辩论,基于证据反思和调整			
		乐于接受他人的质疑,提出进一步改进方案			

在学科项目化学习的设计中,我们尽可能让学生像真正的学科专家那样进行思考与实践。本项目在基于问题解决的多学科整合下培养学生系统分析、决策等高阶思维,并且借助这个项目培养学生有基于证据和逻辑发表见解的意识,敢于大胆质疑,追求创新的科学态度。

四、专家点评

"延长面包保质期的策略研究"项目结合学科新课程标准的学习要求,在基于问题解决的项目化学习活动中,发展学生的系统分析、决策以及问题解决等高阶思维能力。

该项目学习有以下几点值得学习:

1. 项目内容设计综合化。项目以"四月的上海逐渐进入梅雨季节,学校食堂内作为日常储备的面包,没过几天,就开始出现发霉变质的现象,形成了极大的浪费。你有什么好的策略,可以延长食堂内面包的保质期同时不影响面包的口感?"这一真实的问题作为驱动问题,组织学生经历"直观体验、提出问题、探究解决"等解决问题的过程,并引导学生利用信息技术建构新知、获得方法。

2. 项目学习工具和环境多样化。教师引导学生利用网络学习平台、Microbit、Mind+、Design Routine 数字平台、Microsoft Form、网络调查工具(问卷星)等,进行项目学习的结果汇报与呈现。教师尽可能多地为学生学习提供所需资源和技术支持,同时为学生合理利用资源解决问题提供方法的指导,协助学生利用丰富的信息资源开展自主探究学习。为支持所有学生完成学习任务,教师设计学习指导,引导学生协作解决问题,充分发挥了学生的主体作用。学生根据事件记录的数据进行对比和计算,选择最佳方案、做出合理判断,并以"画廊漫步"策略向他人解释自己的方案或装置,对探究过程和结果做出自我评价与调整,进一步提升学生信息技术运用能力和与人交往的能力。

可见,在项目化学习的过程中教师的作用是至关重要的,教师善于从学生学习过程中敏锐地发现问题,并依据需求提供学习支架,才能更好地引导学生学会探寻新知,更好地向着科学探究的方向发展。项目化学习不仅注重学习的结果,更要注重学习的过程,重视在过程中发展学生的创新能力,提升批判性思维能力和思维逻辑能力,以及问题解决的能力和与人协作的能力。该项目化学习案例在这点上值得推荐。

点评人:徐汇区教育学院　于琪

第四章　跨学科项目：打造一条炫彩几何走廊[①]

项目课程类型及课时数	课程类型	年级	课时数
	数学	二年级	10
	美术	二年级	5
所属学校	上海市徐汇区西位实验小学		
设计者	叶洲、赵冰清、周晓媛、张莉、朱劭泯		
实施者	赵冰清、周晓媛、张莉、朱劭泯		

一、为什么做这个项目？

学校"科技·家"创新学习中心的三楼将改造成艺术空间。二年级的同学们正在学习常见的平面几何图形，学校想邀请他们用各种图形装饰三楼的墙面，为艺术中心打造一条"炫彩几何走廊"。

本项目是包含数学与美术的跨学科项目，融合了沪教版二年级第二学期数学教材第六章"几何小实践"中"角""三角形与四边形""三角形的分类（1）"与沪教版二年级第二学期美术教材第四单元"走进名作"中"色彩的搭配"与"彩纸片的组合"中的内容。

本项目以"如何用图形与色彩的组合打造一条美丽的走廊"为驱动性问题，学生以小组协作的方式，自己按照任务要求，共同制定计划、协作分工完成整个项目。学生在完成任务的过程中，借助几何扣条直观地认识与辨别直角、锐角、钝角、常见的平面几何图形，掌握几种图形的组合方法和色彩搭配方法，感受图形与

[①] 作者：上海市徐汇区西位实验小学　朱劭泯、赵冰清

颜色组合的美,并借助平板软件创作缤纷的几何作品,美化学校的走廊,举办设计师颁奖典礼。在项目进程中,学生逐渐理解组合与审美的核心概念,并发展审美素养,提高创新意识与小组合作解决问题的能力。

二、这个项目是如何设计的?

本项目的设计理念是将数学的几何图形美与美术的色彩搭配美融为一体,用几何图形的不同组合方式创作色彩缤纷、具有美感的几何作品,从而发展学生的创新能力、审美能力。在创作之前,学生需要先掌握以下必备的学科知识与技能。

数学课程中选取的"角""三角形与四边形""三角形的分类(1)"三课,要求让学生通过动手实践积累对角、三角形、四边形、多边形的经验,获得鲜明、形象的认识,进而形成表象,发展几何直观能力、空间观念。此外,还要求学生通过学习能初步认识、辨别直角、锐角和钝角、三角形、四边形及多边形,知道长方形(包括正方形)是特殊的四边形,且能将三角形按角的大小不重不漏地进行分类,分为锐角三角形、直角三角形、钝角三角形。基于生活经验,学生对于辨别常见平面几何图形是比较容易的,但在全面了解三角形与四边形更具体的特征上有难度,特别是在对于"三角形中至少有2个锐角"的概念理解上存在困难。

美术课程中选取了"色彩的搭配"和"彩纸片的组合"两课,要求学生了解马蒂斯艺术作品色彩简洁夸张的特点,学习色彩搭配的表现方法,在感受强烈的色彩美的同时,乐于大胆运用色彩表现生活。二年级的学生对色彩绘画课一直抱有强烈的兴奋感和创作的欲望,色彩的感知能力是比较好的,但是往往不知道如何将自己的感知能力合理地表现在绘画作品中,也不了解涂色的技巧和要点,时常会出现作品效果不够理想的情况,需要学生耐心和细心地不断尝试和制作。此外,这里还要求学生通过剪贴与创意临摹,感受大师作品造型与色彩美的特点,感受纸造型的美,增强学习自信心,着重让学生了解并尝试利用形状随意的纸片进行拼贴组合成色彩装饰画,从而进一步了解大师运用对比强烈的色彩表现作品的特点。学生在以往的学习中有用彩色纸剪贴的表现经验,但大多是表现具象的事物,用形状随意的彩纸片进行创作是一种新鲜的体验与尝试。所以本课的教学主要利用学生的好奇心引导学生观察、体会大师剪纸的作品。

(一) 项目目标

1. 能在学习活动中探究数学和美术的相关知识，认识直角、锐角、钝角等常见的平面几何图形及其特点、掌握基本的色彩知识，能对图形组合与色彩搭配有自己的理解与想法。

2. 在小组探究中能进行合理分工，能积极主动分享交流自己的观点并为同伴提供合理的建议，能对自己的学习表现和学习成果进行反思和调整，有创意地完成作品设计。

3. 能够在出项展示中介绍作品设计理念、表达对项目核心概念"组合与审美"的理解，通过项目学习培养审美力，做一个能在生活中发现美、感受美、创造美的人。

(二) 挑战性问题

1. **本质问题**：事物如何通过组合具有美感？
2. **驱动性问题**：如何用图形与颜色的组合进行创作，为学校打造一条炫彩几何走廊？

三、项目实施

(一) 入项

1. 校园墙面改造计划

在入项课上，教师首先播放了学校新拍摄的校园宣传片，请学生谈谈感受，学生们的主要想法都是"我们的学校很漂亮""每间专用教室都有不同的风格""房间的颜色很鲜艳"等，回答中充满了对学校的喜爱之情。以此为契机，学生分成小组，在老师的带领下实地走访校园，并带着问题边看边思考：在教学楼各处走一走、看一看，你对校园环境产生了什么新想法吗？你想为校园环境做些什么呢？

完成走访后，学生回到教室，以小组为单位互相交流想法并在班级里分享，不少同学都提到虽然教室内部装修得比较美观，但是几乎每层楼的走廊上、楼梯过道、电梯间的墙面都是空白的，显得走廊上有点空，希望能让走廊和室内一样好看。由于学校是仅有两个年级的新建校，大部分楼层只完成了基本装修，所以学生们的感受不约而同。趁此机会，老师引出了项目的驱动性问题："科技·家"学习中心的一楼已经改造成创新中心，接下来三楼将成为艺术中心，二年级的同学们如何用正要学习的数学与美术的知识，用图形与色彩的组合为艺术中心打造一条炫彩几何走廊呢？

2. 改造方案头脑风暴

驱动性问题激发了学生浓厚的学习兴趣。教师提供气泡图，让学生对"用图形与色彩的组合装饰走廊"这一任务提出解决问题的方法，激发学生解决问题的主动性并发展创新意识。

3. 初始设计与欣赏

随后，教师让学生在没有任何参考、借鉴的情况下大胆设计一次。大部分学生没有创作经验，完成的作品比较简单、粗糙。接着，通过欣赏一些充满创意的建筑与走廊墙面设计图后，学生明白了自己要完成一幅艺术作品还有哪些不足之处，还需要具备哪些知识与技能，对项目的核心概念"组合与审美"有了更深层次的思考，在设计时不仅要考虑图案组合是否美观，还要关注颜色搭配是否好看。

4. 制定评价标准

此时，教师公布项目出项活动"炫彩设计师颁奖大会"的流程和设立的奖项——最具改进奖、最具探究奖、最善合作奖和最佳创意奖，激发学生的竞争意识，并再次提供气泡图，让学生初步设想小组合作可以朝着申报什么奖项而努力，并思考最终可以从哪些方面来介绍自己的作品，从而明确创设作品的重点。最后教师提供问题解决流程图，让学生自己合理安排项目学习任务，在各个小组汇报、交流后，确定基本的学习进程，为项目探究做好准备。

(二) 子问题 1：常见的平面几何图形有哪些？它们有什么特点？

本阶段的主要任务是了解平面几何图形的名称及其特点。基于生活经验，学生对于辨别常见平面几何图形是比较容易的，但在全面了解三角形与四边形更具体的特征上有难度,特别是在对于"三角形中至少有2个锐角"的概念理解上存在困难。于是,老师们提供了多种不同长度、不同颜色的"几何扣条"作为学生探究的学具支架,让学生拼搭生活中常见的几何图形框架,在班级内分小组展示、介绍图形特征,同时其他小组可以进行纠正或补充。相同长度的扣条用同一种颜色,学生可以通过观察发现长方形对边相等、正方形四条边都相等、等边三角形与等腰三角形的相同点和不同点等知识,还可以用三角尺量一量、转动扣条等方法对角进行分类,理解钝角、直角、锐角。学生将认识的平面图形按边、角的特点进行整理,记录在学习手册的表格中。

初步建构了平面几何图形的特征后,教师让学生用这些图形进行一次组合创作。第一次尝试,孩子们有的还没有头绪,不知道怎么做;有的来了灵感,但还不得要领。完成后,各小组在班级内展示作品,互相欣赏交流,大部分孩子对自己的作品并不满意,认为自己的作品太过单调,缺乏设计感。在自我评价的过程中,孩子们对"美"有了一定的感知。此外,在借助学具操作过程中,小朋友们还惊喜地发现三角形是所有图形中最具稳定性的结构。

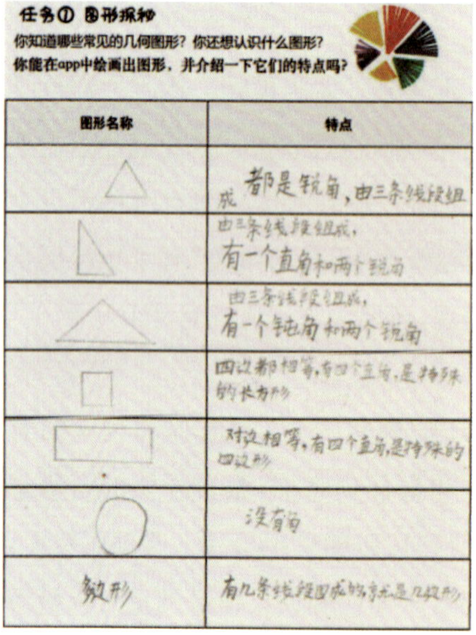

在学习进程中,教师注重对学生过程性资料的及时收集。本阶段中,学生需要在手册中以文字的形式记录常见几何图形的名称和特点,并借助平板将拼搭出的图片和手册记录页拍照上传至学习平台(图1)。这些照片将作为教师和同伴客观评价的辅助依据。评价关注学生对概念性知识的掌握情况以及小组内与他人合作、互相帮助的情况。评价形式分为小组自评、互评和教师评价。

图1 学生记录的常见几何图形的名称和特点

(三) 子问题 2:几何图形有哪些体现美感的组合方法?

本阶段的主要任务是知道周期、渐变、轴对称、旋转对称四种排列组合方式,并完成几何图形不同组合方法的设计手稿。在学生初步体验图形组合,形成了美的概念,但还无从下手时,数学教师展示了一组用各种不同的组合方式形成的图案让学生观察(图2—4),向学生抛出问题:这些由各种图形组合出的图案你觉得美吗?它们是怎么组合在一起的?你觉得美在哪里?对比自己先前的作品,你有什么感受?

图2　渐变排列图案　　　图3　周期排列图案　　　图4　轴对称和旋转对称图案

在学生交流观点的过程中,教师总结出对称、缩放、周期排列等组合方法。接着,每个小组尝试利用"几何扣条"拼搭出符合组合方式的图案,并以此作为对学生知识点掌握情况的判断依据。学生在赞叹之余,也发现根据一定的规律进行组合,可以创造出这么美丽又千变万化的图案。

在设计小组图案的过程中,小朋友们迸发出了许多灵感,但几何扣条数量有限无法满足同学们天马行空的想象,于是老师们又提供了平板,引入几何绘图软件。利用信息技术,小朋友们不仅能精准实现自己的创意,还能对设计的图案进行"加工"。这回,孩子们的脑洞大开,创造出了许许多多有趣的图案设计。(图5)

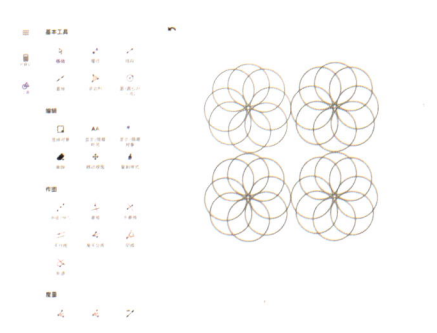

图5　学生用几何软件设计的周期排列作品

本阶段中,学生需要在手册中记录学会的组合方法的名称,需要通过画一画简图的方式来表示这种方法,并将软件创设的图案上传至学习平台(图6)。

图6 学生创作的不同组合方式的图案

评价关注小组对几种图形组合方法的掌握情况、按照每种方法的规律和特点创作的图案的正确性以及探究过程中小组的合作情况。评价形式分为小组自评、互评和教师评价。(表1)

表1 子问题2阶段评价量表

子问题2阶段评价量表					
评价维度		评价标准	自评	师评
知识技能	1☆	能设计组合图案,但不清楚几何图形可以有哪些组合规律。	☆☆☆	☆☆☆
^	2☆	知道一种可以对几何图形进行创作的组合方式。	^	^
^	3☆	清楚几种常见的组合图案形式,并能根据这种形式的特点进行创作。	^	^
行为表现	1☆	在小组讨论、合作探究中参与较少,基本不发表看法。	☆☆☆	☆☆☆
^	2☆	能够参与小组讨论与合作探究,提出自己的想法。	^	^
^	3☆	积极主动参与到小组讨论与合作探究中,分享交流自己的观点,为同伴提供合理建议。	^	^
概念理解	1☆	能欣赏自己和别人的作品,但没有具体的想法或建议。	☆☆☆	☆☆☆
^	2☆	能欣赏自己和别人的作品,提出一些简单的看法或建议。	^	^
^	3☆	能欣赏自己和别人的作品,并从组合方式等角度给出具体的建议。	^	^

(四) 子问题 3:色彩怎样搭配能体现出美感?

本阶段的主要任务是了解各种搭配方法。在这个探究环节中,美术老师让学生为自己在上个子任务中设计的组合图案上色,并在班级内展示,请小组之间互相评一评,说一说自己最喜欢哪种颜色搭配?学生在交流想法的过程中进一步培养审美意识。分享观点后,美术老师带领学生欣赏了蒙德里安、马蒂斯、安迪·沃霍尔等在色彩运用上有着鲜明特色的艺术家们的作品(图7、图8、图9)。在感受美的过程中引导学生认识了三原色、冷暖色、间色等不同的配色方法。

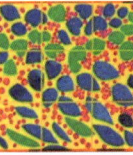

图7　蒙德里安(三原色)　　　图8　马蒂斯(冷暖色)　　　图9　安迪·沃霍尔(间色)

而后,老师将几幅准备好的黑白几何图案导入平板电脑,让孩子们用信息技术玩起了"配色游戏"。同一幅几何图案,你想用什么色彩搭配原理?你想用哪些颜色进行搭配?孩子们在平板上选色、配色,玩得不亦乐乎,一幅图作了好几种搭配,并在班级内展示介绍:作品用了哪几种颜色?运用了什么配色方法?为什么这样搭配?和图案的形状之间有关系吗?美感体现在哪里?

学生在一系列的合作探究活动中建构了几何与色彩的知识,也探究了颜色搭配与图形组合之间的关系——在颜色搭配的过程中也可以用上周期、渐变、轴对称、旋转对称的排列组合方式。从学生记录的作品和班级展示介绍的过程中,可以看出学生对核心大概念"组合与审美"有了更进一步的认识。

本阶段中,学生需要将软件中设计的配色方案上传至学习平台。评价关注小组对几种图形组合方法的掌握情况、按照每种方法的规律和特点创作的图案的正确性以及探究过程中小组的合作情况。

(五) 子问题 4:如何用图形与颜色的组合创作美丽的作品?

在完成知识与能力的建构后,学生小组共同合作完成最终的学习成果——炫彩几何作品,装饰艺术中心的走廊。在开始创作前,教师再提供了一组各具特色的设计师手稿与建筑物墙面设计,让学生谈谈感受并思考:作品要达到怎样的标准才能正式用来装饰走廊墙面?学生在经历小组讨论、班级分享观点的过程后,统一意见,形成了初步的评价标准——图形组合和色彩搭配要具有美感、设计理念要具有创意。

接着,教师提供色卡、创作设计表、绘图软件等学习支架,让学生梳理思路、进行创作:运用哪些图形、哪几种颜色?选择哪种组合方法和配色方案?对照评价标准,你的成果还有哪里需要修正?在图形组合与色彩搭配上还能有什么突破?你的作品叫什么名字?最终成果的美感体现在哪里?

本次项目中,创作的过程是漫长而反复的,但学生的创作热情却空前高涨,学习之余几乎都在商讨小组设计稿的修改方案,小组长们时常拿着修改稿向老师询问改进建议。在设计初稿中,小朋友们的作品常常会出现太过具象化而缺乏创意感或缺少组合方式的灵活运用,有的小组作品中的图案比较分散,缺乏整体感,有的小组在色彩的搭配上缺乏一些美感。在虚心听取老师建议后,不少小组几易其稿,修改到最后一刻,最终呈现出了更完美的作品。

(六) 出项

本项目的出项进行了一次全新的尝试,共有班级出项与年级出项二次出项。学生通过合作探究、调整修正后形成学习成果,在班级出项中评选出 8 幅入围年级出项作品,在年级中举办了盛大的颁奖典礼,通过展示与问答,最终产生项目的优秀作品。

1. 班级出项

"我们的作品叫'春至大地',因为从外向内,看上去就像春天到来,万物复苏,褐色的大地上长出了绿色新芽,开出了红色的花朵。"(见图10)

"我们的作品用圆和正方形进行组合,上下、左右都是一样的,有种对称美。"

图10 春至大地

"我们的作品运用了三原色,就像大大小小的圆形在开派对!"

"我们的作品色彩搭配原理是互补色,一共用到了4对。"

"我喜欢马尔代夫的海,我们的作品就采用蓝色系的深浅渐变。"

……

在班级出项中,每个小组都对自己的学习成果从多个方面作了介绍,学生们还反思了自己的学习过程,自主申报最会探究奖、最具创意奖、最佳改进奖或最善合作奖。有的小组遇到困难时组员能共同讨论、互帮互助;有的小组善于发现问题、尝试用不同的方法去解决;有的小组虽然一开始的作品不够理想,但在老师的指导与伙伴们的建议下进行调整,有了很大进步;还有的小组能够打破常规,在学到的色彩与图形组合规律之上寻求突破。每个人在项目学习中都有自己的"闪光点"。

最终,经过由校长和项目组教师组成的专业评委们的打分以及全体师生的投票,每班产生了4个探究类的单项奖和入围设计师颁奖大会的两幅作品。孩子们从项目学习中获得的不仅是对核心知识与概念的深度理解,还有学习素养的发展。

2. 年级出项

出项活动当天,孩子们正紧张地做着最后的准备工作,检查服装、测试道具,"炫彩几何走廊"设计师颁奖大会即将开始。下午,孩子们穿着正装校服,整齐有序地进入会场,怀着紧张与期待的心情入座。此次年级出项还邀请了徐汇区小学数学学科教研员顾亚龙、中国美术家协会会员罗陵君、上海十佳设计师钟辉等相关领域专家、家长以及项目教师组成的评审团,对最终入围的8幅作品进行评价,产生本次大会的设计师金奖、银奖和铜奖。

大会开始,8个设计师小组首先用各具特色的形式展示作品的图形组合方式和色彩搭配方法(图11—18)。响板儿歌朗朗上口,创作巧思蕴含其中;改编歌曲动感魔幻,牢牢抓住每个人的眼球;穿上包含作品元素的服装与配饰来一场动感走秀;编个小短剧告诉大家合作的重要、灵感从哪里来、探究要有方法……

图 11　神秘三角　　图 12　彩虹天堂　　图 13　Blue Eyes　　图 14　魔眼

图 15　立体魔方　　图 16　圆形派对　　图 17　美丽的百瓣花　　图 18　落叶知秋

面对 8 组作品,评委老师们的问题很专业:"'立体魔方'是如何做到让平面图形具有立体感的?""'Blue Eyes'只用了圆一种图形,是怎么想到的?"除了专家提问,全体参与的二年级学生都能向伙伴提问:"'落叶知秋'没有按照某种规律去组合,没有规律的设计还美吗?"同学们提出的问题之深刻令现场的老师们惊叹。

而小"设计师"们也给予了精彩的回应:"图形看似无序排列,但秋天的落叶层层叠叠就是这样。"在项目学习中,学生学到了图形与颜色的组合之美,但在这之上,他们又打破了学会的定律,对"审美"的理解更上一层。针对专家的问题,孩子们回答是:简单也是一种美、用颜色深浅的变化营造立体的感觉等。老师表示正确,但同时也提出了新知识:其中还有着"透视"的原理。出项活动上还在持续吸收新知识。

介绍与答辩完毕,全场师生扫描二维码投票评选最具人气作品,用客观数据反映出具有主观审美的人们心目中公认的美。无论作品是否得奖,全体二年级同学都献上了最热烈的掌声,既是对伙伴的祝贺,更是对自己的一个多月付出的肯定。国家督学张民生认为"这是一次具有相当水平的活动";徐汇区教育局调研员钱佩红肯定了学校"建构培养学生核心能力,体现项目化学习研究气质的课程群落"的顶层设计;夏雪梅博士则对学校提出了"基于儿童学习的'理',创造出更丰富的学习支架"的期望。

四、专家点评

进入21世纪,学校培养的学生已经满足不了全球化、信息化社会迅速发展对未来公民提出的新要求。因此,世界各国纷纷从教育领域开展了很多应对措施。其中,美国展开"培养学生21世纪技能"的教育改革运动;新加坡提出"教给孩子100年后也适用的能力",增加了跨学科主题学习和项目化学习的内容。

在这样的背景下,我国《义务教育数学课程标准(2022版)》将"变革育人方式,突出实践"作为基本原则,将"综合与实践"作为小学数学的四大学习领域之一,开展"跨学科综合与实践"和"项目化学习"。这是对以往数学教学"脱离实际、重求知、轻做事"倾向的纠偏,是对数学教学"一英寸宽、一英里深、教学方式单一、过度强调分科取向"的反拨。

西位实验小学结合学校初创的实际校情,将"如何用图形与颜色的组合进行创作,为学校打造一条炫彩的几何走廊?"作为驱动性问题,展开了项目化学习的实践探索。

本项目具有真实性。基于学校尚只有一二两个年级,教学楼部分楼层的走廊都是白墙,对这些墙面进行美化是学校的现实需要。因此,该项目学习是源于学生真实的生活情境的。

本项目具有挑战性。二年级学生对几何图形的认识尚处在"图形识别"阶段,对图形的特征和图形组合方法的认识都很浅显,对美术学科颜色搭配也处于直觉感知层面。在用图形与颜色的组合进行创作,为学校打造一条炫彩的几何走廊的过程中,孩子们借助几何扣条,采用几何绘图软件,展开了"有工具支架的探究,有规则的合作,有协商的交流,达成有自我的共识"学习活动,未来社会对公民的素养要求在项目学习的过程中得以孕育。

本项目具有创新性。孩子们充分运用图形的周期、渐变、对称、旋转,色调的冷暖、饱和、三原色、间色,通过天马行空、不拘一格的想象,打造出一条炫彩的几何走廊，展现了孩子们眼里的春意秋色、宇宙世界。出项的作品既富有创意，又充满童趣。项目学习的过程让学生逐步学会"用数学的眼光观察现实世界，用数学的思维思考现实世界，用数学的语言表达现实世界"。

点评人：徐汇区教育学院　顾亚龙

第五章　跨学科项目:"护冰"行动[1]

项目课程类型及课时数	课程类型	年级	课时数
	自然	二年级	4
	数学	二年级	2
所属学校	上海市徐汇区康健外国语实验小学		
设计者	孙梦佳、黄科、林莺		
实施者	孙梦佳、黄科、林莺		

一、为什么做这个项目?

本项目匹配的教材内容为自然(科教版)二年级第一学期第五单元"加热与保温",数学(沪教版)二年级第一学期第三单元"统计"。在"加热与保温"第三课时"怎样保温"这节课中,学生们需要探究哪种材料的杯子保温效果最好,知道双层结构可以提高保温效果,并且利用身边材料自制一个保温容器。在"统计"这一单元中,学生通过如何收集、记录、整理、分析数据,来了解关于统计的初步知识。

于是,基于生活中的真实情景,我们提出了驱动性问题:"炎炎夏日,我想去超市为妈妈买一块冰砖,如何利用身边的材料自制一个保温容器,保护冰砖在回家的路上不融化?"引发学生思考解决方法,解决真实问题。本项目的设计,是希望学生将课内学习到的科学、数学知识与技能,应用到实际生活中去,解决真实生活中遇到的保温难题,反哺书本知识的深度掌握与建构。

通过解决驱动性问题,学生们展开了一系列的思考:设计一个保温容器,需要

---

[1] 作者:上海市徐汇区康健外国语实验小学　孙梦佳

考虑哪些方面的因素？保温容器的大小、实用性、材料的选择、保温效果等等，都是需要考虑的问题。接着，学生们设计了对比实验，验证保温容器的保温效果与哪些因素有关。利用数学学科的"数据统计表"，对于实验收集到的数据进行收集、分析，得出实验结论，验证自己的猜想，知道了常见保温材料和保温方法。最后，利用这些实验结论，学生们设计并制作了自己的保温容器，进行了精彩的"护冰"比赛。通过整个项目化的过程，对于"如何提高保温效果"这个实质性问题，有了更深的理解。

通过本次项目化学习，学生不仅知道了生活中的一些保温方法，知道了材料和结构会影响保温效果，同时，在利用控制变量法设计实验、实验探究、收集数据、分析数据的过程中，他们也学会了科学探究的流程和方法，知道了工程设计的一般过程，养成了求真、务实、严谨、创新的科学素养。

二、这个项目是如何设计的？

"加热与保温"单元是沪科教版小学自然第三册第五单元的学习内容，与"物质的变化"和"热"的主题相关的学习内容在低年段和中高年段都有呈现，体现在科学知识、探究技能的编排上呈现螺旋式上升。本单元的学习以身边的物体为研究对象，通过观察、实验和制作等活动，认识一些保温方法和加热带来的变化，初步学会制作简易保温容器，体会保温方法与人类的生产和生活的关系，为之后学习"物质的状态""热传递与热胀冷缩"打下基础。

加热、保温、物质因加热产生变化的现象和例子在日常生活中很常见，二年级学生具备一定量的相关生活常识，能够列举出部分能够用来加热的方法，知道物质有不同的状态，且物质的状态是会发生变化的；但是二年级学生对保温的概念还不明确。在能力上，他们能够根据教师的要求开展实验活动，但对于如何设计对比实验、进行科学探究还缺乏经验，小组合作的意识也较为薄弱。

而第三单元"统计表初步"属于小学数学"数据整理与概率统计"模块，是建立在一年级"分类计数"内容学习的基础上，进行统计表和条形统计图的初步学习。根据2022版课程标准中数据意识的内涵可知，数据意识是指对数据的意义和随机性的感悟,在解决问题时要先做调查研究,收集数据,感悟数据蕴含的信息,知道同一组数据可以用不同方式表达,需要根据问题的背景选择合适的方式,并逐步养成用数据说话的习惯。统计表和条形统计图是对数据收集、整理后的呈现方式,是统计过程中的一个环节。因此,在学习中不可忽略全过程的感悟,包括数据收集、数据整理、数据呈现、数据分析。但作为二年级的学生刚刚开始接触统计表,所以对于如何进行数据的收集,我们先设计了一个"学生喜好的奖品"的统计活动,经过比较化繁为简,一步步优化统计的方法,让学生初步学会用划"正"字或"卌"等进行记录、收集数据。

本项目的核心是与数据意识的内涵紧密联系着的,我们的学习目标是通过采用控制变量法,让学生测试不同的材质对保温效果的影响,通过观察100℃的热水在不同材质的容器中温度变化情况,记录单位时间温度的变化。这也是这节课的难点,所以需要老师引导孩子们如何设计统计项目,设定合适的统计时间。通过多次比较完善统计表,分析数据比较哪种材质更保温。

(一) 项目目标

自然:

1. 知道不同材料、不同结构物体的保温效果不同。

2. 能制定简单的探究计划,运用简单工具搜集保温效果相关证据;能交流观察到的现象和思考的问题。

3. 能使用简单的草图,说明自己的设计思路。

4. 能制作简单的实物模型并展示,通过观察发现作品中存在的问题并提出改进方案。

数学:

1. 经历简单的数据收集和整理过程,了解调查、测量等收集数据的简单方法,并能用自己的方式(文字、图片、表格等)呈现整理数据的结果。

2. 通过对数据的简单分析,体会运用数据进行表达与交流的作用,感受数据蕴涵的信息。

（二）挑战性问题

1. 本质问题：怎样提高保温效率？
2. 驱动性问题：炎炎夏日，我想去超市为妈妈买一块冰砖，如何利用身边的材料自制一个保温容器，保护冰砖在回家的路上不融化？

三、项目实施

（一）入项

回顾自然二年级第一学期第五单元前 2 节课时"由冷变热"和"加热带来的变化"，我们知道了加热物体可以有不同的方式，加热会使物体发生变化。现在正值炎炎夏日，阳光加热了我们身边的物体，好吃的冷饮也会很快融化，此时，教师结合身边真实情境，提出驱动性问题："炎炎夏日，我想去超市为妈妈买一块冰砖，如何保护冰砖在回家的路上不融化？"

学生们听到能够为忙碌而疼爱自己的妈妈做好事，立刻来了兴趣，他们兴奋地开动脑筋，回忆日常生活中可能用到的一些保温材料或保温方法，有些学生说："可以带个车载小冰箱。"有些学生说："可以带一个装满冰块的袋子。"还有学生说："可以带一床被子，把冰砖包起来。"可是，立刻就有其他学生反驳："我家没有车载小冰箱怎么办？所以题目中才说，要利用身边的材料自制啊！""装满冰块的袋子太重啦，携带起来不够方便，而且万一半路上袋子破了，漏水了怎么办？""被子那么重那么大，你搬去超市，既不实用，还会被别人笑话。"这时，有学生说："我可以带我的保温杯，把冰砖放在保温杯里。""可是保温杯太小啦，冰砖塞不进去。而且，保温杯只能让温水不冷掉，不能让冷饮不融化吧？"旁边的学生问道。教师进一步引导："根据字面意思理解，究竟什么是保温？"学生们恍然大悟，原来保温就是保持物体原来的温度，保温既可以保热，也可以保冷啊。"既然你们身边现成的保温产品都不合适，那就让我们利用身边的材料，来自制一个保温容器吧！"教师说道，并且，在黑板上贴出驱动性问题："炎炎夏日，我想去超市为妈妈买一块冰砖，如何利用身边的材料自制一个保温容器，保护冰砖在回家的路上不融化？"

(二) 子任务 1：设计对比实验，探究容器的保温效果可能与哪些因素有关

"那么，要利用身边方便取得的材料，自制一个保温容器，需要考虑哪些方面的问题呢？"教师循循善诱，并组织学生们展开小组讨论，通过组员们的思维碰撞，学生们意识到需要考虑以下几个方面的问题：(1)保温容器的大小；(2)制作保温容器的材料及方法；(3)保温容器的保温效果；(4)保温容器的实用性、美观性。小 A 解答说："保温容器的大小肯定要比冰砖大，但是为了实用，它要方便携带，所以也不能太大。"

可是想要解答制作保温容器的材料及方法，学生们却遇到了困难，他们似乎脑海里有很多答案，却又不知道该选择哪个答案，"那么，在日常生活中，我们经常能看到哪些材料和容器呢？"通过教学媒体，教师给出生活中一些常见材料和容器的图片：硬纸板箱、泡沫塑料箱、密封塑料碗、厚的玻璃碗、薄的玻璃碗、棉花、海绵、毛巾、铝箔纸等，引发学生思考，搭起学习支架，教师再次提问："我们究竟需要选择什么材料来制作我们的保温容器呢？容器的保温效果可能与哪些因素有关？"在这些支架的辅助下，学生们展开了热烈的小组讨论，通过课件的提示（图 1）和小组智慧的集合，最终他们猜测：容器的保温效果可能与容器的材料、厚薄、结构、颜色、密封性等因素有关。

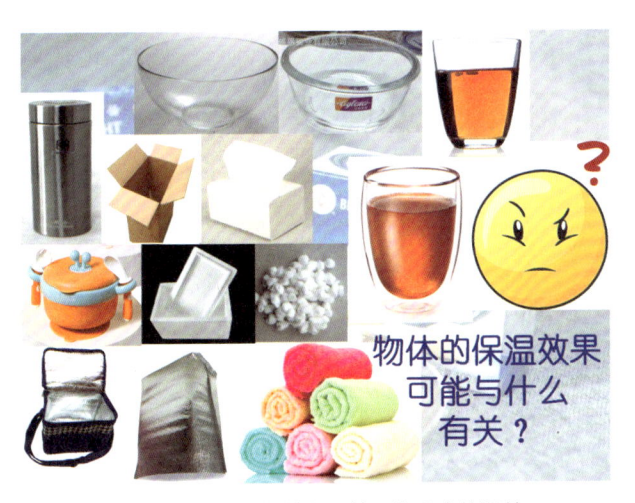

图 1 提示影响物体保温效果的因素的课件

口说无凭,科学讲究证据,对于科学规律的探索,光有猜想是不够的,科学假设需要实验来进行验证,那么我们如何来设计探究实验呢?教师带领学生回顾本单元第一课时"由冷变热"的学习,我们是如何通过实验来验证我们的"自制太阳能加热器"是真实有效的呢?(如图2)

图2 自制太阳能加热器

"我们往两个一次性塑料杯中倒入初始温度相同,水量相等的冷水,一杯放在'太阳能加热器'内,另一杯放在'太阳能加热器'外,间隔相同的时间,记录两杯水的温度分别变化了多少,如果'太阳能加热器'内的水升温速度较快,证明我们自制的'太阳能加热器'就是有效的。"小B回答。"是的,当需要研究某一因素对某一实验对象是否有影响时,我们就需要设置对照组,控制对照组内其他所有的条件因素保持相同,这就是科学研究中常用的'控制变量法'。"在教师的引导下,学生们立刻意识到,我们也可以利用"控制变量法"来设计实验,解决本项目中遇到的难题。他们开始思考:"在我们的实验中,我们的实验目的是什么?要变化的量有哪些?我们需要控制不变的量有哪些?我们的实验步骤是怎样的?实验中有哪些注意事项?实验中需要用到的材料有哪些?"带着这些问题,学生们分组进行讨论,并完成了"设计验证实验"任务单(图3)。

教师组织全班七个小组,分别将自己设计的实验向其他六个小组进行交流分享,并说说其他小组设计得好的地方。小C交流了他们小组的实验方案:设置2组对照组,用到的材料是,2个相同厚薄、大小、形状、结构的玻璃杯,用2块相同厚薄的泡沫塑料作为杯盖,在其中一个玻璃杯的外侧贴上锡纸,同时往2个玻璃杯内倒入初始温度相同的等量开水,观察2杯水的降温情况。他们想要研究杯子外有银色反射层是否对保温效果会有影响,这个想法非常新颖,是其他小组之前没有考虑过的,他们的想法勾起了其他很多小朋友的兴趣。

同时,对于其他小组所存在的不足,老师也鼓励学生们帮忙提出修改意见,比如,有一组小朋友在实验设计草图中画了一个单层杯和一个中空结构的夹层杯,他们希望通过研究这两种杯子的保温情况来探究可能影响保温效果的因素,可是,在影响因素中,他们却猜测物体的保温效果可能与物体的厚薄有关,在他们分享完他们的设计后,其他小组的成员便提出了宝贵的修改建议,他们认为:单层杯和中空夹层杯的主要区别应该在于"结构",而不是"厚薄",一个是"单层结构",而另一个则是"双层结构"(图4)。

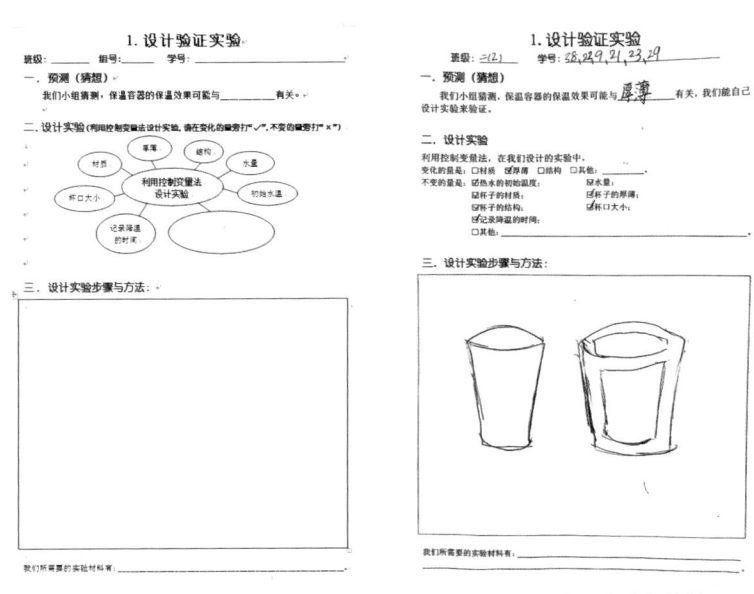

图3 设计验证实验任务单1　　图4 设计验证实验任务单2

还有一个小组,在一次实验中,希望验证物体的大小、材料都有可能影响它的保温效果,这时,就有别的小组指出:在"控制变量法"中,我们每一次实验只能改变其中的一个量,如果让"大小"和"材料"同时变化,我们就很难判断出到底是"大小"影响了保温效果,还是"材料"影响了保温效果,实验条件就不公平了……诸如此类的实例,还有很多。在听取了其他小组的宝贵建议后,同学们修改、完善了自己小组的实验设计(图5)。

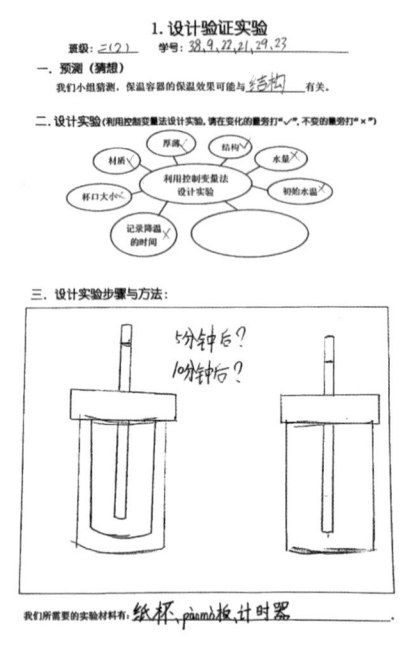

图5 设计验证实验任务单3

实验方案设计完了,可是我们如何收集宝贵的实验数据呢?我们需要一张数据统计表。这时,数学老师登场了,她借由统计"同学们喜欢的小奖品"为切入点,老师设定了四大类的小奖品,让每位孩子报自己最想要的礼物,要求孩子们统计哪类奖品最受欢迎。孩子们有的在每一类奖品下写出学号,有的写数字1、2、3、4……还有的孩子在下面画了图案来做标记……没过多久,安静的教室逐渐有嘈杂的声音,因为很多孩子发现来不及记录,或者已经记乱了,不知道怎么接下去,甚至强烈要求某几位同学重新汇报。

教师适时干预:"怎么了,为什么大家记录不下去了?"把同学们的困难、问题来说一说。"那怎么办呀?"重新回顾我们的统计问题,了解需要的统计结果,再现同学们的各种记录方法并反思,思考"哪些信息是我们需要的? 哪些信息我们没必要记录?”引导学生用最简洁、最快速的方法记录。比如,学号不是我们所需要的,我们只是要知道哪类奖品大家最喜欢,所以可以不需要记录学号,只要记录人数就可以。“那用什么记号来记录人数最好呢?”给同学们 1 分钟思考的时间,继续第二次尝试。大约统计了 10 人,再次停下,再次展现同学们的各种记录方法。通过评价、优化。最终选出了几种孩子们认为最佳的方案。如划“正”字、“卌”(xì)字,当然也有同学用点,用小竖线,这些老师都不干预,而是让孩子在后续的第三次活动中自己去感知比较容易获得最佳统计效果的统计方法。通过三轮的活动,让孩子们学会了记录统计过程,学会收集数据。同时老师也引出统计表的基本要素,形成了简单统计表。

学生结合自己小组设计的实验,先每个人尝试设计统计表来记录实验结果。然后小组内交流,选出最优方案作为小组代表,再在班级内交流。在小组代表交流的过程中,数学教师给予适当引导,其他小组通过倾听汲取相关经验,最后由学生自行完成统计表的修改,最终在实验中使用(图 6)。

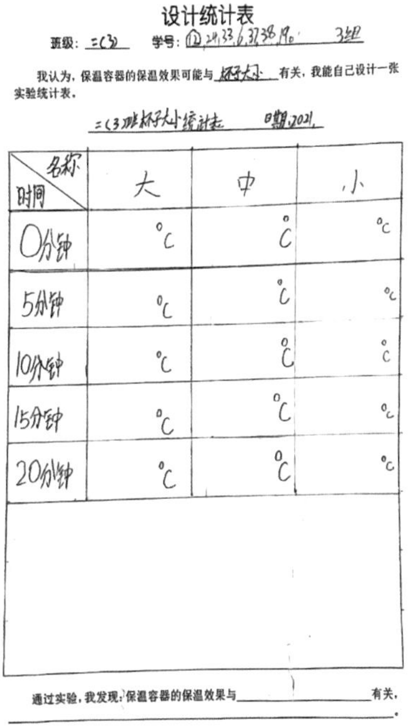
设计统计表

班级: 三(3)　学号: ⑫,24,33,6,37,38,19　3组

我认为,保温容器的保温效果可能与 杯子大小 有关,我能自己设计一张实验统计表。

三(3)班杯子大小统计表　日期:2021.

名称 时间	大	中	小
0分钟	℃	℃	℃
5分钟	℃	℃	℃
10分钟	℃	℃	℃
15分钟	℃	℃	℃
20分钟	℃	℃	℃

通过实验,我发现:保温容器的保温效果与＿＿＿＿有关,＿＿＿＿。

图 6　设计统计表任务单

（三）子任务 2：进行实验探究，收集、分析数据，得出结论

为了读数更加快速、准确、便捷、直观，教师给学生们讲解了厨房温度计的使用方式，并提醒学生实验时规范操作，注意安全。学生们参与实验的积极性非常高涨，立刻展开了合理的分工，有些负责组装实验器材；有些负责计时；有些负责读数；有些负责记录……每个小组的学生都各司其职、团结合作，完成了宝贵的数据收集任务。

实验结束了，然而，我们的科学探究却远远没有结束，学生们按小组分析、讨论统计表上的数据，尝试得出结论。教师组织全班七个小组，分别将自己的探究成果，向全班共享。"科学家们也是这样共享研究成果的，因为这些成果，能够造福全人类，我们都站在巨人的肩膀之上。"教师引导学生。

小 D 同学代表第一小组上台分享了他们的实验结果（图 7）：

时间	玻璃杯	陶瓷杯	纸杯	塑料杯
初	61.4	61.4	61.4	61.4
3分钟	54.6	36.2	57.3	58.1
6分钟	46.2	44.7	49.9	51.5
9分钟	44.0	41.4	46.5	48.0
12分钟	41.7	41.2	44.2	45.6

不同的材质的保温效果统计表

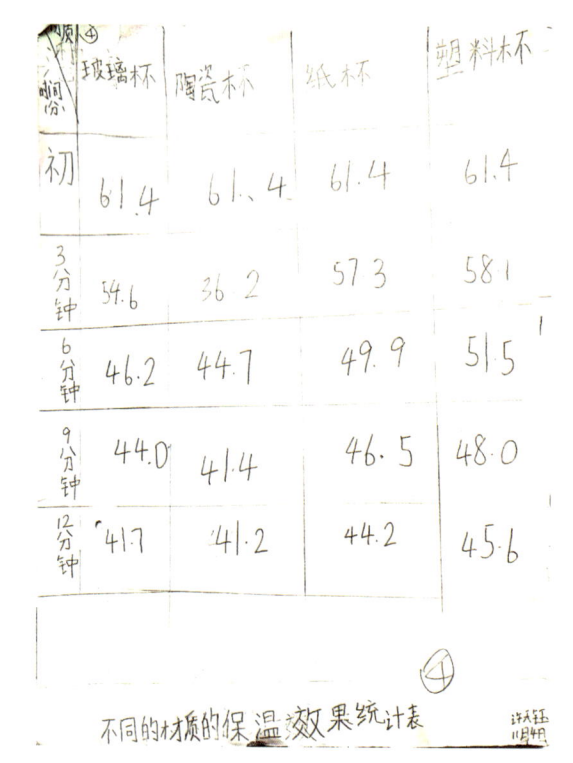

图 7　不同材质容器的保温效果统计表

"我们小组研究的是物体的制作材料是否会影响它的保温效果,我们选择了四个大小、厚薄都相同,但制作材料不同的杯子,它们分别是玻璃杯、陶瓷杯、纸杯和塑料杯,我们往4个杯子中分别加入初始温度相同、等量的热水,记录到的初始温度是61.4℃,每隔3分钟记录一次,到第12分钟时,玻璃杯内的水温是41.7℃,陶瓷杯内的水温是41.2℃,纸杯内的水温是44.2℃,塑料杯内的水温是45.6℃,分析数据,我们发现,相同时间后,塑料杯内的水温最高,说明用塑料做成的杯子保温效果最好。"

第二小组也上台来分享了他们的实验结果(图8):

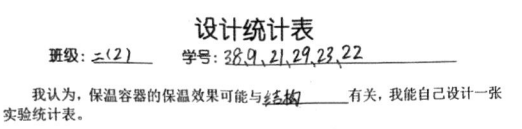

图8 不同结构容器的保温效果统计表

小E响亮地告诉全班:"我们小组研究的是物体的结构是否会影响它的保温效果,我们选择了2个大小、厚薄、材料都相同,但结构不同的杯子,它们1个杯壁当中有夹层结构,另一个没有,我们往2个杯子中分别加入初始温度相同、等量的热水,记录到的初始温度是51.5℃,每隔5分钟记录一次,到第10分钟时,单层玻璃杯内的水温是 40℃,而夹层玻璃杯内的水温是 43.8℃,分析数据,我们发现,相同时间后,夹层玻璃杯内的水温较高,说明夹层结构的杯子保温效果更好。"

然而,探索科学的道路并不是一帆风顺的,第三小组却遇到了难题(图9):

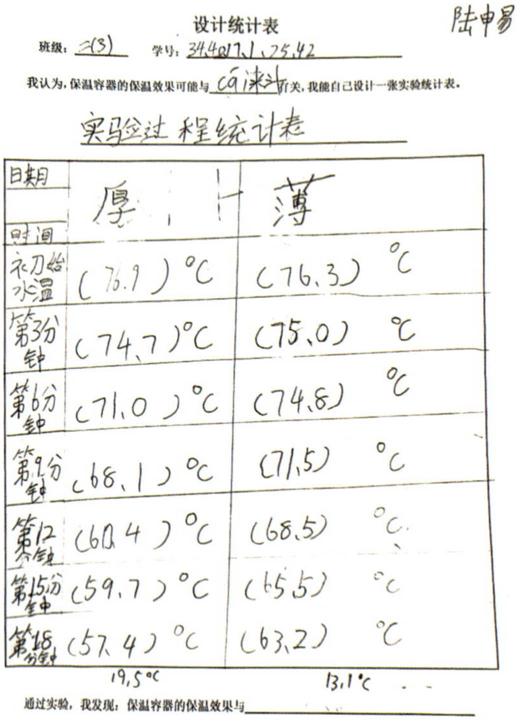

设计统计表

班级: 二(3)　学号: 34,40,7,1,25,42　　　陆申旸

我认为,保温容器的保温效果可能与 __cai liao(材料)__ 有关,我能自己设计一张实验统计表。

实验过程统计表

日期	厚	薄
时间		
初始水温	(76.9) ℃	(76.3) ℃
第3分钟	(74.7) ℃	(75.0) ℃
第6分钟	(71.0) ℃	(74.8) ℃
第9分钟	(68.1) ℃	(71.5) ℃
第12分钟	(62.4) ℃	(68.5) ℃
第15分钟	(59.7) ℃	(65.5) ℃
第18分钟	(57.4) ℃	(63.2) ℃
	19.5 ℃	13.1 ℃

通过实验,我发现:保温容器的保温效果与_____

图 9　不同厚薄容器的保温效果统计表

小 F 代表第三小组上台来做交流:"我们小组研究的是容器的厚薄是否会影响它的保温效果,我们选择了 2 个大小、结构、材料都相同,但厚薄不同的杯子,我们往 2 个杯子中分别加入初始温度差不多、等量的热水,记录到的初始温度为厚玻璃杯 76.9℃,薄玻璃杯 76.3℃,每隔 3 分钟记录一次,到第 18 分钟时,厚玻璃杯内的水温是 57.4℃,而薄玻璃杯内的水温是 63.2℃,分析数据,因为初始温度不同,所以我们做了减法,我们发现,相同时间后,厚玻璃杯内的水降温了 19.5℃,而薄玻璃杯内的水只降温了 13.1℃,说明杯壁薄的杯子保温效果更好,这和我们一开始的猜想完全不一样,这是为什么呢?"

"数据是最硬核的铁证,如果实验过程每一步都规范正确,数据无误,那么科学态度告诉我们,再离谱的实验结论,我们也都必须相信。可是,你们小组的实验过程,有没有可能造成误差的地方呢?我们一起来反思一下。"教师耐心地引导学生。"有,因为我们一开始没有完全准备好,所以读第二杯水温的时候慢了一点,造成了初始温度没有保持一致。"小 F 若有所思地回答。"你反思得非常好,老师要表扬你,能够细心地检查、勇敢地反思自己小组做得不足的地方。"教师摸摸小 F 的头,"但是老师还有一个小小的提醒要给到你们,因为你们的玻璃杯不是一样厚薄的,所以相同温度、等量的水加入以后,常温下的厚玻璃杯会吸收掉热水里更多的热量。""原来是这样!"第三小组恍然大悟,"那下次实验前,我们只需要把 2 只杯子,放在和初始水温一样的热水里泡一泡就可以啦,泡到杯子和水的初始温度都相同!"第三组的小 G 大叫道。"是的。"教师微笑,神奇的是,虽然第三小组的实验失败了,可是在他们的脸上,却丝毫看不到难过,取而代之的,是解决了困难、赢得了挑战、获得了新知识的兴奋与喜悦,这就是科学的魅力,而正是这份好奇心,带领着全人类不断前进!

7 个小组都分享完了,通过实验探究,学生们证实或证伪了自己的假设,集合全班的智慧,我们发现:容器的保温效果与它的材料、厚薄、结构、有无银色外层及密封性有关。

(四) 子任务 3:设计保温容器

结合全班得出的实验结论,学生们对于到底应该选用怎样的材料、怎样的结构等来设计自己的保温容器,都有了新的想法。教师组织学生小组合作,开始设计他们自己的保温容器。小 H 说:"夹层结构的容器保温效果更好,我们就用大杯子套小杯子的结构吧!"小 J 说:"我们还可以往夹层里塞一点棉花,我家被子就是棉花做的,特别保暖。"小 K 说:"我有一双冬天穿的厚袜子,也非常保暖,可以套在我们保温容器的最外面,又保温又好看!"小 L 说:"我家里有点外卖送的银色海绵袋,也可以塞在杯壁的夹层里……"就这样,学生们你一言,我一语,思维的碰撞迸发出了许多智慧的火花,很快,保温容器设计图就在他们的欢声笑语中完成了(图 10—图 13)。

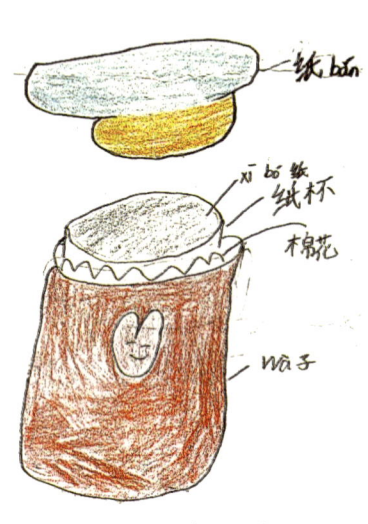

图 10　保温容器设计图 1

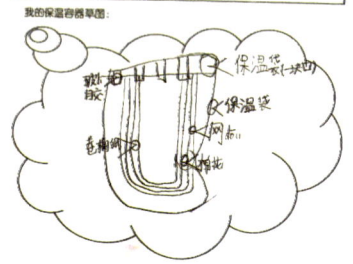

图 11　保温容器设计图 2

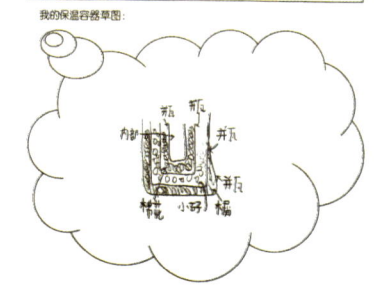

图 12　保温容器设计图 3

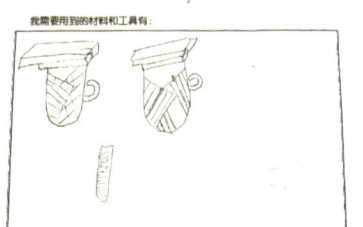

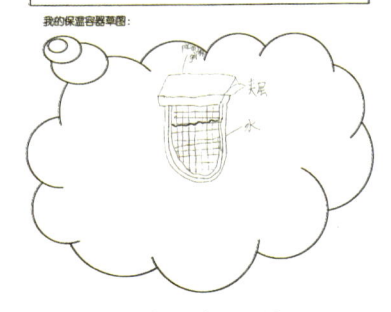

图 13　保温容器设计图 4

(五) 子任务 4:制作、测试保温容器

设计图完成了,通过一段时间以来共同探索的时光,小组成员之间也早已养成了默契,学生们不再需要教师提醒,就自己分工带齐了所有的材料。课上,小组成员们团结合作,一起制作好了属于他们每个小组的"保温神器"(图 14—图 18)。

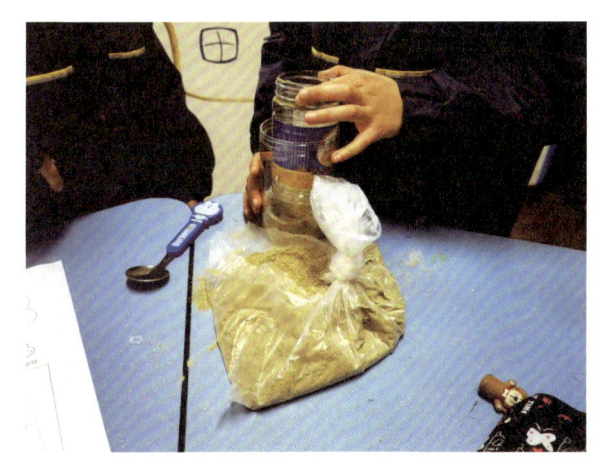

图 14 学生作品 1

图 15 学生作品 2

图 16 学生作品 3

图 17　学生作品 4　　　　　　　图 18　学生作品 5

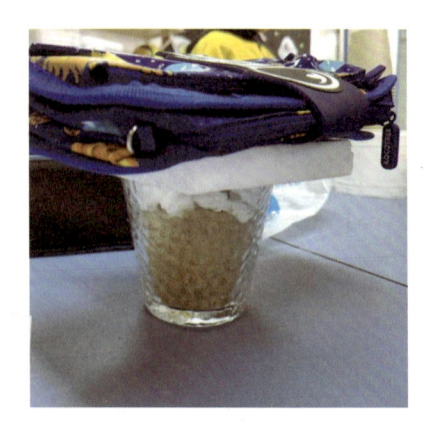

精彩的测试阶段就要开始啦,教师取出提前准备好的同等大小的冰块,分发给每个小组,我们先在班级里来一场热身"护冰"比赛。在等待冰块融化的过程中,教师组织七个小组分别将自己设计、制作的保温容器向全班进行展示、介绍,并引导学生说说其他小组设计得非常好的地方。

小 M 同学评价第三小组:"他们设计的保温容器不是单纯地使用了我们学习的双层结构,而是使用了四层的夹层结构,这给了我很大的启发,我相信他们的保温容器一定会胜出。"小 N 同学评价其他小组:"有些小组设计的保温容器外面用银色的锡纸保护;有些小组使用到了保温效果好的棉花、泡沫塑料……这些材料都是日常生活中非常保暖的材料,我想会比我选择的沙子保温效果更好。"同时,学生们也发现了自己设计的保温容器存在的不足之处。比如,小 O 同学发现:"我们小组的保温容器密封性不够好,杯盖容易松动,热量容易跑进去,第 5 小组使用的是乐扣塑料杯,那个杯盖的密封性非常好,值得我们学习。"小 P 同学发现,自己小组的保温容器携带不便,风一吹,盖子就"飞"了,还需要改进……同学们互相学习,取长补短。

比赛结束了,学生们的"护冰神器"都很棒,第三小组以极其微弱的优势赢得了全班的第一名,进入了年级决赛。

(六) 出项,项目评价

为了让学生更清楚最终出项作品需满足的评价要求,教师设计了一张"'护冰'行动出项评价表"(表1),评价先行,评价导向便是支架。

表1 "护冰"行动出项评价表

评价维度	评价内容	达成情况
学科能力	☆能利用数学统计表分析实验结果。 ☆根据所学知识,能够结合不同的保温方法,来提高自制保温容器的保温效果。 ☆能制作简单的实物模型并展示,通过观察发现作品中存在的问题并提出改进方案。	
学习素养	☆能根据驱动性问题设计简单的方案,并按照方案一步步实施。 ☆能结合已有的知识对材料信息和数据进行初步分析。 ☆勇于挑战自己没做过的事情。 ☆能组合不同的事物,形成新的、多样化的形式。	
出项展示	☆表达自然,准备充分。 ☆讲述清晰,声音响亮。 ☆有效反馈现场提问。	

统计:

二(1)班共( )☆, 二(2)班共( )☆

二(3)班共( )☆, 二(4)班共( )☆

星星数最多的是( )班。

在阅读完"'护冰'行动出项评价表"后,每班的参赛队对于自己产品需要达成的要求都有了清晰的了解。为了比赛的公平公正,学生们拿着各种材料,当场制作起来。

升级版的"护冰神器"完成了(图19—22),教师给每个小组分发提前制作好的"冰砖",学生将"冰砖"放入容器中,紧张而牵动人心的大决赛开始了,在等待冰砖融化的过程中,我们请四个参赛队分别上台来向全年级介绍一下自己的"保温神器"和这一探索之旅上的收获。

图 19 学生作品 6　　　　　图 20 学生作品 7

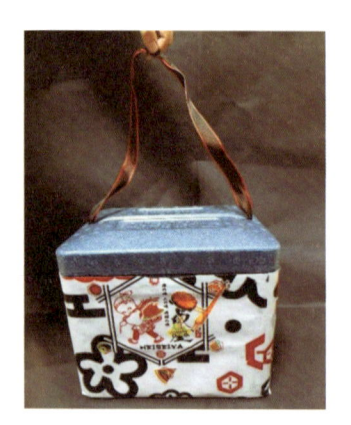

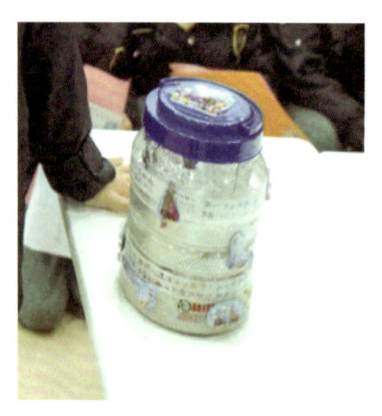

图 21 学生作品 8　　　　　图 22 学生作品 9

"我们是班级比赛时取得第一名的第三小组,在听了其他 6 个小组的分享交流以后,我们也发现我们的设计还存在一些缺点,所以,我们又对它进行了一系列的升级改造。

"第一,我们改进了容器盖。我们之前设计的容器盖是用泡沫塑料制作的,使用时只能搭在容器上面,不方便携带(如图 23)。我看见隔壁小组用玻璃胶直接把容器盖缠在了容器上,虽然不容易掉落,可是冰砖就拿不出来了。这时,我想到了我的乐扣杯,乐扣杯的盖子和杯子是配套的,固定得很牢,而且杯盖里还有一圈密封条,使用这样的盖子,既利于保温,又方便携带。"

图 23　升级版"护冰神器"

"第二,我们改用了更大的容器,能放更大的东西……"小 Q 娓娓道来。

每个参赛队都向全年级师生展示了自己的"升级版保温容器":它存在哪些不足？做了哪些改进？为什么要做这些改进？每个参赛队都反思、改进了自己的作品,有的改进了容器的材料,换用了保温效果更好的泡沫塑料箱做最外层;有的在乐扣饭盒的外层加上了银色隔热膜,可以反射热量;有的在最外面贴上了装饰,还装上了背带,使容器使用起来更加实用……学生们都学习了同班同学优秀的地方,改进了自己容器的不足。

在各参赛队介绍完成后,教师组织学生们投票选举,根据课堂上学习到的知识,预测哪个参赛队的容器保温效果最好,并说说为什么,以检测同学们通过项目化课程的学习,是否已掌握了提高保温效果的各种方式。"我把票投给 2 班的小组,因为我觉得他们设计的保温容器选用泡沫塑料作为最外层材料,夹层有棉花,最里面使用的是乐扣的密封碗,这些都能够使它的保温效果非常好。"小 R 说道。

中场休息后,教师揭晓了冠军小组,2 班的"护冰"小队果然不负众望,拔得头筹,最后,教师分别点评了四个小组做得好的地方,组织学生一起聊聊这些不同的保温方式在我们日常生活中的应用,总结科学方法,告诉孩子们比科学知识更重要的是科学思维。

(七) 反思与迁移

在最后的出项展示中,3 班的小组虽然没有获得"最佳保温效果奖",但他们的产品分享却很有意义,原来,在他们回家改进保温容器的过程中,他们突发奇想:如果将冰块架空(在冰块下垫上塑料瓶盖),是否可以化得更慢呢?于是,他们利用项目化课程中学习到的"控制变量法"自己设计数据统计表,开展自主实验探究。他们发现,"架空"和"穿衣"确实可以让冰块化得更慢(图24、25)。

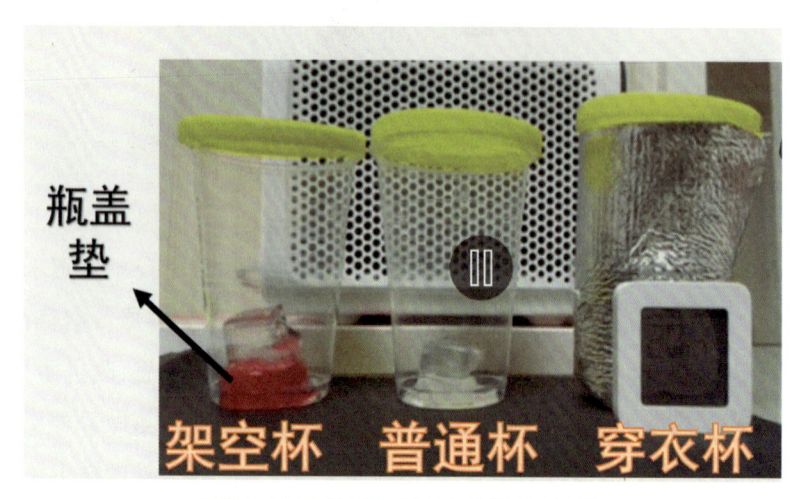

图24 验证架空杯和穿衣杯保温效果实验

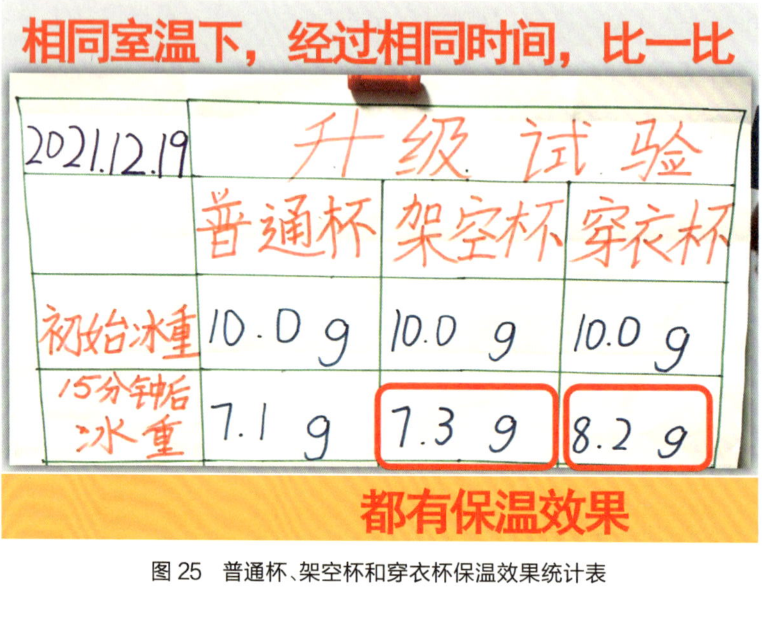

图25 普通杯、架空杯和穿衣杯保温效果统计表

于是,他们又将这两种方法合二为一,既给冰块"架空",又给容器外"穿衣",再次实验(图26、27)。

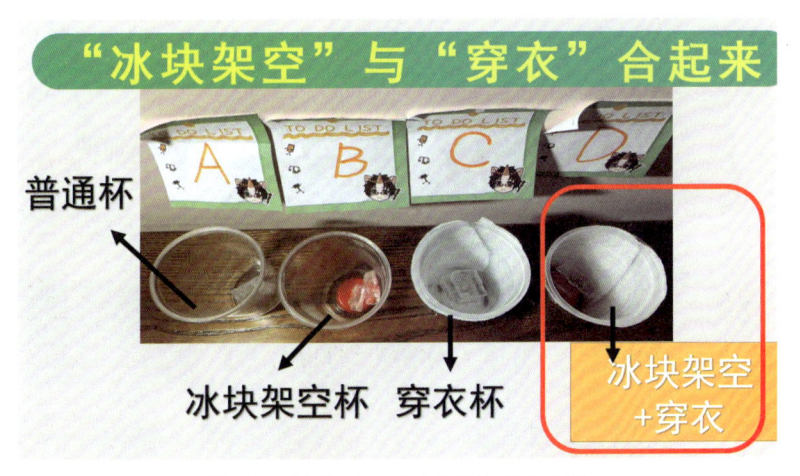

图26　验证架空+穿衣杯保温效果实验

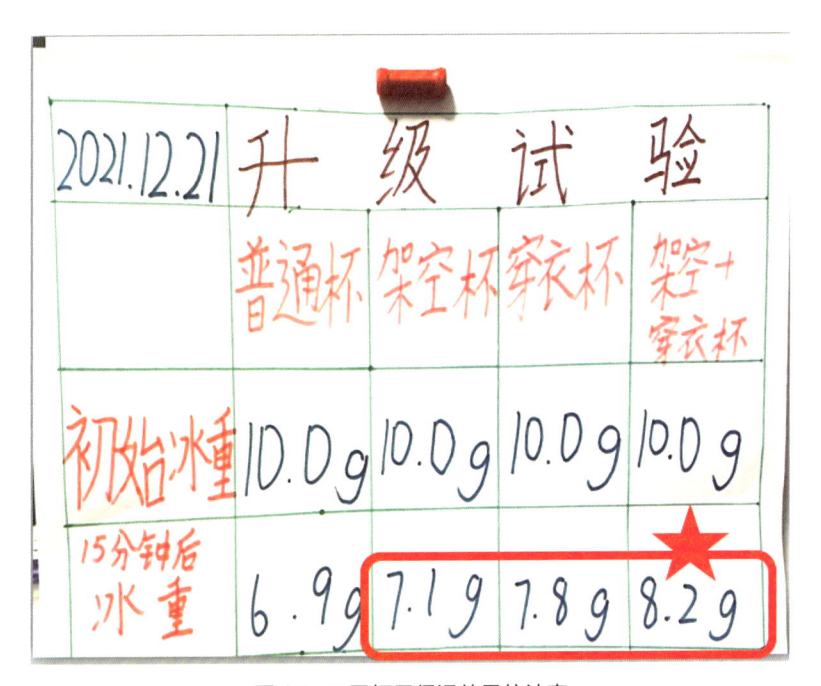

图27　不同杯子保温效果统计表

实验结果发现,"架空"和"穿衣"双管齐下的保温效果最好,于是他们设计了他们的升级版保温容器(图28)。

图28 升级版保温容器

通过他们的经历,不难发现,学生已经主动将课堂上学习到的科学方法进行迁移,去探究他们在日常生活中遇到的难题,由此可见,本项目化课程不仅教会了学生科学知识,更重要的是科学思维和科学方法。

然而,当问及一些孩子,为什么这些措施可以让冰块不融化时,有些学生却没能将问题的答案与本单元第一课时中"加热物体可以有不同的方式"以及第二课时中"加热会使物体发生变化"这2个知识点联系起来,因此,在将来迭代本项目化课程的时候,我会考虑将自然二年级上册整个第五单元"加热与保温"放入本项目化活动中,让学生在解决"自制保温容器"这个任务的同时,也将任务中涉及的科学知识融会贯通。

四、专家点评

"'护冰'行动"项目内容源于小学二年级自然学科"加热与保温"。整个项目的问题设计源于真实的生活情境,项目学习以问题为导引层层推进,发展学生的逻辑思维能力,达成了预期的学习目标。

1. 项目推进遵循学生的思维规律。对于二年级学生来说,加热产生的现象直观易获得,而"保温"则有一定的难度,学生的前概念中更多的可能是将"保温"与"保暖"等同。因此,如何让学生理解"保温"与"护冰"之间的关系是项目推进的第一步。教师巧妙利用学生的生活经验——"保温杯的作用"引出问题,通过解读"保温"的字面意义解答学生的疑惑。利用学生已有的生活经验或学习经验,遵循学生的逻辑思维解决项目推进难点的还有一例:控制变量的活动设计。这个活动对于二年级的学生来说是有很大难度的,但教师充分考虑到学生已有的学习经验,引导学生回顾已有的学习经历,并引导将已有的经验迁移到更为复杂的学习场景中,设计活动引导探究不同材料、不同结构器皿的保温效果,为学生搭建了解决问题的支架。

2. 项目的推进体现了学生的主体作用。基于情境的创设,教师没有急于给出活动要求,而是以问题引导的形式组织学生交流,使大家发现不同人的需求是不一样的,进而提出"普适性解决问题的方法"。项目研究的过程中,选择身边哪些材料来做保温,如何收集数据,怎样设计记录表格,控制变量的活动方案如何设计等,教师都创造了充分的实践与交流的空间,以问题引导的方式,组织学生在交流过程中实现了生生间的互动、质疑、探讨,尊重不同学生的想法、创意,最终引导学生按照各自的想法并依循工程制作的流程完成了作品,并通过"护冰比赛",以最终成果来判断"产品"的成效。学生在活动过程中,能够表达自己的想法并获得相应的支持,这或许才是项目学习的意义所在。

点评人:徐汇区教育学院　于琪

第六章　跨学科项目：襄园里的昆虫朋友[1]

项目课程类型及课时数	课程类型	年级	课时数
	自然	三年级	5
	美术	三年级	3
所属学校	上海市徐汇区建襄小学		
设计者	曾为平、季依洲		
实施者	曾为平、方漩		

一、为什么做这个项目？

在教育过程中，发现和培养学生的多元智能和兴趣是至关重要的，而跨学科的学习方式能够更有效、更全面地激发学生的学习兴趣和潜力。正是基于这样的教学理念，我们设计了跨学科项目"襄园里的昆虫朋友"。通过将科教版自然学科和书画版美术学科的教材内容相结合，让学生在探索、观察和创造的过程中，深入了解昆虫与校园环境之间的关系。

选择昆虫作为研究对象，是因为它们是校园生态环境系统中的重要组成部分，且易于学生进行观察。这也为学生提供了一个接近自然、直观感受生物多样性的机会。通过观察昆虫，学生们不仅能够学习到关于昆虫的科学知识，还能培养他们的观察力和科学探究能力。同时，将美术融入这个项目中，也鼓励学生用创造性的方式表达他们的发现和感悟。美术教育不仅能提高学生的艺术审美和表达能力，还能激发他们的创新思维，使他们能够以更自由和个性化的方式展示

---

[1] 作者：上海市徐汇区建襄小学　曾为平、季依洲

对自然界的理解。

通过这个项目,我们希望学生能够在亲身体验和创造的过程中,形成对自然环境和昆虫的理解和尊重。同时,我们也期望学生能够在团队合作和创造性解决问题的过程中,培养出更加全面和均衡的技能和素养。

二、这个项目是如何设计的?

(一) 项目目标

1. 跨学科核心概念

自然——生物与环境、稳定与变化　美术——立体造型、平面设计

2. 跨学科核心知识与能力

自然:

(1) 通过观察,知道昆虫的主要形态特征和生活习性,学会辨别昆虫,体会到生物多样性。

(2) 通过调研活动,初步学会简单观察工具的使用,体会到工具的使用能方便我们的生活。

(3) 通过对昆虫的探究,学会运用分类、比较、讨论、探究等方法探究事物,知道昆虫的形态、习性与其生活环境有密切关系,体会到保护环境的重要性。

美术:

(1) 在观察的基础上,学会根据结构利用彩泥制作立体模型。

(2) 利用多种材料,感受与认识各类美术工具,有创意性地运用各种所学的艺术表现形式展示自己的学习成果。

3. 学习素养

(1) 创造性实践:在真实情境中创造性地提出问题并找到解决答案,有创意地制作简单的平面与立体造型,用新颖的方式展示昆虫研究成果。

(2) 探究性实践:通过校园和身边的观察产生问题,并与以往知识经验建立联系,进行解释并验证。

(3) 调控性实践:能在校园及周边进行昆虫调查,并对调研结果进行分析讨

论,形成校园昆虫分布图。

(4) 审美性实践:体味大自然的神奇,了解昆虫外形的结构特点,领略昆虫的造型美。

4. 驱动性问题所蕴含的高阶认知

(1) 创见:通过自然和美术相关课程的学习,形成原创性的昆虫调研报告。

(2) 调研:对校园昆虫进行调研,在调研中收集和澄清有效信息。

(3) 问题解决:在试错的过程中寻找最优的问题解决路径。

(二) 挑战性问题

1. 本质问题:昆虫与校园环境之间有何关系?

2. 驱动性问题:我们的校园里生活着很多昆虫朋友,有时它们还会调皮地闯入我们的教室。学校近期准备举办一场"襄园昆虫展览会",想象你是一名小小昆虫探险家,为了即将到来的"襄园昆虫朋友展览会",你会如何探索这些昆虫和它们在校园中的家?又会用什么有趣的方式来展示这些昆虫与校园环境之间的特殊关系呢?

三、项目实施

(一) 入项

1. 校园昆虫大搜索

活动引入:播放一段关于昆虫多样性和校园生态的短片,激发学生对探究昆虫世界的好奇心。接着,组织学生结队进行"校园昆虫大搜索",在校园内寻找、观察昆虫并进行记录。引导学生活动的过程中进行讨论并完成调查记录表(表1):

表1 校园昆虫大搜索记录表

发现的昆虫	生活环境
1.	
2.	
3.	
4.	

(说明:可以使用文字、画图、拍照等方式记录)

（1）在"校园昆虫大搜索"中，你发现了哪些校园昆虫朋友？

（2）"校园昆虫大搜索"中，你发现的襄园昆虫朋友的生活环境是怎样的？

学生通过亲身体验，对昆虫的种类、习性和在校园环境中的角色有一个初步的认识。此过程不仅是让学生观察和分析完成记录单，也鼓励学生运用平板进行拍摄和记录。学生拍摄的素材和调查记录单为后续的研究和创作活动提供丰富的素材。

2. 抛出驱动性问题

（1）提出问题：通过观看校园吉祥物发布"襄园昆虫展览会"的视频，抛出驱动性问题："想象你是一名小小昆虫学家，为了即将到来的'襄园昆虫朋友展览会'，你会如何探索这些昆虫和它们在校园中的家？你会用什么有趣的方式来展示这些昆虫与校园环境之间的特殊关系呢？"

（2）交流并进行分组活动：学生根据兴趣和观察到的校园昆虫种类分成小组，每组选择一种或几种昆虫作为研究对象，讨论并记录他们对驱动性问题的理解和想象中的项目成果。

（3）创意分享：每个小组轮流分享交流后的想法。这可以包括昆虫的生活习性、它们在校园环境中的角色，以及用何种形式的成果（如艺术作品、互动模型等）来解决驱动性问题。

（4）集思广益：其他小组可以对大家分享的想法进行补充和建议，进一步拓宽探讨的视角。

（5）记录灵感：教师记录下所有小组的想法并进行汇总。

经过头脑风暴和统计，各小组提出了探究校园昆虫朋友的不同方式，并交流了形成成果的方式，最终确定个人成果：昆虫模型、团队成果、昆虫调研报告，并鼓励小组成员创设新的成果形式。（表2）

表2 "襄园里的昆虫朋友"项目头脑风暴记录表

探索昆虫朋友的方式	呈现成果的方式
1. 观察记录 2. 查阅昆虫相关资料 3. 参观昆虫博物馆 4. 实地深入调研 ……	1. 昆虫模型 2. 昆虫调研报告 3. 校园昆虫地图 4. 科普讲解 ……

3. 确定探究路径

在"襄园里的昆虫朋友"项目中,学生们通过参与"校园昆虫大搜索"和小组讨论,提出了一系列需要关注的问题,这些问题涵盖了对昆虫的观察以及昆虫与校园环境之间的关系。学生们关注的问题包括:如何观察并了解昆虫的习性?如何将观察到的昆虫转化为艺术作品?如何在作品中展现昆虫与校园环境的关系?制作出怎样的昆虫展示作品能脱颖而出?如何在艺术作品中表达对昆虫和环境之间关系的感受?如何让展示作品既科学又具艺术感?

基于这些问题,我们梳理出以下三个子问题,以指导学生的进一步调研和创作:

(1) 子问题1:什么是昆虫?昆虫的哪些特性可以成为我们艺术创作的灵感源泉?

(2) 子问题2:在校园环境中,昆虫通常选择哪些地方作为栖息地,这些选择反映了什么样的生态习性?

(3) 子问题3:通过观察和研究,我们如何更深入地理解昆虫的生活习性,并将这些知识转化为有创意的艺术展示?

根据这个子问题链,小组间将共同讨论以明确项目实施方案,确定各小组的活动进程、分工和要求。这些子问题旨在引导学生们进行系统的昆虫调研,并将科学知识与艺术创作相结合,以实现对昆虫和校园关系的全面理解和创意表达。通过这个过程,学生们不仅将深入探索昆虫与校园环境之间的关系,还将学会如何将他们的发现以创造性和艺术性的方式进行展示。(表3)

表3 "襄园里的昆虫朋友"项目推进表

阶段	任务	问题探讨	产出成果
第一阶段	1. 校园昆虫大搜索 2. 讨论研究内容和方向	子问题1:什么是昆虫?昆虫的哪些特性可以成为我们艺术创作的灵感源泉?	昆虫观察记录 昆虫资料整理记录
第二阶段	1. 了解调研报告格式 2. 昆虫生态习性讨论 3. 昆虫与环境关系分析	子问题2:在校园环境中,昆虫通常选择哪些地方作为栖息地,这些选择反映了什么样的生态习性?	小组昆虫调研资料汇总

续表

阶段	任务	问题探讨	产出成果
第三阶段	1. 昆虫模型创意构思 2. 初步形成调研报告 3. 展示成果	子问题3:通过观察和研究,我们如何更深入地理解昆虫的生活习性,并将这些知识转化为有创意的艺术展示?	昆虫调研报告 昆虫模型作品

(二) 知识与能力建构

各个小组确定探究路径后,根据讨论的昆虫主题开始他们的研究和创作工作。为了便于小组成员进行高效的沟通和成果分享,我们设置了定期的项目讨论时间——每周1—2节课后服务,学生们可以在课后服务中展示小组成员的发现、进行讨论并共同解决遇到的问题。此外,每个小组都有一本资料收集手册,用于记录他们的观察、想法和进展,手册内容在每周的项目课上由学生们相互查阅交流,教师也会提供指导意见,帮助学生深化研究并提升他们的艺术创作能力。通过这种面对面地交流和书面记录相结合的方式,既保证了项目的顺利进行,同时也强化了学生的协作和反思能力。

子问题1:什么是昆虫?昆虫的哪些特性可以成为我们艺术创作的灵感源泉?

1. 在自然课堂和对校园昆虫深入调查中学生认识昆虫的基本特点。在这一过程中,学生可能会遇到昆虫认知的误区,比如将非昆虫类的生物(如蜘蛛、蜈蚣、马陆等)错误地归类为昆虫,或者对昆虫的校园生态作用有负面看法。这时候教师通过引导学生进行科学的观察和记录,帮助他们区分昆虫与其他小动物的区别,并纠正对昆虫的常见误解。例如,展示昆虫与蜘蛛的区别,指出蜘蛛身体分两部分,而昆虫身体分为三部分,以此来加深学生对昆虫结构的理解。(图1)

除此之外,很多学生对昆虫足部的着生位置存在疑问,会认为足部是着生在腹部,针对这个问题,我们组织学生利用放大镜对标本昆虫的身体结构进行有序观察,并设置作业单帮助学生厘清这个问题。(图2、图3)

2. 当学生在观察、讨论和调研的过程中,我们引导学生注意昆虫的多样性和美感,如翅膀上的花纹、昆虫的口器、身体的颜色和触角的形状等,这些都可以成为艺术创作和调研报告的元素。如果学生在如何将这些观察转化为昆虫模型创作

● 观察这些昆虫是否有头、胸、腹，数一数它们的足、触角、翅的数量。

	是否有头、胸、腹(打"√")			足的对数（填数字）	触角的对数（填数字）	翅的对数（填数字）
	头	胸	腹			
天牛						
蟑螂						
胡蜂						
蝴蝶						
苍蝇						
蚊子						

总结：昆虫身体分_____部分，有____对足、____对触角和____对翅。

图1 观察昆虫的形态特征学习单

活动一：用放大镜观察昆虫3对足的着生位置

（注：为清楚辨认足部位置，翅膀无需画出）

第___组	
昆虫名称（_____）	足部的着生位置
肉眼	
放大镜	

观察昆虫身体结构特点活动评价单

评价内容：	达成情况
1、观察有序，放大镜、标本轻拿轻放	
2、乐于与组内同伴交流，声音轻	
3、全班交流，表达完整、声音响亮	
4、全班交流，认真倾听	

（达成相关活动要求，可以在"达成情况"栏填入一颗"★"）

图2 观察昆虫身体结构特点活动学习单

活动二：模拟昆虫口器的不同进食方式

第___组：

请你将**蝴蝶、蜜蜂、苍蝇、蚊子、蟑螂**这五种昆虫的进食方式，小组内模拟，并讨论其口器类型，任选一种昆虫完成下列填空：

_____是以_____为食的，

主要进食方式是_____，(咀嚼、吸食、舔舐、刺吸、嚼吸)

因此它的口器是_____式口器。

总结：不同昆虫口器类型_____(不同/相同)，与其_____密切相关。

模拟昆虫口器的不同进食方式活动评价单

评价内容：	达成情况
1、根据演示，合作学习，组内模拟口器2-3个口器进食特点	
2、乐于与组内进行轻声交流，以进食方式判断不同昆虫对应的口器	
3、全班交流，能用"____是以____进食的，主要进食方式是_____，因____的口器是_____"完整描述不同昆虫对应的口器	
4、全班交流，认真倾听	

(达成相关活动要求，可以在"达成情况"栏填入一颗"★")

图3 模拟昆虫口器的不同进食方式活动学习单

上遇到困难，我们会通过提供昆虫艺术作品的示例，引入艺术讲解如何从自然中汲取灵感，从而激发学生的创造力，并帮助他们在艺术作品中表现出昆虫的独特魅力。

子问题2：在校园环境中，昆虫通常选择哪些地方作为栖息地，反映了昆虫什么样的生态习性？

在这一阶段，学生团队通过小组合作对校园昆虫的栖息地进行了细致的调研。这一过程中，他们发现昆虫倾向于选择能够满足其生存需求的特定区域，如靠近水源的地方，满足食物和水的需求，或是茂密的灌木丛提供遮蔽和保护，这些选择恰好反映出昆虫对生活环境的适应性和偏好。

通过观察，学生们了解到昆虫如何根据不同的环境条件选择适合的栖息地并记录在资料收集册中。例如，有些小组注意到，一些昆虫选择在阳光充足的地方晒太阳,而其他昆虫则隐藏在阴凉或潮湿的地方以避免天敌。这些调研活动让学生在实践中学习昆虫生活习性的同时,也培养了他们的观察能力、团队协作能力。

在进行"襄园里的昆虫朋友"项目的实地昆虫栖息地调查时,学生们难以区分相似昆虫的差异,或者对某些昆虫选择在特定地点栖息的原因感到困惑。为了解决这些问题,我们组织了以下活动:

1. 邀请生物学家开展"昆虫"科普课堂

为了帮助学生克服对昆虫种类和习性的认识难题,我们邀请了中科院生物学家来校开展科普课堂——"小昆虫,大世界"。在这次科普课堂中,生物学家不仅带来了昆虫的详细分类资料,还通过生动的事例讲解了昆虫的生物特征、生态作用和行为习性。学生们通过提问和互动,直接从专家那里获得了关于昆虫的科学解释,这极大地拓宽了学生对昆虫世界的认识,并激发了他们进一步探究的兴趣。生物学家的科普分享也帮助学生们建立了科学探究的正确方法。学生在探究中能更准确地观察和记录昆虫的行为,这也为他们的艺术创作和昆虫调研报告打下了基础。

图4 "小昆虫,大世界"科普课堂　　图5 "小昆虫,大世界"科普课堂

2. 使用小程序"昆虫百科"进行昆虫识别

当学生在校园调研中遇到难以识别的昆虫时,我们鼓励学生使用小程序"昆虫百科"来辅助识别。这个小程序能够通过拍照识别昆虫种类,并提供关于该昆虫的详细信息,如食性、分布范围和生活习性等。学生们通过小程序获得的信息,不仅帮助学生解决了识别昆虫的问题,还让他们能够立即获取到昆虫的背景资

料,这为他们后续的研究和讨论提供了便利(图 6)。此外,通过这种工具的运用,学生们学会了将利用现代科技与传统的自然观察相结合的调研方法。

图 6 小程序"昆虫百科"页面截图

3. 提供昆虫调研报告模板

为了帮助学生系统地记录调研的过程并整理调研数据,我们为学生提供了昆虫调研报告模板。同时指导学生如何记录昆虫的观察位置、时间、行为、天气条件等相关信息,并引导他们通过分析数据推测昆虫的生活习性。通过了解调研报告的形式,学生们学会了如何撰写科学调研报告,这不仅提高了他们的科学观察、记录和整理能力,也使他们能够更深入地理解昆虫与校园环境之间的关系。最终,调研报告将作为他们项目成果的一部分,展示在昆虫展览会上,供全校师生和来访者学习和欣赏。(图 7)

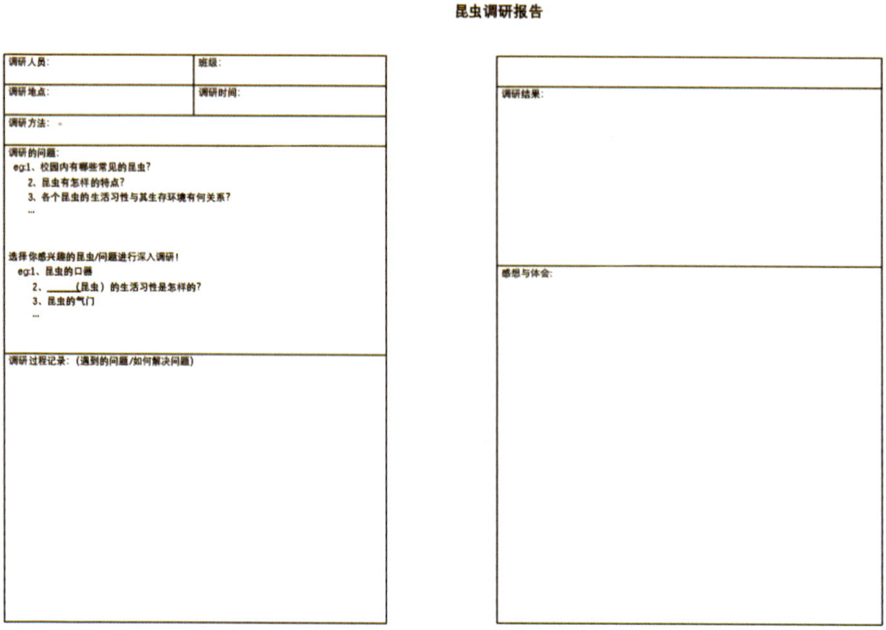

图 7　昆虫调研报告模板

子问题 3：通过观察和研究，我们如何更深入地理解昆虫的生活习性，并将这些知识转化为有创意的艺术展示？

学生们前期在校园内进行细致的观察和调研，记录昆虫的行为模式，探索昆虫的日常活动和生态角色。随后，学生分组根据观察到的昆虫特征和行为，初步撰写了关于昆虫习性的调研报告，这不仅仅是收集事实的过程，更是对昆虫生活方式理解的深化。在这一阶段，学生整合各自收集的资料汇总进小组的调研报告中，调研报告重点描述了昆虫如何与校园环境相互作用，以及昆虫对于生态系统平衡的重要性。

在艺术展示方面，学生们开始构思并动手制作昆虫创意模型，将科学观察转化为具象的艺术作品。昆虫创意模型不仅再现了昆虫的形态，还创造性地展现了昆虫的功能和美，如通过色彩鲜艳的翅膀来突出蝴蝶的美丽与校园花园中的授粉作用。

在这一阶段，学生们的昆虫调研报告和模型作品成为他们探究成果的具体体现。调研报告详细记录了他们对昆虫生活习性的理解,而模型作品则是这些知识在视觉艺术中的创意转化。通过这一系列活动,学生们不仅深入了解了昆虫的重要性,还学会了如何将科学研究与艺术创作相结合,展示了他们探究性学习的过程和成果。(图8—10)

图8　　　　　　图9　　　　　　图10

图8—10　学习成果——昆虫模型和昆虫调研报告

(三) 成果修订与完善

学生经过探索,已具备初步的项目成果。包括昆虫创意模型和昆虫调研报告。这些成果展示了他们对昆虫生活习性的理解以及他们创意表达的能力。但在创作过程中,我也发现了还存在一些问题。例如,昆虫模型可能在结构上不够精确,未能准确呈现昆虫的生理特征,或者在颜色和纹理的选取上缺乏科学依据。在调研报告方面,学生停留在搜集校园昆虫资料层面,需要深化内容,加强对校园昆虫调研过程的理解。

面对以上问题,我们通过以下方式促成学生的成果修订与完善。

在"襄园里的昆虫朋友"项目的修订与完善阶段,作为教师,我们采取以下措施来引导学生优化项目成果:

1. 制定评价标准:我们向学生明确具体的评价准则,这些准则详细指出昆虫模型的科学准确性、创意表达的原创性,以及调研报告的研究深度和逻辑清晰度等。(表4、表5)

表4 "昆虫调研报告"评价表

评价维度	详细标准	是否达成
内容理解	报告是否说明了昆虫的基本习性;学生是否能描述昆虫在校园中的角色。	
信息收集	学生是否展示了通过观察收集信息的能力;信息是否相关且准确。	
思路清晰	报告是否有清晰的开始、中间和结尾;思路是否连贯易懂。	
图片和图表	是否有使用图片或图表来辅助展示信息;图片/图表是否清晰且有说明。	
创意展示	学生是否在报告中展示了创意(如绘图、故事讲述等);创意是否与昆虫主题紧密相关。	

表5 "昆虫创意模型"评价表

评价维度	详细标准	是否达成
模型科学性	模型是否科学地表现了昆虫的基本身体结构,如头、胸、腹部分明显;触角、翅膀、足的数量和形态是否正确。	
创意与原创性	模型是否展现了学生的创意;使用的材料和构思是否独特。	
工艺与完成	模型制作是否整洁;各部分是否牢固连接;完成度是否高。	
色彩与美观	模型的色彩是否吸引人;是否使用了多种颜色;整体外观是否美观。	
信息表达	模型是否能够传达关于昆虫的信息,如生活习性、栖息地等。	

2. 组织学生进行自评、互评:我们在小组内和班级内组织学生进行同伴评审活动,鼓励学生以评价量规为基础,互相提供反馈和建议,这有助于学生从不同视角识别成果的优势和待改进之处。

3. 提供修订指导:在学生完善昆虫创意模型时,我们提供昆虫解剖结构图和相关的昆虫资源作为参考;同时,我们也提供优秀调研报告的例子,帮助学生明确如何表达他们的研究发现并进行创意美化。

4. 鼓励生成更多形式的项目成果。

在成果修订与完善阶段,我们还鼓励感兴趣的学生探索并创作多种形式的项目成果。例如,学生们可以设计一份详尽的校园昆虫地图,这份地图不仅标注了昆虫的栖息地,还包含了昆虫种类和习性的介绍。同时,学生们可以在昆虫展览会上担任科普讲解员,将他们的项目研究成果转化为向同学和参观者传授知识的机会。此外,为了让更多的人了解昆虫,学生们还可以策划并实施一场校园昆虫科普展,其中可以包括他们制作的模型、报告和其他成果。这些多样化的成果形式不仅能展示学生对昆虫认知的深入理解,还能提升他们的沟通、表达和组织能力。

(四) 出项

在出项活动中,我们举办了一场昆虫展览会。这场展览会是学生们展示和汇报项目成果的平台,其中包括昆虫创意模型、昆虫调研报告以及其他形式的作品。

学生们在昆虫展览会上设置个人或小组展台,展示他们制作的昆虫模型,模型标签上还记录了昆虫种类和特征(图11、图12)。调研报告中记录学生的研究过程、主要发现以及他们对昆虫和校园环境的理解(图13、图14)。有些学生还采用了新的成果形式,比如制作的校园昆虫地图(图15)。

为确保学生们能够有效地展示和汇报项目成果,我们在展示开始前为学生提供展示和汇报的指导,包括如何清晰地展示成果、如何进行有效的介绍以及如何与观众进行互动。在项目展示的过程中,学生们不仅是展示者,同时也需要作为评委评选最优秀的作品。

图11 昆虫展览会   图12 昆虫创意模型

学生首先对展示的项目成果进行了仔细观察和评估。他们关注昆虫模型的精细程度、调研报告的深度和清晰度,以及其他项目成果的创意和实用性。学生

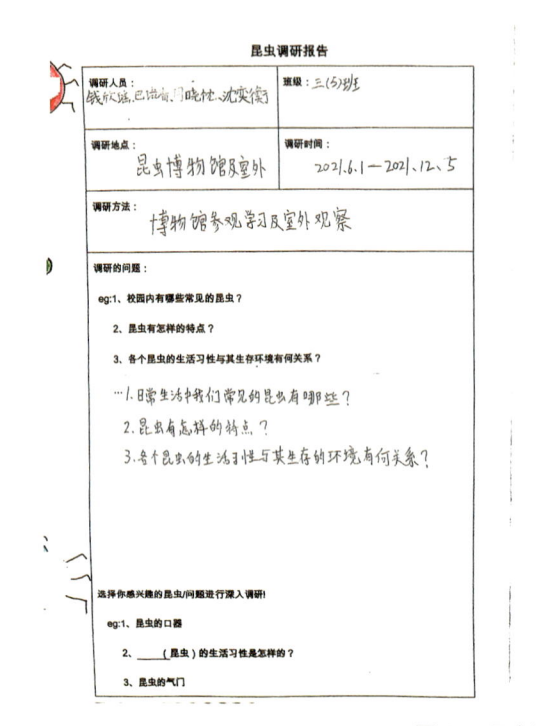

图 13　昆虫调研报告

积极提出自己的看法和建议，讨论哪些作品传达了关于校园昆虫的信息，哪些作品最具创意和表现力。评选过程促进了学生思考和反思自己的项目成果，有助于学生更深入地理解昆虫生活习性，并激发了他们进一步完善自己作品的愿望。学生学会了欣赏和尊重他人的努力和创造力的同时也感受到了自己的进步和成就。最终，学生们评选出了"最佳昆虫模型"、"最具创意的调研报告"等成果。

在这次"昆虫展览会"中，很多调研报告和昆虫模型脱颖而出。在昆虫创意模型展示中，我们发现很多同学能够在成果阶段调整自己的昆虫模型，能体现科学性、创意与原创性以及昆虫和环境之间的关系。但是也有同学提到了可以改进的地方，比如一些同学仅仅呈现了昆虫本身，而没有将其与校园环境的关系融入其中。为了改进这一点，我们鼓励学生继续在昆虫创意模型中加入更多环境元素，如树木、花草、草坪等，以展现昆虫在校园中的栖息地。学生可以通过绘画、搭建小景观等方式，将昆虫与它们的生活环境有机地结合起来。这样的做法不仅能使昆虫创意模型更丰富和生动,还能更好地传达昆虫与校园生态系统之间的关系。

很多小组的学生在昆虫调研报告中能够呈现自己的调研过程、结果以及调研过程中遇到的问题并提出解决的方法。学生提出问题包括:昆虫的分布及种类、生命周期和环境适应性等。这些问题不仅表现出了他们对昆虫生态的研究兴趣,也反映了他们对科学探究的热情。

在调研过程中,有些小组的学生在调研过程中发现在冬季能观察到的昆虫数量较少,但他们根据实际情况提出了解决方法。如:通过书籍和在线资源积极寻找信息、参观昆虫博物馆和自然博物馆等方法努力填补季节性观察的差距。这些积极解决问题的态度和能力非常值得赞扬。

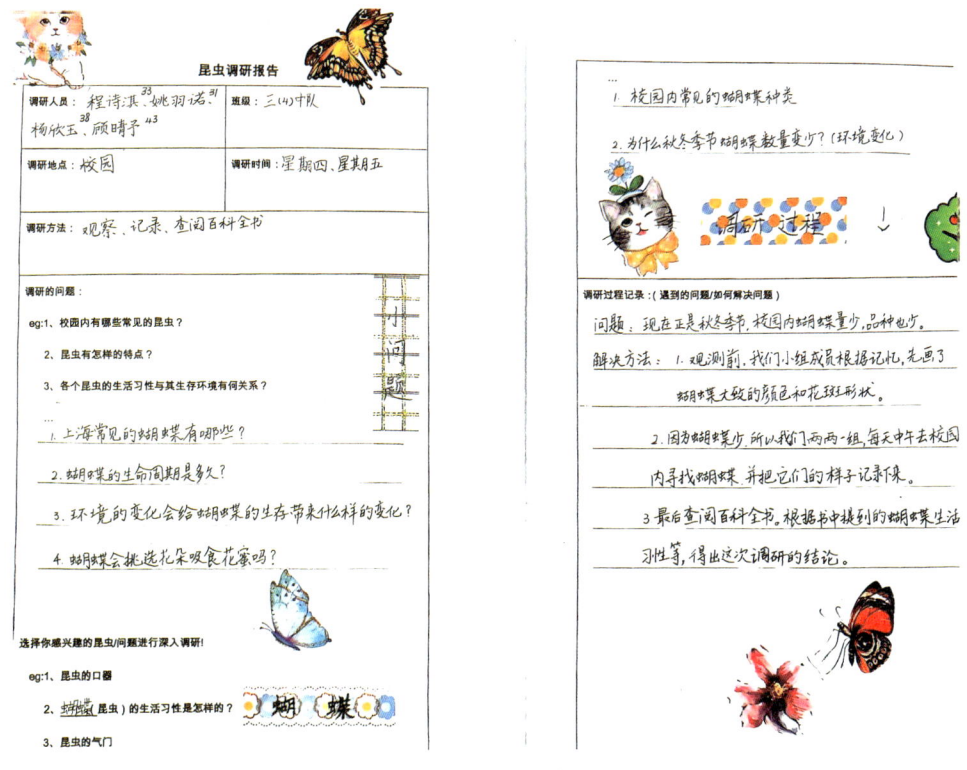

图 14　昆虫调研报告成果

除了昆虫调研报告和昆虫模型,一些小组还展示了更丰富的创意成果,其中包括校园昆虫地图。学生不仅深入了解昆虫的生态,还将这些知识转化为可视化的校园昆虫地图。昆虫地图不仅展示了校园内各类昆虫的分布,还反映了昆虫与校园环境之间的特殊关系。这个成果丰富了整个项目的多样性,展示了学生的创意和深入思考能力。

图 15　校园昆虫地图

四、专家点评

该项目以"襄园里的昆虫朋友"为主题,既贴近学生的生活实际,又具有科学探索和艺术创作价值。通过调研校园昆虫,制作昆虫模型和撰写报告等方式,培养学生的观察、记录、思考和表达能力。项目学习新颖有趣,符合学生兴趣和认知水平,有利于激发学生的学习热情。项目将自然和美术两个学科的学习结合起来,从核心知识、能力和学习素养三个层面制定学习目标,具有可操作性。

该案例从背景介绍、项目目标、项目实施、成果修订与完善、出项几部分完整呈现项目学习设计。项目学习注重实践性和体验性,通过校园昆虫大搜索、制作昆虫模型等活动,让学生在做中学,增强了学习的趣味性和实效性。在驱动性问题的提出阶段,注重培养学生的高阶认知能力,如创见、调研和解决问题的能力;在挑战性问题的思考阶段,引导学生深入思考昆虫与校园环境之间的关系。

项目实施规范有序。通过播放短片、组织搜索活动等引起学生的兴趣,采取分层指导的方式,分阶段进行评价和反馈,同时还为学生提供资料收集手册,引导学生观察记录、把握项目学习进展。利用实地调查,引导学生发现昆虫世界的奥妙,培养学生的观察力、探究能力和团队协作能力,并通过制作昆虫模型和撰写报告等方式,培养学生的实践能力和创新能力。

当学生在调查过程中遇到问题时,教师适时引导学生探寻解决问题的方法。如,针对学生难以区分相似昆虫,对昆虫选择栖息地原因有困惑时,教师组织专门的活动来帮助学生解决问题,体现了项目学习的针对性和实效性。当学生在优化成果过程中,教师针对学生模型结构不精确、调研报告深度不足等问题,制定了明确的评价标准,并通过提供改进建议等方式启发学生进一步修订完善项目成果,促进学生优化项目成果,培养学生的反思、修正的能力。

在出项阶段,通过举办昆虫展览会展示学生项目学习的成果,并让学生担任评委评选"最佳昆虫模型""最具创意的调研报告",这既展示了学生的成果,也锻炼了学生的创意表达和评价能力。

综上,该项目是一个较为成功的项目化学习案例,具有创新性和实效性,实现了知识与能力建构的目标,注重培养学生的综合素养,值得借鉴和推广。

点评人:徐汇区教育学院　夏琛

后 记

项目化学习在教育领域中具有非常重要的意义，它能够激发学生的学习兴趣，使他们更加主动地参与到学习中来；能够培养学生的创新思维、批判性思维和解决问题的能力，这些都是未来社会所必需的素养；能够促进教育公平，使更多的学生有机会接触到优质的教育资源。徐汇区自2016年起开始展开对学习基础素养的研究至今，稳步推进基于核心素养培育目标的课堂转型改革工作，本书则呈现了相关的研究成果。

全书共分四部分。第一部分是区域视角，阐述了我区是如何从理念到实践进行指向素养的项目化学习实践与研究的。第二部分是学校视角，介绍了学校是如何通过多样的设计推进实施项目化学习的。第三部分是教师视角，从关键问题的角度来介绍教师如何进行项目化学习的设计与实施的。第四部分是课堂视角，选取了各类型项目化学习的典型案例，对项目化学习的课堂样态进行了呈现。

我们希望本书能成为区域和学校探索项目化学习的有力工具，它汇集了全区各小学在推进项目化学习方面的有效做法和宝贵经验。

本书是团队合作的成果。在本书问世之际，我们要特别感谢为本书的顺利出版作出重要贡献的专家和有关单位。感谢上海市教育委员会遴选我区成为项目化学习实验区，为区域深化义务教育课堂改革提供了平台和机遇；感谢上海市教科院普教所副所长、上海学习素养课程研究所所长夏雪梅博士对书稿的编撰提供全程的专业指导；感谢鲍洁、刘宇宁两任分管科长对项目化学习及书稿推进工作的关心和支持；感谢为本书稿提供案例的各位校长、老师；感谢全区各小学的配合，对推进项目化学习的经验进行提炼总结。

全书展现区域项目化学习实践与研究的些许思考，也希望它能为你带来启示和帮助。敬请各位读者批评指正,个中不足将在今后的实践中不断予以完善。最后,祝你在项目化学习的旅程中取得丰硕的成果!

上海市徐汇区教育局

钱佩红